国家海洋局极地考察办公室政策研究课题资助

俄罗斯北极战略与“冰上丝绸之路”

钱宗旗◎著

时事出版社
北京

序

在海边，我们把脚跟站稳，
万国船帆竞汇于此，
百舸争流在新的海程，
而我们将在这海空中欢腾。

——普希金《青铜骑士》

2011年9月，俄罗斯领导人普京在北极港口城市阿尔汉格尔斯克向全世界宣布，俄罗斯将把“北方海航道”打造成最重要的具有全球意义的贸易航线。

对于俄罗斯来说，北冰洋的战略重点多次变化，但其重要程度未曾下降。从1261年到1533年，莫斯科公国利用蒙古帝国的衰落向北扩张，不仅建立了现代俄罗斯的雏形，而且使自己成为了北冰洋国家。而彼得大帝时期的一路东进，将俄罗斯变成了一个横跨欧亚大陆的北冰洋大国。如果俄罗斯当初不曾将阿拉斯加卖给美国，今天世界的最强国家——美国就没有资格成为北极国家。北冰洋在第二次世界大战期间曾经是反法西斯联盟的一个海上战略运输线，然而战后不久又成为美苏以战略武器相互对峙的“战场”。一个冰天雪地的世界，上演着一幕核武器一触即发的恐怖大剧。

普京时代是俄罗斯经历了苏联解体和政治、经济动荡之后，意欲重新崛起的时代。北冰洋的冰雪世界曾经让俄罗斯人心有不甘，并不断去寻求不冻港口。然而如今气候变化引发的海冰融化给俄罗斯带来了承接世界航运的机会，而冻土的消融让俄罗斯北极地区丰富的油气资源开采更趋容易。在北极，地缘政治随着气候环境和地缘经济的变化又完成了一次历史性的蜕变。

俄罗斯北极地区发展战略成为普京中兴俄罗斯梦想的一个重要支柱。俄罗斯领导人决意要加强其在北极地区的存在，通过北极地区经济和社会的发展以及军事活动，将俄罗斯在北极地区的潜在利益变成国家实力和国际影响力。俄罗斯制定和推进其北极战略是为了维护俄罗斯在北极地区不断增长的利益，而且对保障俄罗斯在北冰洋地区的国家安全意义重大。

北极地区及其大陆架的丰富石油和天然气成为俄罗斯经济未来发展的新增长点。由于俄罗斯老的能源基地的产量已过峰值，亟需通过开发新能源产地和提升开采和提炼技术来满足国家发展战略的需要。横贯北冰洋的“北方海航道”，一端连着经济发达的欧洲，一端连着经济腾飞的东亚。海上新航线的开通将俄罗斯北极地区与世界经济发达地区相连接，形成新的经济要素，改变俄罗斯资源供给国的全球国际分工地位。

俄罗斯北极战略的发展逻辑既与全球北极治理相衔接，也还有着俄罗斯社会发展的内在逻辑。把脉俄罗斯北极战略并非容易之事。北极问题研究者都很清楚，无论是研究北极开发还是研究北极治理，俄罗斯都是绕不开的重要课题。今天我们能看到一本以俄罗斯北极战略为题的专著出版，由衷地感谢钱宗旗老师的卓越贡献，并向她表示祝贺。

宗旗老师长期研究俄罗斯问题，近8年来她将精力聚焦于俄罗斯北极战略，长期耕耘，孜孜不倦。她已成为国内研究俄罗斯北极战略的最权威的学者之一。因为中国与俄罗斯在北极的合作不断深化，宗旗老师也是中国涉北极事务部门的主要备询专家。

因为参与了几次讨论，我知道本书的撰写过程十分辛苦。主要原因是宗旗老师对资料来源的可靠性和资料的完整性十分坚持。查阅和翻译了大量的俄文资料，核对信息，整个研究过程非常认真。这种认真精神在学术浮躁的当下更显得难能可贵。

本书从历史的脉络中发现俄罗斯北极战略的成因和动力，又从俄罗斯与北极其他国家的互动中展示俄罗斯北极战略的挑战和机遇。这让我们读者有机会在一个宏大的坐标系中阅览一段正在发生的俄罗斯历史，感受俄罗斯国家的冰雪梦想。

是为序

杨　剑

2017年9月10日

于上海田林路

目　录

导 言

21 世纪伊始，北极丰富的自然资源和国际海运通道成为全世界关注的热点。北极的地缘政治地位及其巨大的经济潜力，不仅受到环北极国家的高度关注，域外国家也表现出比较强烈的兴趣。有关掌控北极就能在全球竞争中稳操胜券的说法盛行一时。

北极，如果从北极圈（66°33′）算起，总面积约 2100 万平方千米。俄罗斯北极地区始于西北部的法兰士约瑟夫地群岛，向东延伸至弗兰格尔岛和赫勒尔德岛，约占北极大陆架面积的 1/3。俄罗斯可以说是北极陆地面积最大的国家①。对俄罗斯而言，北极地区的开发关乎俄罗斯的国家利益和 21 世纪的未来发展。

本人长期从事俄罗斯问题的研究工作，但关注和跟踪研究俄罗斯北极地区的开发和发展问题始于 2009 年。当年 3 月 30 日，俄罗斯对外公布了 2008 年 9 月 18 日普京批准的第一部有关北极问题的国家政策性文件《俄罗斯联邦北极国家政策原则》②，俄罗斯新一轮北极开发由此正式全面启动。俄罗斯是中国的近邻，中国是近北极国家，俄罗斯开发其北极地区无疑为深化中俄两国全面战略协作伙伴关系增添了新内容和新内涵。抱着这一想法，我开始搜集、梳理和分析有关俄罗斯北极开发的文献资源。

中国国内俄罗斯问题研究者人才济济，但关注俄罗斯北极地区的却寥寥无几。随着“北极热”的兴起，报刊杂志上有关俄罗斯北极问

① Об Арктике http：//forumarctica. ru/about-forum/about-the-arctic/（2017 年 9 月访问）
② 参见附件一。

题的相关论文逐年增加，而有影响的专著难得一见。这一状况显然不能长期延续下去。在我任职的上海国际问题研究院领导和同事们的鼓励下，我萌生了将最近8年来有关北极问题的研究成果结集出版的想法。希望这本专著能为研究俄罗斯北极问题的学者和对俄罗斯北极地区感兴趣的人们解疑答难，提供有关俄罗斯北极地区过去、现在和未来前景的脉络以及个人对俄罗斯北极开发的研判，以期收到抛砖引玉、活跃中国北极研究的效果。

本书共分5章。各章内容大致如下：

第一章首先对俄罗斯北极事务的历史做了简要的概述。俄罗斯与北极结缘始于沙皇俄国时期的对外领土扩张，沙俄向东扩张是经西伯利亚到了远东，乃至越过白令海峡将疆土拓展到北美的阿拉斯加，向北则是进入了北极圈，到北冰洋岸边。冷战时期苏联经营北极地区，一度曾造就了当地能源产业和军工产业发展的“繁荣”景象，苏联解体引发的经济危机毁灭性地重创了这一地区。这一章还对俄罗斯北极地区的行政架构和8个具体地区做了详细的介绍。2016年《俄罗斯联邦北极地区发展联邦法》草案从法律上明确了俄罗斯联邦政府对这些地区和北冰洋海域实施统一管理以及协调各联邦主体的职权。8个北极地区中一部分是整个主体被划入北极地区，另一部分则是主体的部分区域被划入北极地区，为此俄罗斯通过总统令建立“北极发展支柱区”作为俄罗斯北极地区综合开发和发展的新路径，以重大项目带动北极地区和北极邻近区域的共同发展。

第二章主要阐述有关俄罗斯北极开发和实施的战略政策文件出台的背景及其主要内容和特点等。俄罗斯北极战略是俄罗斯新一轮国家发展战略的需要，是应对全球气候变暖挑战的需要，也是应对海洋“圈地潮”和美欧战略挤压的需要。这一章还介绍了俄罗斯北极战略的形成过程、主要决策机构及决策程序。自然，这一章的重点还介绍了2008年的《俄罗斯联邦北极地区国家政策原则》、2013年的《俄罗斯联邦北极地区发展和国家安全保障战略》和2014年的《俄罗斯联邦北极地区社会经济发展国家纲要》等文件的内容。俄罗斯北极战略有一个逐渐成型、不断完善的过程。毋庸置疑，在实施过程中也势必会遇到不少困难和障碍。

第三章主要是介绍俄罗斯北极战略实施的进程和取得的阶段性成果。截止2017年9月，根据《俄罗斯联邦北极地区国家政策原则》和《俄罗斯联邦北极地区发展和国家安全保障战略》规定的阶段性任务完成期限，俄罗斯基本按计划完成了前者第一、第二阶段（2008—2015）和后者第一阶段（2010—2015）的任务要求。俄罗斯在近十多年来，实践北极战略主要侧重4个方面的问题：一是维护北极海域权益和国土安全；二是开发北极油气资源；三是经略“北方海航道”；四是保护北极生态和发展极地科技。应该说，开发北极油气资源和经略“北方海航道”是最易见效和最具中长期影响的。在这些领域取得的成就，大大增强了俄罗斯联邦政府和各界人士继续推进北极战略对策的信心。

第四章阐述了俄罗斯北极国际合作的战略思路及其实践。俄罗斯深知，北极开发固然先要把自己的事情做好，但做好国际推介，吸引环北极国家和域外国家共同参与、合作共赢也非常重要。由俄罗斯倡议和主导的“北极理事会成员国高层代表”国际会议和“北极—对话之地”国际论坛是近年来最负盛名和最具影响力的两大平台。俄罗斯与环北极的北欧5国、加拿大和美国有着长期的北极合作经验和实践，共同开发北极符合所有各方的国家利益。但在乌克兰危机后，美欧对俄罗斯实行制裁，迫使俄罗斯更多地将眼光转向北极域外国家，特别是经济发展态势较好、能源消费需求甚殷的日本、韩国和印度等亚洲国家。总体而言，俄罗斯通过北极国际合作，显示了它愿意拥抱世界、也希望被世界接纳的意图。

第五章主要介绍中俄两国的北极合作。中俄两国的北极合作有着深厚和扎实的基础。这就是彼此间的政治互信处于历史最好阶段，经贸交流在互利共赢基础上不断扩大以及两国各自的“一带一路”倡议和欧亚经济联盟战略的全面对接。目前，两国在北极的合作已经进入务实阶段，“亚马尔液化气”项目和共建“冰上丝绸之路”将成为两国在21世纪保持互利合作，共同发展的重要项目。

本书有9个附件，是本人翻译的俄罗斯北极问题的主要政策文件和俄罗斯领导人有关北极开发的重要讲话。其中，最重要的是《俄罗斯联邦北极地区国家政策原则》和《俄罗斯联邦北极地区发展和国家安全保障战略》。翻译这些官方文件很花时间也很费力气。但这些政策文件和领导讲话，对理解和把握俄罗斯北极战略至关重要。笔者试图将进入21世纪以来俄罗斯联邦所有关于北极战略的文献全部收录在这本书里，但2014年2月颁布的《俄罗斯北极地区社会经济发展国家纲要》因内容过于琐碎，篇幅太长只能割爱了。还有一个遗憾就是俄罗斯联邦委员会（上院）南北极委员会编写的2012年度和2015年度南北极考察报告及其他有关北极的研究报告和文件因时间关系未能形成完整的翻译稿件供大家参考。但是，应该说，本书收录的21世纪俄罗斯有关北极开发的政策文件是迄今为止国内比较齐全和权威的俄译中文本，希望能对研究俄罗斯北极战略的学术界同行有所裨益。

上述附件之外，本书还附上《俄罗斯北极事务大事记》，介绍了俄罗斯介入北极事务的历史轨迹。在材料取舍上则贯彻远略近详的原则，对进入21世纪后的俄罗斯北极事务尽可能记载得详尽一些，以供读者查考。

有关俄罗斯北极战略的研究是一个比较新的课题。俄罗斯的北极战略目前还在实施过程中，新情况和新思路层出不穷。笔者这本拙著充其量只是在跟踪研究过程中的一个阶段性的研究成果。限于本人的水平和掌握资料的局限性，虽然本书在付梓前一再推敲斟酌，仍难免有不少粗疏错讹。我恳切希望广大读者特别是研究俄罗斯的前辈和同行一一点拨，不吝指教。

希望本人的研究工作能为中俄全面战略协作伙伴关系的发展贡献一份微薄的力量。

第一章
俄罗斯开发北极的历史和现状

俄罗斯是北极领土和海域面积最大的国家。俄罗斯拥有的北极总面积为300万平方千米（占俄罗斯国土总面积的18%），其中220万平方公里是陆地。截至2017年，俄罗斯北极地区的居住人口超过250万，约占俄罗斯人口总数的2%（俄罗斯人口总数为1.468亿）[①]，其中原住民、少数民族人口约64.4万人[②]。俄罗斯北极地区有46个城市人口超过5000人，属于俄罗斯人口密度最低的地区，但与北极圈其他国家相比，却是人口最稠密的地区（北极人口总数460万）。

第一节　俄罗斯向北部扩张的历史经纬

俄罗斯，包括苏联时期在内，在北极地区的开拓、研究和开发历史上一直发挥着举足轻重的作用。俄罗斯在北极地区的活动不仅扩大了自身疆域，成为全世界国土面积排名第一的国家，也大大丰富了人类对地球北部地区尤其是北极的了解。

俄罗斯在北极地区的活动大致可以分为探索、扩张和巩固发展三个阶段：

---

① Российские владения в Арктике. Досьеhttp：//tass. ru/info/2505058（2017年9月访问）

② Коренные народы http：//www. arctic-info. ru/encyclopedia/indigenous-peoples/（2017年9月访问）

一、探索阶段

据考古发掘，在今天的俄罗斯北极地区早在公元前1万年就出现早期的人类活动的痕迹了，那就是原始爱斯基摩人文明。爱斯基摩人（The Eskimo），亦称因纽特人（Inuit）属于蒙古人种，是由从亚洲经两次大迁徙进入北极地区的。公元前7000—6000年间，巴伦支海沿岸的雷巴奇半岛上诞生了最早的村落，史称“北极的旧石器时代”。公元前3000年，白海沿岸地区出现渔民居住的固定村落。而科拉半岛北部沿岸的大鹿岛成为萨米人（Sami，Samit或Samek）栖息的场所。萨米人，亦称拉普人（Lapp），属于北欧人种。又过了约1000年，在伯朝拉海和鄂毕湾沿岸地区开始出现猎人和渔民集聚的村落。

俄罗斯人向北极的移动可以追溯到中世纪。

从公元6世纪起，居住在第聂伯河、奥卡河、伏尔加河一带的东斯拉夫人开始向欧洲北部地区迁徙。10世纪，古罗斯国家的发祥地诺夫哥罗德城邦首次有人驾船由白海航行到丹麦和斯堪的纳维亚半岛。11世纪，诺夫哥罗德的拓荒者经长途跋涉到达北部最远的河流伯朝拉河，再沿伯朝拉河上溯到它的源头，越过北乌拉尔山，进入欧亚板块乌拉尔分水岭东部的西伯利亚地区。中世纪俄国人与北欧、亚洲的接触主要是通过诺夫哥罗德城邦进行的。俄罗斯发现和征服北到北冰洋，东到西伯利亚地区的功劳主要归功于诺夫哥罗德城邦。

从1218年起，成吉思汗和他的孙子拔都两次发动西征。蒙古骑兵长驱直入，横扫欧洲，俄罗斯的大部分城市都遭到毁灭性的破坏，位置比较靠北的诺夫多罗德城邦却幸免于难，得以保持俄罗斯北部地区贸易、文化和宗教中心的地位，在公元13世纪末14世纪更是达到它的鼎盛时期。

从15世纪起，盛产于北冰洋沿岸的黑貂皮等皮货成为欧洲各国权贵追逐的对象。在巨额利益的驱使下，欧洲的冒险家们将眼光投向了北极这一未知辽阔的冰雪世界。在历史上出现了北方探险的第一次浪潮。丹麦、挪威、瑞典和芬兰等国率先开始争夺领土和财富的角逐，英国、法国也紧随其后。占有地理优势的俄罗斯人自然不会袖手旁观。

在反抗蒙古统治过程中逐步壮大起来的莫斯科公国经过1471年至1478年的鏖战，击垮了诺夫哥罗德城邦，随后又将其他公国纳入自己的版图，基本上统一了俄罗斯①。打败并接管诺夫哥罗德的莫斯科大公伊凡三世（1462－1505）就是俄国历史上第一位沙皇伊凡四世（1530－1584）的祖父。沙皇伊凡四世，也称为伊凡雷帝不仅奠定了沙皇俄国的基石，更将其疆域扩展到北冰洋沿岸和乌拉尔山脉以东的亚洲地区。从伊凡三世开始，俄罗斯人的足迹越来越接近北纬80度，最终在靠近北极的斯匹茨卑尔根群岛建立居住点，开拓了在北极地区的海上贸易航路。1525年，俄罗斯人德米特里·格拉西莫夫编制了“北方海航道”发展计划，并绘制了首张北冰洋海图。这张海图为17世纪初俄国开发“北方海航道”，建设鄂毕湾贸易站和鄂毕湾塔兹河沿岸的曼加泽亚港发挥了重要的作用。

进入16世纪后，俄罗斯人开始从海上经北冰洋，或者从陆路到鄂毕河流域收购毛皮、海象牙等货物贩往欧洲。随着贸易量的不断扩大，鄂毕湾塔兹河沿岸的港口城市曼加泽亚迅速繁荣起来，在欧洲商界声名远扬。欧洲商人纷纷从海上乘船穿过巴伦支海和喀拉海，沿亚马尔半岛进入鄂毕湾，再经由塔兹河抵达曼加泽亚收购皮货。俄国当局起初鼓励这一贸易，从中收取高额贸易税。后来，由于一些欧洲商人与当地人勾结起来，或偷税漏税，或因利益分配不均发生械斗。个别人甚至不顾禁令，擅自深入内陆腹地探险，构成严重的安全威胁，俄国当局因此关闭了这条贸易通道。在17世纪里，曼加泽亚城在经历了几次重大火灾后元气大伤，幸存的居民离开鄂毕河流域向东迁徙到叶尼塞河畔，曼加泽亚由此一蹶不振，直至湮灭。

鉴于攫取北方财富引发的冲突和流血事件日趋频繁，威胁到沙皇俄国在这一地区的统治，俄国当局从1550年起在摩尔曼斯克的科拉河附近建造木结构的边防堡垒。1584年，根据沙皇伊万四世的命令，在

---

① B. B. 马夫罗金：《俄罗斯统一国家的形成》，余大均译，商务印书馆，1991年版，第189页。

白海沿岸的北德维纳河河口兴建一座新的城市——阿尔汉格尔斯克。这座城市逐渐成为俄罗斯开拓北极疆域、推进海上贸易的据点，也是当今俄罗斯北极地区最大的城市。

从 17 世纪开始，俄国开始派遣国家考察队到新征服的地区进行考察。这些考察队绘制了首批北极和远东海岸图。考察队发现了许多矿产资源地。为了控制和管理这些地区，俄国当局派人到当地教授原住民掌握俄语、了解俄罗斯文化和信奉东正教。

1641－1648 年间，哥萨克人谢敏·杰日尼奥夫（1605－1673）考察了从科雷马河口到欧亚大陆最东端的楚科奇半岛的陆地和沿岸地区。1648 年，谢敏·杰日尼奥夫发现了将亚洲和美洲分割开来的海峡——白令海峡。他比发现并用自己名字命名白令海峡的丹麦探险家、在俄罗斯海军做到中将的维图斯·白令（1728 年）到达的时间早了整整 80 年[①]。

二、扩张阶段

1584 年，伊凡四世死后，沙皇的宝座传给了长子费多尔·伊凡诺维奇。1598 年，费多尔死后绝嗣。崛起于诺夫哥罗德，统治 736 年之久的留里克王朝遂宣告结束。伊凡四世皇后安娜斯塔西娅·罗曼诺芙娜的侄子米哈伊尔·费奥多罗维奇·罗曼诺夫继任沙皇，由此开始了俄罗斯第二个，也是最后一个王朝——罗曼诺夫王朝的历史。罗曼诺夫王朝的第四位沙皇是彼得·阿列克谢耶维奇·罗曼诺夫，史称彼得一世或彼得大帝。他是俄罗斯近代史上最有作为的一位沙皇。

彼得一世（1672－1725）为俄罗斯走上强国道路所做的众多功绩之一就是拓展国土疆域。彼得一世即将离世之际发出了一道开拓疆域的手谕，其内容就是要组建勘察加远征队探索通往美洲大陆的海上通

① 2016 年 8 月 29 日至 9 月 2 日，在俄罗斯举行的第六届“北极理事会成员国高层代表”国际会议上，俄罗斯核动力破冰船队官员的发言稿“Ледокольное обеспечение крупнейших националных арктических углеводородных проектов”。

道。彼得大帝派遣维图斯·白令和阿列克谢·奇利科夫前往了解亚洲和美洲是否真的相互连接在一起。显然，1648 年谢敏·杰日尼奥夫的发现没有得到彼得一世的认可。1725 年 2 月 5 日，在彼得一世去世 3 天后，俄国的第一次勘察加远征队在维图斯·白令和阿列克谢·奇利科夫的带领下踏上寻找抵达美洲大陆的海上通道的征程。远征队一直抵达楚科奇半岛位于北纬 67°18′的海岸，在白令海峡中距离美洲海岸仅 39 英里的一个小岛——圣劳伦斯岛上结束了征程。莫斯科显然对此次远程的结果不满。1732 年 4 月 17 日，维图斯·白令和阿列克谢·奇利科夫带领远征队开始了新的征程。这次远征历时 11 年（1732－1743），被称为第二次勘察加远征队，史称“伟大的北方远征队”。远征队穿越了从伯朝拉到楚科奇的俄罗斯整个北方地区。考察队成员在海洋和陆地远征期间，首次将俄罗斯北冰洋沿岸几乎所有地区标注在地图上，详细记述了这些地区的地理、地质、动植物和民族特征等。1741 年 7 月 18 日，远征队发现了位于北美大陆的阿拉斯加，彼得一世的夙愿终于得以实现。1784 年 10 月 22 日，由格里戈里·舍利霍夫带领的探险队到达阿拉斯加，并在位于阿拉斯加南部海岸的科迪亚克岛建立起最早的永久定居点。从此，沙皇及其家庭成员作为主要股东的俄美公司成为这块新土地的实际统治者。

彼得大帝和他逝世后的历代俄国沙皇一直没有停止过北极探险和扩张领土的步伐。18 世纪下半叶，俄罗斯的航海家们试图穿越北冰洋抵达北极点，征服从大西洋到太平洋的北方航线。俄罗斯科学家米哈伊尔·罗蒙诺索夫（1711－1765）是上述探险科学方案的制定者，而领衔实施这一探险任务的是俄国海军上将帕维尔·奇恰戈夫（1767－1849），他是一位喜欢科学的海军军官。这次极地探险活动是俄罗斯第一次在有科学依据的基础上进行的。探险队成员按照米哈伊尔·罗蒙诺索夫制订的专门计划完成了对北冰洋的地质物理学、海洋学和气象学的探测和考察，在许多地方测量了水位的深度，记载了斯匹茨卑尔根地区的动植物世界等，获得了最初的北极科考资料。

1803 年，俄国海军上将、航海探险家伊凡·克鲁森斯滕在亚历山大一世的直接支持下，进行了俄国历史上首次环球航行。他率领的探险队乘坐“希望”号和“涅瓦”号帆船，从波罗的海的喀琅施塔得出发，南下经过大西洋和麦泽伦海峡，进入南太平洋，向北航行至堪察加半岛的东岸，并对新地岛、喀拉海等北冰洋岛屿和海域进行探索。1803年至1806年间，伊凡·克鲁森斯滕率领的帆船舰队完成了多次环球航行。

从19世纪后半叶起，俄国开始寻找和占领北冰洋中的岛屿。早在1763年，米哈伊尔·罗蒙诺索夫就在其发表的《北方海航行简要说明和西伯利亚海到印度洋通道可能性的叙述》一书中推测在斯匹茨卑尔根东部有岛屿存在。1865年，俄国海军军官史林格男爵在其北冰洋航行的报告中也预言在新地岛和斯匹茨卑尔根之间存在未发现的土地。1871年，俄国科学家提出了组织大型科考队考察俄国极地海域的详细计划，但是沙皇政府拒绝提供资金，考察计划未能付诸实施。遗憾的是，1873年8月30日，奥地利极地探险队发现了北冰洋中的法兰士约瑟夫地群岛，证实了罗蒙诺索夫的推测和史林格的预言。

在俄国向北方和东方的推进过程中，俄国探险队不断地有新的发现，新地岛、鄂毕湾、西伯利亚、楚科奇、勘察加、阿拉斯加等地逐渐划入沙俄的版图。但是，1867年5月3日，沙俄政府为弥补克里米亚战争造成的财政赤字，将位于北美大陆、面积为172万平方千米的阿拉斯加以720万美元金币的价格售予美国。俄国从此失去了它在美洲大陆的领土，美国则因此加入了北极沿岸国家的行列。

1882年，由12个国家参加的第一届国际极地年是极地科考从探险时代步入科学考察时代的标志，也是极地国际合作的开始。这一年，12个国家联合开展了13次北极考察和2次南极考察，共建立了15个极地气象站，其中在北极就建立了13个气象站。俄国科学家积极参加了首届极地年的科学考察工作，在新地岛上建立起2个俄国极地考察站。1886年，俄国科学家开始在新西伯利亚群岛上进行科学考察。北极科学研究为北冰洋的海上运输提供了便利和保障，北冰洋海上通道对俄国中东部北方地区的居民生活和社会经济建设发挥了越来越大的作用。1893年，在建造西伯利亚大铁路期间，铁路建设所需的物资和设备从英国经巴伦支海和喀拉海运往叶尼塞河口，然后沿叶尼塞河向南运抵西伯利亚的南部地区。

19 世纪和 20 世纪初，俄罗斯的极地考察研究工作取得了重大成果，北冰洋的交通运输和研究进入一个全新的发展阶段。这一发展阶段与一个人密切相关，他就是著名的俄国海军上将、海洋学家、极地探险家斯捷潘·马卡洛夫（1849－1904）。斯捷潘·马卡洛夫认为北冰洋东部没有数米厚的冰层，借助破冰船可以航行。1897 年，他在给海军部的报告中指出，北极商业航行不仅可以借助破冰船实现，而且在必要的时候，是海军舰队驶向太平洋距离最短、最安全的海上通道。在斯捷潘·马卡洛夫的直接参与下，1898 年 10 月 17 日，俄国在英国建造了世界上第一艘大功率破冰船“叶尔马克”号。这艘大功率破冰船负责在喀拉海海域从鄂毕河至叶尼塞河之间的定期破冰运输任务，以及高纬度地区的大洋科学考察工作。

俄国当局在北冰洋极寒海域的岸边建立起越来越多的城市、贸易港口、船坞等。为了抵御外来入侵和威胁，俄国当局还在北冰洋加固和建造了许多防御设施和堡垒。同时，为了明确俄国北极疆域的法律地位和获得国际社会对俄国拥有的这些土地的认可和承认，20 世纪初，在沙皇尼古拉二世的支持下，俄国开始了新一轮的北极科考。1913－1915 年，俄国水文地理考察队在一位年轻的俄国海军军官，水文学家、中校鲍里斯·维利基茨基（1885－1961）的率领下，乘坐“泰梅尔”号和“瓦伊加奇”号破冰船对北冰洋海域进行水文地理考察。考察期间发现了几个新岛：尼古拉二世群岛（北地群岛）（图 1—1）、小泰梅尔岛、斯塔拉卡多姆斯基岛和若霍夫岛。1913 年 9 月尼古拉二世群岛（北地群岛）的发现被视为 20 世纪年代最早的重大地理发现。尼古拉二世群岛（北地群岛）中的维利基茨基海峡就是为了纪念这位海军军官发现此海峡而得名的。

1915 年 9 月 16 日，考察队完成了第一次自东到西穿越“北方海航道”的航行。1916 年 9 月 20 日，俄国政府向各盟国和友好国家政府发布照会，通报了上述新发现岛屿划归俄国，并声明与新西伯利亚群岛一起的亨利埃特岛、珍妮特岛、贝内特岛、赫勒尔德岛、乌耶季涅尼耶岛、弗拉格利岛和其他位于俄国北冰洋亚洲沿岸附近的岛屿是俄

图 1—1 考察队员们在尼古拉二世群岛（北地群岛）上的升旗仪式

国不可分割的一部分，西伯利亚陆地疆域由此向北延伸。当时，俄国政府没有将新地岛、科尔古耶夫岛、瓦伊加奇岛以及其他位于俄国欧洲沿岸的大小岛屿作为必须的领土列入照会通告中，理由是几百年来这些岛屿公认归属俄国，是俄国的领土。在照会所附的北极地图上标记了上面提到的所有岛屿和海域。

三、巩固和发展阶段

十月革命胜利后的最初几年里，苏维埃俄罗斯遭遇外国武装干涉和国内反对势力的反扑，加上工业瘫痪，农业歉收，处境十分困难。随着外国干涉军被赶出国境，内战以苏维埃政权的胜利而告终。随着国内局势渐趋稳定和经济的好转，1920 年 3 月 10 日，苏联最高国家经济委员会决定组建北极科学渔猎考察队，负责对北冰洋及其周围陆地进行调查的海洋研究所。

1922 年 12 月，俄罗斯苏维埃社会主义共和国成为苏联的加盟共和国之一。苏联政府重视北极地区的科学考察和资源开发，组织了多次富有成果的科学考察，取得了大量资料和数据。1937 年 5 月 21 日，苏联科考飞机第一次在北极点着陆。几天后又有几架飞机陆续到达，运来了科考仪器和补给，在北极点的冰块上建立起第一个“北极－1”号浮动科学考察站，科考站工作9个月，直至1938年2月19日，这是苏联科学家首次从北极点开始随冰块漂流的科学考察。在这次流动观测中，第一次精确测量了北极点附近的海洋深度（4288.5米）。并且通过每隔48千米－56千米的声纳测深，首次发现北冰洋底的地形起伏多变，颠覆了原先认为北冰洋底地形平坦的认识。此外，科考队还搜集了有关极地气候、洋流、海冰漂移、水体结构、地磁和海洋生物等方面的大量数据，使人类对北冰洋的认识大大前进了一步。

在这以后，苏联政府又多次派遣科考队乘坐破冰船对格陵兰岛、法兰士约瑟夫地群岛、新地岛的北部和北地群岛之间的海域进行了大规模的地理和地质研究考察工作，陆续发现了一系列不为人们所知的岛屿、海角、海湾和海峡。第二次国际极地年（1932－1933）的北极研究项目主要是由苏联科学家们完成的。

苏联北极地区和“北方海航道”的开发和建设工作开始列入国家发展规划。1932年苏联科学家奥拓·施密特（图1—2）领导的考察队乘坐“亚历山大·西比利亚科夫号”破冰船仅用一个航季就完成了沿“北方海航道”从阿尔汉格尔斯克到白令海峡的航行。这是一次具有重要历史意义的开拓性航行。随着海洋水文资料的日渐完善，航道标志、配套港口和救援设施的陆续投入实际使用，“北方海航道”成为连接苏联东部和西部领土，内陆和北冰洋的海河联运大通道，是推动苏联北方领土的社会经济发展的重要保障。这一通道在第二次世界大战期间，作为重要军用物资的补给线发挥了巨大的作用。

苏联政府制定优惠政策，鼓励和吸引居民移居北极地区。在政府的号召下，人们纷纷举家迁移到北极地区，参与北极的开发，极大地推动了这一地区工业化和社会经济的发展。在沙皇俄国时代，科拉半岛几乎是没有人烟的地方。这片总面积14万平方千米广袤的土地上，

图 1—2　苏联科学家奥拓·施密特（1891—1956）①

一共只有 2 万人，但到 1939 年便增加为 30 万人②。位于巴伦支海科拉湾东岸的摩尔曼斯克是北极圈内唯一的不冻港，在苏联时期迅速成长，与全世界 170 多个港口通航。阿尔汉格尔斯克州行政中心阿尔汉格尔斯克市曾经是莫斯科公国的第一个海港，但在沙俄时代人口稀少，是政治犯的流放地之一。在苏联时代，阿尔汉格尔斯克迅速崛起为苏联北方最大的港口，是“北方海航道”的枢纽，北极科考队的装备绝大部分是从这里供应的。阿尔汉格尔斯克市也是全苏联最大的木材加工中心，其城市人口在 1926 年至 1939 年增加了 3 倍③。

苏联政府重视北极地区的资源开发。例如，位于科米自治共和国伯朝拉地区的沃尔库塔煤矿有“北极圈内的顿巴斯”之称。1931 年设

① 作者注：本节的 2 张图摘自 Ю. Лукин. Российская Арктика прирастает островами, Арктика и Север, №18, стр 65。

② 尼·尼·巴朗斯基：《苏联经济地理》，何宁译，中国财政经济出版社，1957 年版，第 176 页。

③ 同上，第 191 页。

居民点，很快便成为堪与著名煤矿产区顿巴斯齐名的能源供给基地。与沃尔库塔同属科米自治共和国的乌赫塔是苏联时期在北极地区重点开发的石油天然气开采和加工中心。乌赫塔 1931 年建镇，1943 年设市，年炼油能力为 400 万吨，为苏联的卫国战争提供了有力的能源支撑。此外，在科拉半岛伊曼德拉湖附近的希宾尼山发现含有大量磷灰石和可供炼铝的霞石矿。磷灰石的开采使苏联从此摆脱了从外国进口磷灰石的历史，反而让苏联成为磷灰石的出口国①。

在沙皇俄国时代，北极地区的运输主要靠海运和河运，唯一的一条铁路是 1914 年至 1916 年第一次世界大战期间为确保协约国物资供应而兴建的摩尔曼斯克至圣彼得堡的铁路。在苏联时代，陆续兴建了阿尔汉格尔斯克至沃洛果达的铁路、沃洛果达至列宁格勒（圣彼得堡）的铁路、沃尔库塔至科特拉斯铁路及其向西的延伸段等等②。总体而言，由于北极地区地广人稀，铁路网络远没有苏联的西部地区那么密集和发达。第二次世界大战后，苏联在位于西伯利亚大铁路北侧 180 千米至 500 千米处兴建了贝加尔 - 阿穆尔铁路，又称贝阿铁路。这条全长 4234 千米的铁路对减轻西伯利亚大铁路的运输负担，开发沿线丰富的矿物资源，连接俄罗斯东西伯利亚与太平洋沿岸的铁路具有重要的经济和战略意义。如果北冰洋沿岸的港口城市通过支线与贝阿铁路连接的话，势必能有力地推动北极地区的开发。

在苏联时期，北极地区的国防建设也有长足的进步。沙皇俄国时代，曾建有北冰洋舰队（又称北极圈舰队）。十月革命后，北冰洋舰队扩编并改名为红海军北方舰队。在卫国战争中，北方舰队在打击纳粹德国海军，保卫北方交通线的战斗中战功卓著。战后，北方舰队成为苏联五大海军舰队中规模最大、实力最强的一支。1958 年，苏联的第一艘核潜艇首先配属北方舰队。巅峰时，苏联核潜艇的 2/3 和为数不多的核动力巡洋舰均隶属北方舰队。其活动范围涵盖整个北极圈、北

---

① 尼·尼·巴朗斯基：《苏联经济地理》，何宁译，中国财政经济出版社，1957 年版，第 178 页。

② 同上，第 190 页。

大西洋和加拿大周围海域。

苏联政府对北极地区建设的投入是其他7个北极圈国家所无法比拟的。在很长一段时期，苏联对极地的考察无论是投入的力度，还是获得的成果都遥遥领先于其他国家。苏联不仅在自然条件严酷的北冰洋沿岸建立了港口等基础设施，而且兴建了许多矿产资源采掘基地、林业加工基地甚至大型军工综合体。在北极圈内涌现出摩尔曼斯克、萨列哈尔德、诺里尔斯克等较大规模的城市。在美苏两超对峙的冷战时期，强大的北方舰队不仅有力地捍卫了苏联的国土安全，而且发挥了重要的战略平衡作用。

苏联解体后，俄罗斯曾经历了一段政治动荡、经济衰退的困难时期。1992年，俄罗斯实行了以开放物价、开放经营、开放金融和私有化为内容的“休克”疗法，沿袭多年的计划经济迅速地过渡为市场经济。但是，“休克”疗法带来极大的震荡，国民经济受到结构性破坏，生产下降，失业增加，物价上涨，通货膨胀，货币流通出现严重失控状态。1999年的国内生产总值仅为改革前的67%，在世界排名从第二位跌至第十五位①。但是，自从普京在2000年伊始出任俄罗斯联邦总统后，由于经济结构渐趋稳定，加上世界市场石油价格的上涨，俄罗斯经济出现了恢复性的增长。

俄罗斯继承了苏联在联合国安理会中的常任理事国地位和一批优秀的外交家。作为一个幅员辽阔、历史悠久、拥有能源资源等自然禀赋及战略核武库和军事科技优势的大国，俄罗斯在当今世界上仍然是一个不可小觑的角色。从1997年起，以美国为首的西方发达国家以“7+1”的形式吸收俄罗斯参加有“富人俱乐部”之称的西方七国首脑会议的政治磋商。2000年7月，俄罗斯被正式纳入这一框架，西方七国首脑会议也因此发展为“八国集团”②。

与此同时，俄罗斯作为苏联唯一合法的继任者承担起北极发展的

① 潘德礼主编：《俄罗斯》，社会科学文献出版社，2005年8月版，第186页。

② 克里米亚事件后，美国等西方发达国家将俄罗斯从“八国集团”除名，恢复“西方七国集团”。

重任，重新启动了相关的科考活动和资源、航道开发。

进入 21 世纪以后，随着地球温暖化趋势的加剧，北冰洋的冰盖开始融化，常年掩盖在冰层下的、不为人们所知的岛屿和海角陆续露出水面。2013 年 9 月，一架米－26 运输直升飞机在从北极季克西港飞往雅库特新西伯利亚群岛的科捷利内岛的途中发现地图上未标注的一小块名为“丫丫岛”的陆地（图 1—3）。冬季来临后，“丫丫”岛又神秘地消失。一年后的 2014 年 8 月，隶属于俄罗斯波罗的海舰队的“弗拉基米尔斯基上将号”海洋考察船从位于芬兰湾的俄罗斯喀琅施塔得港出发进行环球科考工作，在经过 5 个月科考活动后，于 2015 年 1 月返回喀琅施塔得港。这次科考活动不仅证实了 2013 年被俄罗斯飞行员发现的位于拉普捷夫海域的面积约 500 平方米、高度不足一米的“丫丫”岛，而且还发现了新地岛的新海角、新海峡以及附近的新岛等。在这次北极科考活动中，总共发现了 20 多个新的地理位置①。俄罗斯已经

图 1—3　北冰洋拉普捷夫海域中发现的新小岛“丫丫”岛

① Ю. Ф. Лукин. Российская Арктика прирастает отсровами,《Арактика и Север》, №18. 2015, стр. 63.

就扩大北冰洋大陆架外部界限向联合国大陆架界限委员会提交了资料翔实的申请，如果得到认可，俄罗斯在北冰洋的管辖权疆域可望进一步扩大。

第二节　俄罗斯北极地区概要

1993 年 12 月 12 日，俄罗斯举行全体公民投票，通过了独立后的第一部宪法《俄罗斯联邦宪法》。同年 12 月 25 日，新宪法正式生效。这部宪法确立了俄罗斯联邦实行联邦民主体制，以《俄罗斯联邦宪法》和联邦法律为基础，实行立法、司法、行政三权分立又相互制约、相互平衡的职能。

2000 年 3 月，普京当选俄罗斯联邦总统后，加强了联邦中央政府对地方的控制权，确立了新型的中央与地方关系的政体架构。

一、俄罗斯行政架构与北极地区

根据宪法，俄罗斯联邦的国家权力由俄罗斯联邦总统、俄罗斯联邦会议（联邦委员会和国家杜马）、俄罗斯联邦政府和俄罗斯联邦宪法法院行使。俄罗斯联邦主体的国家权力由它们组成的国家权力机关行使。

总统是国家元首，由人民直选产生。总统拥有相当大的行政权力，有权任命包括总理在内的高级官员，但必须经议会批准。总统同时也是武装部队的最高统帅以及国家安全会议的主席，并可以不经议会通过直接颁布法令。

俄罗斯联邦会议是俄罗斯联邦的代表和立法机关。俄罗斯联邦会议采用两院制，联邦委员会（上院）和国家杜马（下院）。联邦委员会（上院）由俄罗斯联邦诸联邦主体各派两名代表组成：一名来自国家代表权力机关，一名来自国家执行权力机关，主要的职能是批准联邦法律，联邦主体边界变更，总统关于战争状态和紧急状态的命令，决定境外驻军，总统选举及弹劾，中央同地方的关系问题等。国家杜马（下院）的职权是同意总统对总理的任命，决定对总统的信任问题，任免审计院主席及半数检查员，实行大赦，提出罢免俄罗斯联邦总统的议案，通过联邦法律等。国家杜马议员共450名，每4年选举一次。

俄罗斯联邦政府是国家权力最高执行机关。俄罗斯联邦政府由联邦政府总理、副总理和联邦部长组成。俄罗斯联邦宪法法院是法院系统用以制约总统和议会，平衡行政、立法、司法权力关系的一个违宪审查机构。它有权对政府首脑颁布的行政命令和议会制定的法律进行审查，确定是否符合宪法，并有权宣布违反宪法的行政命令和法律无效，并提出相应的补救措施。

俄罗斯宪法规定，俄罗斯各联邦主体（共和国、边疆区、州、联邦直辖市、自治州和自治区）一律平等，各有不同的国家法律地位。有的按照民族地域原则构成，如共和国、自治区、自治州；有的按照地域原则，如边疆区、州和直辖市。每个主体拥有自己的行政、立法和司法权力分支机构。共和国有自己的宪法和法律，边疆区、州、联邦直辖市、自治州和自治区拥有自己的规章和法律。俄罗斯各联邦主体的地位只有在俄罗斯联邦和俄罗斯联邦主体根据联邦宪法进行相互协商后才能改变。俄罗斯宪法还规定“各联邦主体的主权仅属于俄罗斯联邦，没有自由退出权，禁止以暴力方式破坏国家统一和领土完整。”

普京出任俄罗斯总统后，加强了联邦中央对地方的控制权。2001年12月17日，国家杜马通过由总统签署批准的《关于吸收新主体加入俄罗斯联邦和在俄罗斯联邦组成中成立新主体的程序法》，从而为俄罗斯联邦主体的合并奠定了法律基础。2000年5月13日，普京签署第849号总统令，批准了《俄罗斯联邦总统驻俄罗斯联邦区全权代表条例》。据此条例，俄罗斯联邦89个共和国、边疆区和州等联邦主体按地域原则划分为8个联邦区（2010年1月成立北高加索联邦区；2014年成立克里米亚联邦区；2016年7月28日，克里米亚联邦区与南部联邦区合并为新的南部联邦区。截止2017年联邦主体通过合并重组后，89个主体变为现在的85个主体），分别为：

中央联邦区（莫斯科）

西北联邦区（圣彼得堡）

南部联邦区（顿河畔罗斯托夫）

伏尔加联邦区（下诺夫哥罗德）

乌拉尔联邦区（叶卡捷琳堡）

西伯利亚联邦区（新西伯利亚）

远东联邦区（哈巴罗夫斯克）

北高加索联邦区（皮亚季戈尔斯克）

俄罗斯8大联邦区的建立在联邦中央与联邦主体之间增加了一个管理监督机构。总统在每个联邦区任命一位总统全权代表，其目的是巩固国家统一，强化总统对地方的管理体制，加强中央集权，理顺联邦和联邦主体之间的关系，保证中央政令的畅通，保障社会秩序的稳定。俄罗斯还改革了中央与地方之间的财产分配，如把国家财产划分为联邦所有权财产和联邦主体所有权财产。很明显，俄罗斯设立联邦区是加强中央权力，维护统一的重要步骤。

在8大联邦区内，除了中央联邦区、南部联邦区、伏尔加联邦区、北高加索联邦区外，西北联邦区、乌拉尔联邦区、西伯利亚联邦区和远东联邦区都有部分领土和海域位于俄罗斯2014年5月颁布的总统令规定的北极地区。

二、8个北极地区

苏联时期，中央集权制度下的北方领土和北冰洋海域归国家统一管辖，北极地区基本建立起完整的北方工业、海河联运和社会保障体系。苏联解体后，叶利钦放权，各联邦主体自行管辖其北方属地，北冰洋沿岸的主要港口城市摩尔曼斯克、阿尔汉格尔斯克、杜金卡、季克西和佩韦克等均转交其所在的共和国、州、自治区等自行管理，甚至负责北冰洋等北方海域海上运输的核动力破冰船队也归摩尔曼斯克州托管，导致原有的统一管理的海上运输和工业基地，以及统一的社会生活保障体系遭到破坏。20世纪90年代国家经济急速滑坡，北极地区失去中央的财政支持，企业倒闭，港口荒废，大量人员离开，整个北极地区的工业、社会和安全等领域正常的运作体系濒于崩溃。普京上任后，强化了对地方的管控权，尤其是对北极地区的管辖权。2014 年 5 月，在经过多年长期的努力和各方协调后，俄罗斯终于出台了《俄罗斯联邦北极地区陆地领土》总统令，明确了俄罗斯北极地区的陆地疆域由 8 个区块组成。它们分别是：

（一）摩尔曼斯克州（Мурманская область）

摩尔曼斯克州位于俄罗斯欧洲部分西北部的科拉半岛上，是俄罗斯西北联邦区的战略要地之一。西南与卡累利阿共和国相交，西部和西北部与芬兰和挪威交界。摩尔曼斯克州的地缘政治和经济地位重要，是俄罗斯通向北极地区的重要门户之一，保护俄罗斯北方疆域的北方舰队就驻扎在此地。截止 2017 年 1 月，摩尔曼斯克总人口为 757621 人，其中城市居民 700406 人，农村居民 57215 人。①

科拉半岛矿产资源丰富，拥有 60 多个大型矿产地，镍、铜、铝等产品在国内外市场需求量很大。世界著名的什托克曼大型凝析气产地位于科拉半岛北部的巴伦支海海域。摩尔曼斯克州最主要的经济领域是采矿业，科拉半岛在地质学家们眼中是一座“矿物学宝库”。这里发现了上千种矿物，其中许多矿物是无价之宝，非常稀有，在地球其他地区很少见，例如紫水晶、贵橄榄石、石榴石、异星矿、钻石等。摩尔曼斯克州第二大工业领域是捕鱼业和鱼类加工业，科拉半岛上河流纵横，白海和巴伦支海三面环绕，半岛共有 4 个海港。摩尔曼斯克州的其他工业还有修船、木材加工和建筑材料等。除此之外，俄罗斯核动力破冰船队驻扎在该州行政中心摩尔曼斯克市。20 世纪 90 年代初苏联解体后，摩尔曼斯克州还承担起负责管理核动力破冰船队，及其“北方海航道”等俄罗斯北部海域的航运重任，直至 2008 年 8 月将托管的核动力破冰船移交俄罗斯国家核工业集团公司为止。

摩尔曼斯克州得天独厚的地理位置和工业实力决定了它在俄罗斯

① Оценка численности постоянного населения на 1 января 2017 года и в среднем за 2016 год（2017 年 9 月访问俄语 yandex. ru 网站）

与北欧国家挪威、芬兰和瑞典等欧洲国家双边经贸合作中的重要地位。摩尔曼斯克州与这些国家的地区之间建立起紧密的经贸合作关系，该州的投资环境良好，外资投资项目是地区发展的主要推动力。摩尔曼斯克州在巴伦支欧洲北极理事会框架内与欧洲国家政府和组织开展了许多多边合作项目。摩尔曼斯克州在巴伦支欧洲北极理事会、欧洲邻居和伙伴——边境合作机制规划、北方尺度伙伴、挪威巴伦支秘书处等国际组织和合作伙伴机制中发挥了重要的作用，是俄罗斯北极政策实施的重要地区和推手。

摩尔曼斯克州行政中心摩尔曼斯克市是俄罗斯位于北极圈内的唯一不冻天然良港，是俄罗斯最大的渔港和北方最大的商港，是贯穿北冰洋海上航运通道的起点，是北冰洋考察站的前进基地和北方诸岛的后方基地，是二战后冷战结束的见证地。1987 年 10 月 1 日，戈尔巴乔夫在这里发表了著名的“摩尔曼斯克讲话”，向国际社会开放“北方海航道”，可以说是冷战结束的标志之一。2008 年，俄罗斯公布北极开发政策后，摩尔曼斯克市成为宣传和实施俄罗斯北极政策，推动环境保护国际合作的主要城市之一。21 世纪伊始，摩尔曼斯克成立了一个工作组，专门就北极的生态安全，核潜艇利用，放射性废弃物和废弃核燃料的处理等问题展开人道主义行动。2001 年，俄罗斯、瑞典、挪威和芬兰四国开始联合举行两年一度的有关环境保护的“巴伦支海营救”跨境演习，摩尔曼斯克州是代表俄罗斯一方的主要参与者。2012 年 4 月 17 日，在这里举行了有关北极发展生态保护和安全问题的第三届“北极理事会成员国高层代表”国际会议。2013 年 1 月 29 日，摩尔曼斯克州通过了“生态宣言”以响应普京宣布的保护北极环境的倡议，州长玛丽娜·科弗通和当地大企业主在“生态宣言”上签字，俄罗斯北极其他地区也纷纷响应。

北极资源开发和环境保护是北极发展面临的最重要的矛盾之一，俄罗斯将这类会议安排在摩尔曼斯克召开有其历史和现实意义。在美苏对抗的 70 年历史进程中，军工企业和核武器的无序发展导致俄罗斯北极地区核污染和工业污染非常严重，尤其是在摩尔曼斯克州及其周边海域。该州核设施多、核污染风险很高，与苏联政府在这里全力发展核潜艇战略军事力量密切相关。据官方公布的材料，摩尔曼斯克州地区共有220个核反应堆，有100多艘已经废弃但没有进行处理的核潜艇，还存放有许多核废料和核燃料。因此，这里的核污染问题是邻近北欧国家关注的大问题。在联邦政府北极开发145个项目清单中，到2020年前该州将完成科尔湾污染物质的清除工作，清除这里被遗弃的船只和沉船等。

根据《俄罗斯联邦北极地区社会经济发展国家纲要》（下面简称《北极纲要》）的要求，摩尔曼斯克州要成为俄罗斯北极地区的战略中心，金融和精神引领者，是保障北极地区海洋经济的重要中心。摩尔曼斯克州要在实现俄罗斯北极国家利益和完成国家北极政策的主要目标方面发挥决定性的作用。

（二）涅涅茨自治区（Ненецкий автономный округ）

涅涅茨自治区位于俄罗斯西北部，包括科尔古耶夫岛和瓦伊加奇岛，北部濒临白海、巴伦支海和喀拉海，东、南、西边分别与亚马尔-涅涅茨自治区、科米共和国和阿尔汉格尔斯克州相交，占据了俄罗斯北极圈陆地很大一块面积。

1929年7月15日，涅涅茨自治区成立于阿尔汉格尔斯克州内。1993年，根据俄罗斯联邦宪法，涅涅茨自治区和阿尔汉格尔斯克州分别获得联邦主体地位，1994年3月25日，涅涅茨自治区和阿尔汉格尔斯克州签署了第一份国家权力机构之间的双边关系协议。根据协议，涅涅茨自治区的部分国家权力由阿尔汉格尔斯克州管辖。普京曾多次提出将涅涅茨自治区并入阿尔汉格尔斯克州的建议，但是遭到涅涅茨人的反对，他们要求获得完全的独立地位。2014年6月5日，两个主体终于达成协议，涅涅茨自治区的所有国家权力转交涅涅茨自治区权力机关，协议有效期至2021年12月31日。俄语与涅涅茨语在当地具同等法律地位。

涅涅茨自治区是俄罗斯人口最少的主体，主要居民是涅涅茨族人。截止2017年1月，涅涅茨居民总人数为43937人，城市居民为31832人，农村居民为12105人，其中涅涅茨族人为4.2万人，最近10年，涅涅茨自治区原住民人口增加了11%。涅涅茨人自古以养鹿、捕鱼、狩猎为生，40%的涅涅茨族人仍保留着这种游牧生活方式，他们的生活和驯鹿息息相关。他们一年中有260天生活在冰雪之中。①

涅涅茨自治区属于北部经济区成员，地区性主要经济部门有养鹿业、捕鱼业、狩猎业、海洋渔业、养兽业、燃料工业和食品工业等，其中传统驯鹿业和捕鱼业是保障当地土著少数民族生活的根本。涅涅茨自治区天然气和石油储量极其丰富，它位于俄罗斯油气储备排名第四的季曼－伯朝拉盆地的北部，石油和天然气的开采和运输已经成为自治区经济的支柱产业。目前，自治区共发现71个油田，6个油气田，1个石油天然气田，4个凝析气田和1个气田，其中多数油气田经济价值高，油气矿层不深，易于开采。全球第一座抗冰级大陆架石油钻井平台“普里拉兹洛姆”就位于自治区北部伯朝拉海湾内，该油田自2013年10月钻探第一口油井后，开始开采石油，并向欧洲地区出口，开采经营计划将超过25年。自治区还发现了煤、铜、钼、锰、金刚石和黄金等矿产地。

表1—1　2009—2030年涅涅茨自治区居民收入和人均地区生产总值

涅涅茨自治区	2009年	2010年	2015年	2020年	2025年	2030年
居民人数（人）	42293	42642	45034	47558	49784	51864
中等收入（卢布）	485965	486709	56347	80155	105057	133698
人均地区生产总值（卢布，千）	30778	319023	38874	41785	453560	44156

涅涅茨自治区首府纳里扬马尔于1935年建市，从莫斯科到纳里扬马尔的距离为2230千米。自治区没有公路和铁路，交通工具只有飞机和轮船。纳里扬马尔是俄罗斯北极政策的主要示范地之一，也是俄罗斯天然气股份公司下属“俄气石油公司”和“卢克”石油公司等企业在北极的主要基地之一。最近几年，这里吸引了许多来自其他国家地区的居民，整座城市到处可见新建成的4－5层居民楼和仍在建造中的新居民楼，充满活力。这座北极小城承办了多次有关北极发展问题的

① Оценка численности постоянного населения на 1 января 2017 года и в среднем за 2016 год（2017年9月访问俄语yandex. ru网站）

国际论坛和搜救演习等活动。2011 年 3 月 25 日，在俄罗斯联邦能源部、俄罗斯联邦自然资源和生态部、俄罗斯总统西北联邦区全权代表和北方（北极）联邦大学的支持下，“欧洲北极 - 2011”国际石油天然气科学实践会议在这里举行，会议主要涉及的内容有：俄罗斯欧洲部分的北极地区和北极大陆架石油天然气综合体发展的现状和前景，包括矿物原料基地的生产；碳氢化合物原料产地开采时出现的伴生气体的有效利用及解决方法；发展交通基础设施等问题。2014 年 8 月，由俄罗斯联邦国家安全委员会、俄罗斯联邦外交部和涅涅茨自治区联合举办的第四届“北极理事会成员国高层代表”国际会议在纳里扬马尔举行，观察员国代表首次受邀与会，参观了在“普里拉兹诺姆”钻井平台举行的紧急情况搜救演习等活动。

近年来，涅涅茨自治区油气资源的开发和国际合作的增加对当地原住民涅涅茨人的传统生活习惯和生活方式构成挑战，因为巨大的油气资源埋藏在他们的驯鹿群常年迁徙的路线之下。能源开发计划势必会破坏当地的自然环境，破坏驯鹿群的栖居习惯。随着当地工业基础设施建设群的扩大，涅涅茨牧民们担心这些设备会对土地、牧草造成污染和改变，会影响驯鹿的行动和健康，导致他们无法跟随驯鹿群进行每年两次的南北迁徙行动。俄罗斯联邦中央和自治区政府重视当地环境保护问题，均投入大量资金解决存在的生态问题，例如 2010 年到 2013 年自治区政府投入至少 1.2 亿卢布（当时 1 美元约合 30 卢布）用于当地的清洁水项目。联邦政府为了落实北极理事会北极污染治理项目，2010 年对自治区投资 1000 万欧元用于环境保护项目。但是环境问题和原住民传统和文化的传承始终与北极资源等开发相悖，如何解决这一矛盾需要俄罗斯和国际社会的共同努力。

根据《北极纲要》的要求，涅涅茨自治区的战略优先发展方向是经济的超越式增长和多样化发展，要将创新和人力资本转化为经济增长的主要因素，建立现代化基础设施和有效的国家管理体系。自治区发展的主要定位是参与国家北极大陆架的开发项目。最近几年，自治区国民生产总值保持持续增长态势，油气开采数量逐年上升，2015 年的石油开采总量为 1463 万吨，2016 年为 1587 万吨，预计 2017 年将达到1672万吨（图1—4）。

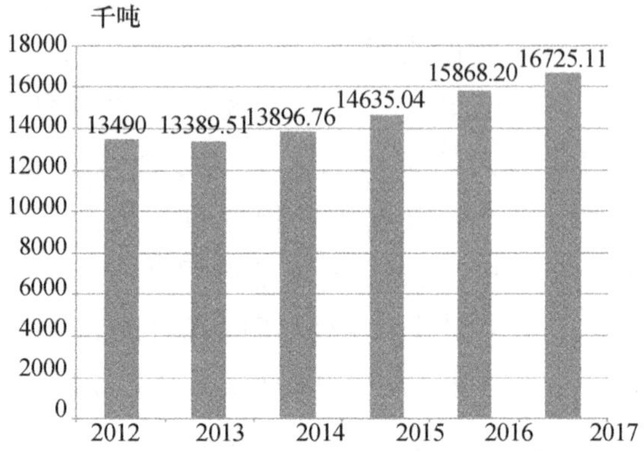

图1—4　涅涅茨自治区石油天然气开采数据

可以预见，2020年，自治区的油气开采数量能够实现自治区2020年发展规划所规定的3200万吨—3500万吨石油当量。①

（三）亚马尔－涅涅茨自治区（Ямало-Ненецкий автономный округ）

亚马尔－涅涅茨自治区位于西伯利亚西北部，成立于1930年12月10日，是俄罗斯联邦主体之一，属于乌拉尔联邦区。该自治区位于乌拉尔山脉以西，西与涅涅茨自治区和科米共和国接壤，东、南分别与克拉斯诺亚尔斯克边疆区和汉特－曼西自治区相交，北临喀拉海。根据俄罗斯统计局2017年1月数据，亚马尔－涅涅茨自治区人口总数为536047人，城市居民为448822人，农村居民为87227人，其中涅涅茨人近3万人，其他少数民族还有塔塔尔、汉特人等，2016年的人口总数为535077人，人口呈上升趋势。②最近十年，自治区原住民人口增长了10%，达到4.2万

---

① Ненецкий автономный округ http：//www. arctic-info. ru/regions/nao/about/.

2014年8月，作者参加第四届“北极理事会成员国高层代表”国际会议组织方提供的俄文资料。

② Оценка численности постоянного населения на 1 января 2017 года и в среднем за 2016 год（2017年9月访问俄语yandex. ru网站）

人，占俄罗斯原住民人口的20%。自治区1.4万名生活在亚马尔冻土带的原住民仍按传统生活方式，过着游牧民的生活，放养北方驯鹿。[①] 亚马尔－涅涅茨自治区有世界上最大的驯鹿群。自治区行政中心萨列哈尔德享有俄罗斯“天然气之都”的称誉。

天然气和石油是亚马尔－涅涅茨自治区最主要的天然财富，是自治区经济社会发展的坚实基础。自治区拥有世界上最大的天然气气群，天然气蕴藏量高达40多万亿立方米，占俄罗斯天然气总储量的85%，占世界天然气总储量的37%。自治区同样拥有巨大的石油储藏量，高达45亿吨，占俄罗斯石油总储量的12%。自治区有一系列大型天然气田，最大的天然气田是梅德韦日耶、乌连戈伊和扬堡。这三个气田的资源总储量为12万亿立方米。其中乌连戈伊是世界上最大的天然气田，该气田储量为8万亿立方米。实际上，仅乌连戈伊和扬堡两大气田就提供了西伯利亚天然气总开采量的85%以上。亚马尔生产的天然气和石油占当地工业生产总值的90%以上，除了国内供应外，还向欧洲等其他许多国家出口。

亚马尔－涅涅茨自治区还有很多凝析气田。目前俄罗斯北极地区最著名的正在建设之中的“亚马尔液化气”项目就位于该自治区，它是目前全球最大的集勘探和开发、天然气处理和液化、液化气运输和销售为一体，融资、市场与资源联动，国际大公司深度合作的大型油气项目，该项目中最主要的内容是建造大型液化气厂和萨别塔新港。2012年启动的萨别塔新港的建设工程，2017年已基本完成。液化天然气厂的建设分三期完成，每期完成一条生产线的建设。一期工程已于2017年12月完成并投入生产，二期和三期工程分别于2019年和2020年完成并投产。2020年3条液化天然气生产线建成后，高峰时每年可生产1650万吨液化天然气（270亿方/年）及100万吨凝析油。截止2015年6月，各股东投资共计93亿美元[②]。“亚马尔液化气”项目生

---

① В Сабетте начала работу международная арктическая конференция http：//uralpolit. ru/news/yanao/30 －08 －2017/118663（2017年9月访问）

② О перечне приоритетных проектов，реализуемых на территории Арктической зоны Российской Федерации. https：//arctic. gov. ru/FilePreview/9053275b － 7821 － e611 － 80cc － e672fe4e8e4e? nodeId＝4370391e －（2017年9月访问）

产的液化气主要经由“北方海航道”运往亚洲和欧洲市场。俄罗斯诺瓦泰克公司、法国道达尔石油公司、中国石油天然气集团公司和丝路基金分别持有项目的股份。根据已签署的液化气收购合同，27%的亚马尔液化气将供应中国，36%供应亚太国家，约300万吨产品将通过“俄气石油公司”出售给印度等地市场。为了保障亚马尔液化气运往亚洲市场，诺瓦泰克公司将配备2艘新型核动力破冰船护航，截止2017年9月，第一艘“北极”号新型核动力破冰船已于2016年下水试航，第二艘同型号的“西伯利亚”号的船体也已下水①。俄罗斯政府对“亚马尔液化气”项目的基础设施建设提供了强有力的财政支持，2015年2月投入使用的萨别塔机场就是联邦政府投资建设完成的。

亚马尔－涅涅茨自治区的另一个具有标志性意义的大型油气项目位于北部喀拉海大陆架海域。根据俄罗斯科学家的初步评估，喀拉海南部至新地岛东侧面积约12.5万平方千米3个许可地段内石油和天然气储量分别为50亿吨石油和10万亿立方米天然气②。2012年4月，俄罗斯石油公司和美国埃克森美孚公司启动这一项目的勘探工作。2014年9月，经过两家公司的共同努力成功地钻探出第一口油井“大学1号”。根据分析，“大学1号”油井的天然气和石油储量分别为3919亿立方米和1.287亿吨③。“大学1号”油井周边区域的地质状况类似，约能打出30个类似的油井。根据两国的勘探结果，这一地区的油气资源储量堪比墨西哥湾，俄罗斯将这一新发现的油气田命名为“胜利”油田。④可以说，喀拉海海域及其周边地区的油气田不仅是俄罗斯石油公司未来发展的重点，而且是俄罗斯油气产业在21世纪保持国际领先地位的重要地区。普京曾在2013年就表示，“亚马尔和大陆

① Президент пообещал поддержку проекту Ямал СПГ http://www.arctic-info.ru/news/31-10-2014/prezident-poobesal-podderjky-proekty—amal-spg-/（2017年9月访问）

② 《Роснефть》 и BP договорились о сотрудничестве на шельфе в РФ http://www.rbc.ru/economics/14/01/2011/5703e24d9a79473c0df19180（2017年9月访问）

③ Высокое качество нефти месторождения Победа подтверждено лабораторными исследованиями http://www.rosneft.ru/news/today/29102014.html（2017年9月访问）

④ 《Роснефть》 и ExxonMobil начали бурение в Карском море http://1prime.ru/News/20140809/789803341.html（2017年9月访问）

架石油天然气产地的开发将改变全球能源市场的力量排序”①。“胜利”油田的发现为普京的这一论断增添了事实依据。但是，由于美欧制裁，该项目因美方合作者埃克森美孚的暂时撤离而处于半停滞状态。

2016 年 9 月 21 日，位于亚马尔－涅涅茨自治区的格达半岛梅索亚赫河流域的东梅索亚赫油田正式投产，这是俄罗斯陆地最北段的油田，普京出席开工仪式。东梅索亚赫油田由俄罗斯石油公司和俄罗斯天然气工业股份公司共同开发。该油田 2016 年的产量为 57.7 万吨，2020 年将达到年产石油 560 万吨的最高水平。东梅索亚赫油田石油外运的交通和基础设施已全部完成，石油将进入扎波里耶－普尔佩油气管线系统，然后经由东西伯利亚－太平洋输油管道向国内外市场供油。目前，亚马尔－涅涅茨自治区是俄罗斯北极发展最重要的地区，上述这些项目的成功与否直接关系到俄罗斯北极政策实施的成效，关系到俄罗斯未来发展的前景。

根据《北极纲要》的要求，2020 年前，自治区的地区生产总值要从 2010 年的 7240 亿卢布提高到 2020 年的 17928 亿卢布；就业人数从 2010 年的 367800 人增加到 2020 年的 445400 人；2020 年的居民收入将是 2011 年的 130%；人均寿命从 2010 年的 71.3 岁提高到 2020 年的 73.3 岁。

（四）楚科奇自治区（Чукотский автономный округ）

楚科奇自治区位于俄罗斯的东北部，濒临东西伯利亚海、楚科奇海和白令海，西部和南部与萨哈共和国（雅库特）、马加丹州和勘察加边疆区相连。自治区行政中心阿纳德尔市历史上是俄罗斯的东部前哨，始建于 1652 年，由哥萨克人谢敏·杰日尼奥夫修建。杰日尼奥夫角是楚科奇半岛和整个欧亚大陆的最东角。白令海峡中从楚科奇到阿拉斯加的最短距离为 86 千米。

---

① Путин: Освоение Ямала и цельфа Арктики изменит расстановку сил на мировом энергетическом рынке http: //www. arctic-info. ru/News/Page/pytin—osvoenie-amala-i-sel_fa-arktiki-izmenit-rasstanovky-sil-na-mirovom-energeticeskom-rinke（2017 年 9 月访问）

楚科奇民族区始建于1930年12月10日，是远东边疆区的组成部分之一。1953年12月，楚科奇民族区成为马加丹州的一部分。1980年，楚科奇民族区获得自治地位。1992年7月，楚科奇自治区从马加丹州分离，获得联邦主体地位。楚科奇的大部分疆域位于北极圈内，气候恶劣，冬季长达10个月之久。楚科奇1月份的平均气温是零下15度至零下39度，7月份的气温是5度至10度。自治区原住民群体众多，包括楚科奇人、爱斯基摩人、尤皮克人、科里亚克人、楚梵人、埃文人和尤卡吉尔人等。今天楚科奇居民中俄罗斯族人占近半，楚科奇人不到26%。根据俄罗斯统计局2017年1月的数据，楚科奇居民人口总数为49822人，城市人口34892人，农村人口14930人，2016年的人口总数为49990，居民人数呈下降趋势，苏联解体之前这里的居民人数是现在的一倍多。①

楚科奇的经济基础是贵金属、煤炭等矿产资源开采业。苏联时期，矿产领域占自治区工业生产的90%。20世纪30年代末，煤炭开发带动了楚科奇的工业发展和本地需求的自给自足，随后锡矿、钨矿、铀矿等也相继被发现。50年代末，丰富的黄金产地的发现使自治区的工业开发进入了一个全新的发展阶段。大型的黄金等矿产资源加工业集团纷纷建立，矿产地附近建起工人新村，优厚的报酬和工作吸引了大量的当地人和其他地区的人们来到楚科奇发展。楚科奇黄金产地的开采量自发现之日起逐年上升，1974年黄金产量超过36吨。苏联解体，市场经济条件下的自治区矿产业利润急剧下降。经济危机沉重地打击了楚科奇的矿产业，企业大量削减工人，楚科奇历史上出现了“人口大迁移”时代，超过半数的居民离开了这一地区。自治区地质勘探几乎停止，锡矿和钨矿的开采完全中断，黄金产地只留下了少量的工人在继续作业，每年的黄金产量不足5吨。停产的矿产地附近的所有村落全部废弃，形成众多“死”城。

楚科奇自治区经济的再度振兴始于21世纪初，外国投资者对自治

① Оценка численности постоянного населения на 1 января 2017 года и в среднем за 2016 год（2017年9月访问俄语 yandex. ru 网站）

区储量丰富的金银矿产地发生了兴趣，开始投资合作生产，黄金加工业逐渐成为自治区经济的重要组成部分，黄金加工业占自治区工业生产的比重超过 40%。2008 年的黄金产量超过了 20 吨。自治区有 5 个金矿投入生产，另外 3 家金矿也在开发准备中。自治区已探明的黄金储量占全俄黄金总量的 10%，黄金开采量位居俄罗斯第二。2014 年，楚科奇矿产企业扩大了黄金的开采数量，达到 32 吨，比 2013 年增加了 29.8%。另外，楚科奇还新发现了 83 个锡矿产地和 28 个钨矿产地，以及丰富的煤炭储藏矿产地。

自治区的油气工业创建于 2000 年，基本从零开始，主要是为了满足本地区经济发展和居民生活需求而建立的。现在无论是在自治区陆地疆域，还是在自治区周边大陆架海域都发现了储量丰富的油气田。2014 年，俄罗斯石油公司开始在楚科奇海进行地质勘探工作，该公司获得了对 3 个楚科奇海域油气地块的拥有权。除此之外，楚科奇其他部门的发展都比较弱，渔业加工业和建材业等基本仅能满足于本地区的需求。

楚科奇没有铁路，只有企业厂区内的短程运输轨道。正在规划建造的省级公路是连接自治区与雅库特和马加丹州的公路。自治区的主要交通工具是船舶和飞机。自治区的每座城市都有机场。“北方海航道”沿岸运转正常的港口城市有 5 个，它们分别是阿纳德尔、白令戈夫斯基、普罗维杰尼亚、艾格维季诺他和佩韦克，其中佩韦克港是位于俄罗斯最北端的港口，是俄罗斯“北方海航道”沿线最重要的港口之一。①

楚科奇当地原住民的产业主要是渔业和畜牧业，以及手工制作业，这些产业是他们生存的物质基础。白熊是自治区的传统象征，猎杀北极熊是当地原住民的民族文化传统。1957 年苏联公布猎熊禁令后，当地民族文化的传承受到很大的影响。2011 年 3 月，楚科奇地方政府发布部分解除猎熊禁令，恢复了猎杀北极熊这一地域文化传统，但是解

① Департамент финансов, экономики и имущественных отношений http://xn—80atapud1a.xn—p1ai/power/administrative_setting/Dep_fin_ecom/（2017 年 9 月访问）

禁令同时规定，猎手出口熊皮或者出售熊肉的行为是被禁止的。

根据《北极纲要》的要求，2020 年前，楚科奇需要吸引外资进一步促进本地区最大的金银矿产枢纽的发展；扩大对亚太地区国家和其他地区的煤炭等矿产资源的出口；将原住民单纯的农牧业产业转化为肉类和海产品深加工业。到 2020 年，居民中等收入要增加 2.3 倍，地区生产总值要增长 3.7 倍，国家预算补贴减少到 25% 以下。

（五）阿尔汉格尔斯克州（Архангельская область）

阿尔汉格尔斯克州所属的“阿尔汉格尔斯克”市、“梅津地区”“新地岛”“新德文斯克”“奥涅加地区”“滨海地区”“北德文斯克”行政区（муниципальные образования " Город Архангельск ", " Мезенский муниципальный район ", " Новая Земля ", " Город Новодвинск ", " Онежский муниципальный район "," Приморский муниципальный район ", " Северодвинск "）被划入北极地区。

阿尔汉格尔斯克州位于东欧平原的北部，东北部与涅涅茨自治区接壤，东部与科米共和国相邻，西部与卡累利阿共和国相连，西北部濒临白海。阿尔汉格尔斯克州是俄罗斯欧洲部分面积最大的地区，超过法国和西班牙的领土面积。阿尔汉格尔斯克州成立于 1937 年 9 月 23 日，主要居民是俄罗斯人、科米人、涅涅茨人等，其中俄罗斯人占 90% 以上。截止 2017 年 1 月，该州北极地区的居民人数为 632218 人①。

阿尔汉格尔斯克州最主要的生产部门是木材加工、造纸工业，造船和船舶修理，以及机械制造业和渔业等。本州的锯材、造纸、纸浆在俄罗斯均占有非常重要的地位。本州企业产品涉及军用和民用舰船，油气开采技术，树木开发和加工机械等。北德文斯克的“北德文斯克造船厂”是俄罗斯军舰的主要建造基地。955 型“北风之神”级战略导弹核潜艇就是在这里建造的，该型号核潜艇是 21 世纪俄罗斯战略核

① Оценка численности постоянного населения на 1 января 2017 года и в среднем за 2016 год（2017 年 8 月访问俄语 yandex. ru 网站）

力量的海上主力。截止2014年，该厂为苏联海军和俄罗斯海军共建造了120余艘核潜艇。2014年，新型导弹“安卡拉”在这里进行了试验。

州行政中心阿尔汉格尔斯克市是俄罗斯北冰洋沿岸最大的城市和重要海港之一，位于北德维纳河三角洲上。该市面积294平方千米，人口超过35.1万人，有1.3万家企业和机构，个体业主超过1.15万人。阿尔汉格尔斯克市建于1584年，是根据沙皇伊万·格罗兹涅（伊万四世）的命令修建的，1613年前称新霍尔莫戈雷，1703年前是俄国唯一的海港。19世纪末至20世纪初，阿尔汉格尔斯克市是俄国最大的木材业和木材出口中心。阿尔汉格尔斯克市是俄罗斯北冰洋航线起点之一，是由铁路和海运交通紧密连接在一起的北极地区重要的交通枢纽，是开发北极和组织“北方海航道”航行的重要基地。阿尔汉格尔斯克州有4条大河流入北极海域：北德维纳河、伯朝拉河、奥涅加河和梅津河。河道既宽又深的北德维纳河为河道运输创造了优越的条件，是北极地区主要的内河水道。①

俄罗斯北极领域重要的科研和教育基地位于阿尔汉格尔斯克市，主要培养在高纬度地区开展工作的人员，组织极地科学研究和进行创新设计等工作。2010年根据俄罗斯联邦政府令合并3所大专院校成立的罗蒙诺索夫北方（北极）联邦大学业已成为俄罗斯北极科技发展和人才培养的重要基地。该大学每年夏季组织大型北极科考活动，成立北极“漂浮大学”，在考察船上为学生进行实地讲课和组织科考活动。此外，许多重要的国际和国内有关北极问题的论坛和会议在这里举行。例如，俄罗斯“北极理事会成员国高层代表”国际会议，“北极—对话之地”国际论坛等，为俄罗斯北极政策的贯彻执行提供科学和智力支撑。

阿尔汉格尔斯克市不仅是本州的工业和文化中心，而且是俄罗斯欧洲北方地区从卡累利阿到乌拉尔的历史文化首都，是俄罗斯北方文

---

① Игор Годзин. Архангельск-арктический пионер. Территория развития. №1 (2) 2017, стр. 69.

化、传统、历史、木建筑的发祥地。2013 年，“北方海航道”管理局在这里设立了办公室，负责北冰洋船只航运事务。

根据《北极纲要》的要求，2030 年前阿尔汉格尔斯克市要成为俄罗斯经济最发达中心之一，为此，要对现有企业进行现代化改造，吸引外资，创造新的劳动力就业岗位，实现经济增长 3－5 倍；发展本地区的交通和物流、造船业、机器制造业、木材加工业和旅游业等，促进地区经济的全面发展。建立发达的科学教育基地和创新产业研究基地，其核心是罗蒙诺索夫北方（北极）联邦大学，要实施创新科学教育计划，包括培养顶级专业化人才和进行有重大价值的科学研究。

（六）科米共和国（Республика Коми）

科米共和国所属的“沃尔库塔”市辖区（муниципальное образование городской округ " Воркута"）被划入俄罗斯联邦北极地区。科米共和国位于乌拉尔山脉的西部，南邻彼尔姆州，东部与汉特－曼西自治区接壤，东北与亚马尔－涅涅茨自治区相邻，北部及西北部毗邻涅涅茨自治区，西部毗邻阿尔汉格尔斯克州。科米共和国行政中心瑟克特夫卡尔市建于 1780 年。科米共和国的当地民族是科米人，又称齐良人，属黄种人。科米人的经济从北方的养鹿、渔猎、伐木一直到南方的农业、工业和矿业，各有不同。

“沃尔库塔”市辖区位于科米共和国的东北角，1943 年建市，苏联时期曾是一座劳改营。根据 2015 年统计数据，“沃尔库塔”居民人数是 3.8 万人。这里煤炭资源极其丰富，二战期间铁路修通后，采煤业迅速发展起来，成为国家主要采煤中心之一。

根据《北极纲要》的要求，提高当地居民生活水平是“沃尔库塔”辖区的主要任务，主要指标是 2025 年前当地居民生活水准要超过俄罗斯的平均水平；提高出生率，减少死亡率；缩小辖区内巨大的社会差距；在具备专业化劳动力资源和组织严谨的基础设施的前提下将“沃尔库塔”市建设成为高品质的工业中心。

（七）克拉斯诺亚尔斯克边疆区（Красноярский край）

克拉斯诺亚尔斯克边疆区所属的“诺里尔斯克市辖区”“泰梅尔多尔干－涅涅茨地区”“图鲁汉斯克区”（городской округ города Норильск，Таймырский Долгано-Ненецкий муниципальный район，Туруханский район）被划入俄罗斯联邦北极地区。克拉斯诺亚尔斯克边疆区成立于1934年12月7日，其领土面积占俄罗斯联邦领土总面积的13.7%，是俄罗斯面积第二大行政区。克拉斯诺亚尔斯克边疆区不仅是西伯利亚的重工业和文化中心，而且是俄罗斯的中心，拥有发达的铁路、河运、海运和公路交通以及航空运输系统，与全国各大工业中心相连，是重要的交通运输枢纽。边疆区北部出海口有著名的北冰洋港口城市杜金卡，是俄罗斯北冰洋重要的航运枢纽中心。

克拉斯诺亚尔斯克边疆区矿产资源储量占俄罗斯之最，集中了俄罗斯的铂金、准铂金、铜、镍的主要储量，金矿开采在俄罗斯占主导地位，主要的矿产地位于北方，包括泰梅尔半岛、伊斯兰特草原等地。边疆区的主要生产部门是有色冶金工业，共生产30多种重金属、轻金属、合金、稀有金属等，其中最多的是铝、镍、钴、铜、铂和金。划入俄罗斯联邦北极地区的叶尼塞河下游区域有世界著名的诺里尔斯克工业区，其中诺里尔铜矿基地开采了10多个金属伴生矿，其开采方式是露天和非露天，由上市股份公司“诺里尔斯克镍业”集团公司负责采掘加工，并对外出口销售。边疆区的经济与世界经济紧密相连，在很大程度上依赖于外贸，“诺里尔斯克镍业”集团公司生产的产品是边疆区最重要的出口产品。边疆区的出口潜力在俄罗斯排名第五，居西伯利亚地区之首。主要出口产品中大部分是有色冶金产品、木材加工产品、化工产品，燃料动力资源的出口也在增加，有色金属及其制品在出口产品中的比例超过石油及石油产品，占70%以上。

泰梅尔多尔干－涅涅茨地区位于克拉斯诺亚尔斯克边疆区北部。2004年前，它是一个独立的地区。泰梅尔的行政中心杜金卡市位于北纬69度，距离边疆区行政中心克拉斯诺亚尔斯克市2000

公里。泰梅尔气候严寒，冬季持续235天，最北地区冬季持续285天。根据2014年的人口数据统计，泰梅尔常住居民为33861人，其中原住民人口超过1万人。流经此地的叶尼塞河保障了泰梅尔与边疆区南部的联系，“北方海航道”的振兴则将泰梅尔与俄罗斯欧洲地区，乃至整个世界连成一体。21世纪伊始启动的俄罗斯北极开发战略使这座北极港口城市杜金卡再度获得往日的地位。位于泰梅尔相邻地区的诺里尔斯克工业区“诺里尔斯克镍业”集团公司生产的产品全年经过杜金卡运往世界各地。泰梅尔没有铁路和公路，交通主要依靠航空，当地成立的航空公司主要负责居民点之间的交通往来。

边疆区的北极地区矿产资源丰富，已发现煤、石油、天然气、黄金、钼、铜、钛、锑等矿床储备，其中已经投入开发的矿产是石墨、无烟煤矿和贵橄榄石等。泰梅尔煤矿储量巨大，主要集中在3大煤矿矿区。近几年，俄罗斯石油公司在这里勘探发现了俄罗斯最大的油气产地之一瓦尼科尔油气田。由于边疆区北极地区矿产工业的发展历史悠久，工业污染造成的环境破坏非常严重，现在对于边疆区而言工业发展和环境保护是其面临的主要挑战之一。泰梅尔地区50%土地是冻土，有200到250种植物和超过100种毛皮和苔藓植物。泰梅尔被誉为“千湖之国”，其中面积最大的湖泊在西伯利亚仅次于贝加尔湖，位居第二。为了保护这里的自然植被不受污染，泰梅尔建立了3个保护区：大北极、泰梅尔和普托兰保护区。1942年成立的全球闻名的“诺里尔斯克镍业”集团公司的镍厂在为俄罗斯（苏联）创造巨大经济效益的同时，也成为北极地区最大污染源之一。为了解决北极空气和土地污染问题，2016年8月，俄罗斯终于关闭了这家重污染企业。根据科学家们的研究数据，关闭该厂将减少30%有害物质排入空气中。

根据《国家纲要》的要求，边疆区北极地区生产总值的增长速度应保持在5.6%，到2020年地区生产总值要达到3.5万亿卢布；2020年的工业生产总值应是2011年的235%－317%；要提高居民生活水平，到2020年当地居民的实际收入应提高65.7%－85.9%。

（八）萨哈共和国（雅库特）（Республике Саха（Якутия）

萨哈共和国（雅库特）的5个北冰洋沿岸地区："阿莱伊霍夫区""阿纳巴尔（多尔干－埃文基）民族区"，"布伦区""下科雷姆斯克区""乌斯季扬斯克区"｛Аллаиховский улус（район），Анабарский национальный（долгано-эвенкийский）улус（район），Булунский улус（район），Усть-Янский улус（район），Нижнеколымский район｝划入俄罗斯联邦北极地区。萨哈共和国（雅库特）西邻克拉斯诺亚尔斯克边疆区，东接马加丹州和楚科奇自治区，北临拉普捷夫海和东西伯利亚海，海岸线总长度超过4500千米。雅库特领土面积占俄罗斯领土总面积的18.17%，占俄罗斯北极圈领土的40%以上，是俄罗斯面积最大的行政区，也是当今世界上面积最大的省级行政单位。雅库特有自己的国徽、国旗和国歌，雅库特语和俄语具有同等法律地位。雅库特国家政权由总统、国民会议、宪法法院和最高法院履行。雅库特的行政中心是雅库茨克市，它是17世纪由俄国探险者在勒拿河中游创建的，有三百多年边防哨所的历史，现在是俄罗斯东北部地区经济、文化、科学和教育中心。雅库茨克市距离莫斯科8468千米。流经雅库茨克市的勒拿河是俄罗斯由南向北流入北冰洋的四大河流之一，流经此地的勒拿河河面宽达16千米，夏季通航几个月，是雅库茨克对外贸易的重要通道。流入北冰洋的勒拿河河口港口城市季克西是俄罗斯北冰洋的主要港口之一。①

雅库特的北极地区非常寒冷，19世纪时记录的温度是零下67.8度，永久冻土层厚达1.5千米，供暖期平均超过9个月。雅库特北极地区的特点：一是本地区工业和国民经济发展的发源地，人口密度低；二是远离主要的工业中心、交通和能源网络系统；三是本地区资源密集度高；四是本地区国民经济和居民生活保障高度依赖俄罗斯中央地区提供的燃料、粮食和生活必需品等；五是北极地区的居民密度比雅库特非北极地区低15倍，根据2014年1月1日的统计数

---

① А. Слепцов Региональные аспекты развития Российской Арктики на примере Республики Саха（Якутия）、Арктика и Север. 2015. №19. стр. 117.

据，雅库特北极地区的居民人数为 26448 人（占整个雅库特居民的 7.3%），农村居民占 60.8%。雅库特人是原先就居住在西伯利亚的各民族中人数最多的民族。他们不仅对捕渔、狩猎、驯养麋鹿等有独特的技术才能，而且注重培养后代从事有学问的职业。从 1990 年起，雅库特北极地区的居民人数减少了 2 倍多，主要原因是生产企业纷纷倒闭。

表 1—2　萨哈共和国（雅库特）北极地区面积和人口①

行政地区名称	面积（平方千米）	2014 年 1 月 1 日居民人数（人）	人口密度/每平方千米	行政中心
总计	593.9	26448	0.044	
阿莱伊霍夫区	107.3	2765	0.03	乔库尔达赫港
阿纳巴尔区	55.6	3403	0.06	萨斯克拉赫村
布伦区	223.6	8507	0.04	季克西港
下科雷姆斯克区	87.1	4414	0.05	切尔斯基港
乌斯季扬斯克区	120.3	7359	0.061	议会港

早在 20 世纪 90 年代中期的 1995 年 12 月 2 日，萨哈共和国（雅库特）政府就通过决议，对雅库特北极圈（北纬 66°33′）以北地区居民的生活和社会保障提供特殊的国家支持，并将这些地区列为国家管理的独立对象。在随后 20 年多年内，雅库特制定了许多地方法律文件保障这些地区的社会经济发展。2008 年颁布的《俄罗斯联邦北极国家政策原则》的最初文本源自雅库特社会经济发展纲要。2014 年 8 月 18 日，雅库特行政长官叶戈尔·鲍里索夫颁布命令成立雅库特北极事务

① Комплексная программа Республики Саха（Якутия）《Социально-экономическое развитие арктических и северных районов Республики Саха（Якутия）на 2014 – 2017 годы и на период до 2020 года》. http://old.sakha.gov.ru/en/node/186817（2017 年 4 月访问）

国家委员，协调雅库特北方地区的稳定发展问题。

萨哈共和国（雅库特）是远东经济区成员，经济主要以发展燃料能源工业及矿石开采业为主。雅库特有5个主要的经济区，其中北部的东北经济区以采金、锡、石炭和锑为主；西北经济区主要以养鹿业和毛皮工业为主。雅库特金刚石开采业在国内和国际市场上具有很高的地位，雅库特开采出的一半以上金刚石销往国际市场。雅库特金刚石占世界金刚石开采量的25%，占全俄开采量的98%。雅库特的黄金开采量在俄罗斯位居第三，仅次于克拉斯诺亚尔斯克边疆区和楚科奇自治区。煤炭工业也是雅库特传统的基础产业，雅库特煤炭地质储量在俄罗斯居首位，俄罗斯超过40%的煤炭储量位于雅库特。此外，雅库特石油天然气的发展是整个东西伯利亚经济增长的支撑点，它不仅能够为雅库特的内部需求提供可靠保障，而且还可以将能源供应到远东联邦区，以及亚太地区。2009年起，“东西伯利亚－太平洋”石油管道和“中波多宾斯克油气冷凝田—东西伯利亚－太平洋”石油管道投入运营，俄罗斯开始经由这些管道将雅库特的石油向雅库特以外地区供应。雅库特境内还分布着俄罗斯最大的铀矿群。雅库特最主要的对外贸易伙伴是波兰、英国、以色列、美国和日本等。

根据《北极纲要》的要求，2020年前，雅库特的工业生产总量与2005年相比要增加3.6倍，地区生产总值要增加2.8倍。雅库特未来发展的主要目标是要在遵循地区经济稳定发展的前提下，合理平衡行业结构和保障有效利用丰富的自然资源，提高居民生活水平；保证雅库特经济的多样化发展和建立具有国家级规模的地区燃料能源工业基础设施；在发展油气开采、电力、煤炭工业、油气和煤炭化学工业的同时，发展交通运输业；建立年度运输陆地交通网络，修建能通达雅库茨克市的铁路，以及向东延伸至马加丹和楚科奇的陆地通道，最后经白令海峡抵达北美洲的通道；建立北西伯利亚铁路干线等。由于雅库特北极地区的特殊地理环境，要求雅库特北极地区在发展过程中，必须完善环境保护系统，合理利用自然资源和保护自然环境。

三、北极发展支柱区（Опорные зоны[①]）

2016 年 7 月公布的《俄罗斯联邦北极地区发展联邦法》草案提出了一个通过建立“北极发展支柱区”（以下简称“支柱区”）对俄罗斯北极地区进行综合开发和发展的新路径。根据这项法案，俄罗斯 8 个北极地区将各建立一个支柱区，它们分别为：科拉支柱区、阿尔汉格尔斯克支柱区、涅涅茨支柱区、瓦尔库塔支柱区、亚马尔·涅涅茨支柱区、诺里尔斯克支柱区、北雅库特支柱区和楚科奇支柱区（见图 1—5）。

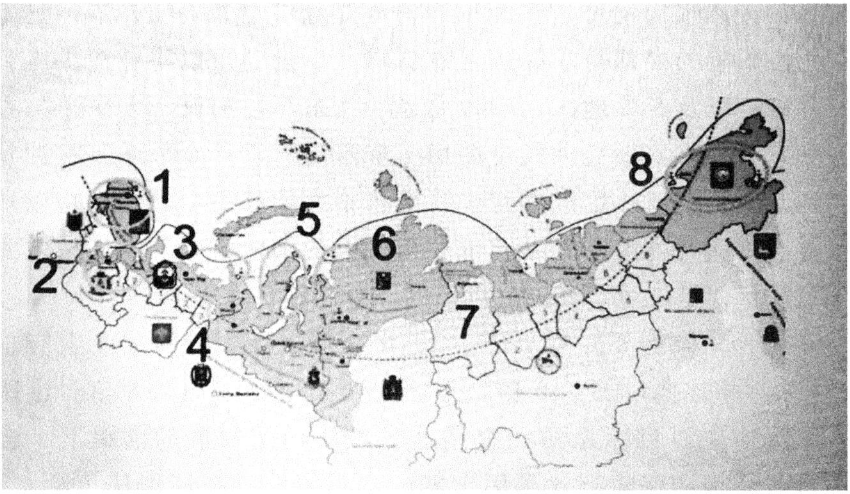

图 1—5 俄罗斯联邦北极地区的 8 个支柱区

“支柱区”的定义是指规划和保障北极地区社会经济发展的综合性项目，以实现北极的战略利益和保障国家安全，规定在国家 - 私人伙伴关系原则基础上，同步采纳现行的地域、行业发展模式和投资方案的实施机制。也就是说这些综合性项目是对规划、目标设定、财政拨

① Смирнова О. О.，Липина С. А. Формирование опорных зон в Арктике：методолия и практика，《Арктика и Север》，№ 25（2016），стр. 148.

款和实施阶段经过各方相互协调后形成的项目，包括建立北极地区的交通运输系统，发展能源基础设施、资源开采和加工工业基地等。①

早在2016年4月21日，俄罗斯政府委托经济发展部制定《俄罗斯联邦北极地区优先发展项目名录》，以配合北极八大支柱区的建设。同年5月19日，俄罗斯联邦经济发展部在网上公布了145个项目的名录②。名录清单中145个项目的主要比重如下：

- 资源开采和加工业占38.9%；
- 交通基础设施占18%；
- 钻石开采和加工业超过15%；
- 地质勘探占7%；
- 工业占5%；
- 电力占5%；
- 渔业和农业超过4%；
- 生态环境占2%；
- 电信占1.5%；
- 旅游占1%；
- 其他占2%。

由此可见，俄罗斯北极地区发展的主要领域是资源开采业和加工业，共占56个项目，其中仅亚马尔－涅涅茨自治区就占了36个项目，这些项目中一部分尚在规划中，一部分正在实施中，有些即将完成。基础设施项目所占的比重也相当大，其中亚马尔－涅涅茨自治区占30%，摩尔曼斯克州超过10%，阿尔汉格尔斯克州超过6%。在145个项目中优先执行项目共17个，这些项目对俄罗斯北极地区社会经济的发展至关重要，由联邦政府、地方政府和大企业共同合作完成。例如，交通基础设施领域的建设项目，包括“高纬度通道”项目（萨列

① Д. О. Фишкин. Опорные зоны развития-новые подходы к освоению минерально-сырьевой базы Российской арктики,《Арактические ведомости》, №1（20）. 2017, стр. 62.

② О перечне приоритетных проектов, реализуемых на территории Арктической зоны Российской Федерации https：//arctic. gov. ru/FilePreview/9053275b－7821－e611－80cc－e672fe4e8e4e? nodeId＝4370391e－（2017 年月访问）

哈尔德鄂毕河跨河大桥）、摩尔曼斯克交通枢纽综合发展项目、萨别塔海港项目、“别尔科穆尔”铁路干线项目、阿尔汉格尔斯克深水海港项目，因迪加海港深水区项目及其通往该港口的铁路项目等。资源开采领域的“亚马尔液化气”项目和“普里拉兹诺姆”石油项目，以及建造22220型核动力破冰船和浮动核能热电站等项目。上述项目均在北极“支柱区”经济发展模式框架内进行。

2017年3月，在俄罗斯阿尔汉格尔斯克市举行的第三届“北极—俄罗斯的创造”国际青年教育论坛期间，俄罗斯联邦经济发展部北方和北极经济中心主任阿·皮利亚索夫在介绍俄罗斯联邦北极“支柱区”建设情况时表示，《俄罗斯联邦北极地区发展联邦法》有望在2017年秋天获得通过。

表1—3　北极“支柱区”的人口变迁和国内生产总值①

支柱区	人口（单位千）					国内生产总值（单位：十亿卢布）	
	1990年	%	2015年	%	2015/1990	2013年	%
科拉（摩尔曼斯克）	1147	36.1	766	32.1	67	308	12.8
阿尔汉格尔斯克	724	22.8	647	27.1	89	252	10.5
涅涅茨	52	1.6	43	1.8	84	172	7.0
沃尔库塔（科米）	217	6.8	83	3.5	38	60	2.5
亚马尔·涅涅茨	489	15.4	540	22.7	110	1374	57.2
诺里尔斯克（克拉斯诺亚尔斯克）	311	9.8	227	9.5	73	180	7.5
北雅库特	77	2.4	27	1.1	35	11	0.5
楚科奇	161	5.1	50	2.1	31	47	2.0
总计	3178	100	2387	100	527	2404	100

① 俄罗斯联邦经济发展部北方和北极经济中心主任阿·皮利亚索夫的俄文发言稿，由参加第三届“北极—俄罗斯的创造”国际青年教育论坛的中国极地研究中心邓贝西先生提供。

俄罗斯北极地区的经济发展优势是能源、军工和交通（“北方海航道”）等领域。俄罗斯北极地区的亚马尔－涅涅茨自治区、萨哈共和国（雅库特）、阿尔汉格尔斯克州和摩尔曼斯克州等在资源开发领域占据领先地位，这些地区企业生产的绝大多数产品是俄罗斯独一无二的。俄罗斯北极地区与其他北极国家相比，具有的优势也比较明显，主要表现在：

一是人口优势。现在居住在俄罗斯北极地区的人口总数为 250 万（约占俄罗斯人口总数的 2%），其中 87% 的居民居住在城市。①

二是政策扶持。联邦政府预算大力支持北极地区兴建大型基础设施，如石油天然气综合体、几千千米长的管道干线、发电站（其中包括比里宾核电站）、矿产基地、铁路、机场、海港和河港等基础设施。

三是资源与航道优势。俄罗斯北冰洋海域、大陆架区域和陆地的渔业资源、油气资源、矿产资源极其丰富。“北方海航道”不仅是连接俄罗斯北极地区与其他地区的主要交通干线，而且是连接欧洲和亚洲最短的货物航运通道，其未来经济利用价值难以估量。

四是军事实力。俄罗斯北极地区现在属于西部、中部和东部军区联合管辖范围，过去传统上隶属于 4 大军区管辖：列宁格勒军区——从摩尔曼斯克到涅涅茨自治区（包括阿尔汉格尔斯克）；伏尔加沿岸乌拉尔军区——从雅拉到亚马尔－涅涅茨自治区；西伯利亚军区——从列斯基诺到泰梅尔自治区；远东军区——从萨哈共和国（雅库特）到楚科奇自治区。俄罗斯北极地区的军事力量主要集中在摩尔曼斯克，2/3 的俄罗斯海军驻扎在北极②。2014 年年底组建的“北方舰队－联合战略司令部”负责管辖俄罗斯北极地区的安全问题，是北极国家中唯一有集团军驻扎在北极的国家。

四、俄罗斯北极地区的民族构成

俄罗斯北方、西伯利亚和远东地区的土著少数民族（原住民）是

① Российские владения в Арктике. Досьеhttp：//tass. ru/info/2505058（2017 年 9 月访问）

② Коньшев В. Н. Сергунин А. А. Арктика в международний политике Москва，2011，p. 57.

指居住在俄罗斯北方、西伯利亚和远东地区，人口少于5万的民族，他们在其祖先传统迁移区域内，保留着传统的生活方式和主副业，并自认为具有独立的民族一致性。俄罗斯北极地区原住民有40个民族群体，他们分别是阿留申族、东干族（泰梅尔）、克里亚克族（楚科奇）、曼西人、那乃族、涅涅茨族、拉普兰族、谢尔库普族、汉蒂族、楚科奇族、埃文基族、爱斯基摩族等，人口总数约24.4万。其他生活在北极地区的，不属于少数民族的原住民是科米族和雅库特族，他们的居民人数超过40万。①

俄罗斯北方原住民生活在北冰洋和太平洋沿岸地区，从俄罗斯西北疆域（科拉半岛的萨米人）到东北疆域（楚科奇人，科里亚克人），他们拥有自己的传统居住地和传统经济活动，包括驯鹿业、打猎、捕鱼业、收集野生植物和传统狩猎业等。他们的文化发展区，包括驯鹿牧民游牧线路，猎人、收集者和捕鱼者季节性活动线路，圣地、休养地等，分布范围十分宽广，这些文化发展区为当地原住民的传统生活方式提供了保障。俄罗斯将近50%的原住民接受过初级和中级教育，17%的原住民是文盲。俄罗斯北极地区原住民的平均寿命为49岁。

20世纪末至21世纪初，苏联（俄罗斯）发生的一些重大事件对北方地区原住民的传统经济和生活方式产生重大影响。20世纪30年代的集体化政策，20世纪后半叶北方资源产地的工业化开发，以及20世纪90年代开始持续至今的市场经济改革，尤其是20世纪80年代北方工业开发引发的不受监督的环境污染沉重地打击了那些以依靠自然环境和自然资源为生的北方原住民群体。苏联解体后，俄罗斯北方原住民的民族自我意识有所增强，他们为了维护自己的传统文化和生活方式，组建起各种社会联盟、教学中心、协会和工会等，其中最有影响力的是1990年组建的“俄罗斯联邦北方、西伯利亚和远东土著少数民族协会”，该协会是北极理事会原住民组织之一，是俄罗斯北极地区原住民在国际和联邦层面的代表，现任主席为格里高利·列特科夫。该

① Коренные народы http：//www. arctic-info. ru/encyclopedia/indigenous-peoples/（2017年9月访问）

社会组织的主要任务就是捍卫俄罗斯北方少数民族的权力和利益，保护当地环境和原住民的传统生活方式。

俄罗斯北极地区原住民中约有65%的人居住在农村。在很多民族村落和乡镇中，这些民族公社组成统一经济体，履行一系列社会职能。根据俄罗斯联邦法律，作为非商业机构的公社，享有一系列优惠政策，并使用简化的纳税系统。普京任俄罗斯总统17年来，联邦政府和地方政府通过制定和实施联邦专项计划和地方社会经济发展专项计划和子计划；通过联邦预算、联邦主体预算和预算外资金为这些地区的稳定发展创造条件。联邦政府和地方政府通过预算补贴方式对原住民的养鹿业和畜牧业提供财政支持，并在北方原住民传统居住地和传统经济活动地区，开设普通学校和寄宿学校，对驯鹿牧民、渔民和猎人子女进行教育，其中也包括使用本土语言授课。还在驯鹿牧民游牧地区，新建游牧小学，按照北方少数民族传统生活方式，让游牧民子女接受小学教育。

近年来，在国家－私人伙伴关系框架内，参与北极开发的俄罗斯大型工业企业与联邦主体国家行政机关、地方自治机关、北方原住民公社和乡镇联盟以及个别原住民家庭经济体（“祖传土地”持有者）签订合同，向北方原住民企业提供预算外基金信贷，支持其发展。

俄罗斯还在全境全面设立了保护北方原住民的权力和传统生活方式的法律基础。联邦政府用立法形式制定了以优惠、补助、生物资源使用份额等形式向北方原住民提供支持的措施。联邦税法、联邦森林法、联邦水法和联邦土地法对居住在传统居住地并从事传统经营活动的原住民所享有的优惠政策分别做出了规定。俄罗斯也是这一领域国际合约的参与者。

第三节　俄罗斯北极地区的资源潜力

一、俄罗斯北极地区的行政区域

俄罗斯是北极圈内拥有领土和海域的8个国家中，占有领土和海域面积最大的国家[①]。俄罗斯北极地区的面积约为300万平方千米，占俄罗斯国土总面积的18%。俄罗斯北极地区是全国人口密度最低的地区，却是北极圈国家中人口最多的地区。尽管如此，无论是在沙俄时代、苏联时期，还是俄罗斯联邦成立以后的相当长一段时间里，俄罗斯从未出台过一部基本法，从法律上明确俄罗斯北极的陆地和海域的构成、名称及其边界。

进入21世纪后，随着北极海冰的迅速消退和国际社会对北极关注度的加剧，俄罗斯国内要求制定北极地区联邦法的呼声日益高涨。2014年5月，俄罗斯颁布了《俄罗斯联邦北极地区陆地领土》总统令，首次明确了俄罗斯联邦北极地区的具体疆域，它们包括摩尔曼斯克州、涅涅茨自治区、楚科奇自治区和亚马尔－涅涅茨自治区的全部疆域；科米共和国、萨哈共和国（雅库特）、克拉斯诺亚尔斯克边疆区和阿尔汉格尔斯克州的部分地区。总统令还明确规定，俄罗斯北极地区包括1926年4月15日苏联中央执行委员会主席团通过的《关于苏联北冰洋的土地和岛屿领土公告》和苏联其他文件中所确定的位于北冰洋的土地和岛屿，以及根据国际法，俄罗斯拥有主权和管辖权的毗邻上述领土、土地和岛屿的内海水域、领海、专属经济区和大陆架（图1—6）。

为进一步完善俄罗斯北极地区的法律地位，从法律上保障其北极陆地疆域和北冰洋海域的社会经济发展，2016年7月，俄罗斯公布了《俄罗斯联邦北极地区发展联邦法》草案（参见附件四），该法律草案有望在2017年获得通过。根据这一法案，俄罗斯北极地区的地方政府必须在遵循俄罗斯联邦法的前提下，履行其在当地社会经济发展中的权力和职能。法案还规定，北极地区主体的国家权力机关有权参与俄罗斯联邦在北极地区的国家政策的制定和实施；有权保护生活在俄罗斯北极地区的北方、西伯利亚和远东土著少数民族（原住民）的居住环境和传统生活方式，以及他们的传统、文化和习俗等。除此之外，俄罗斯北极地区居住的公民、从事经营和其他活动的组织，在遵循

① 环北极8国分别是：俄罗斯、美国、加拿大、丹麦、冰岛、挪威、瑞典和芬兰。

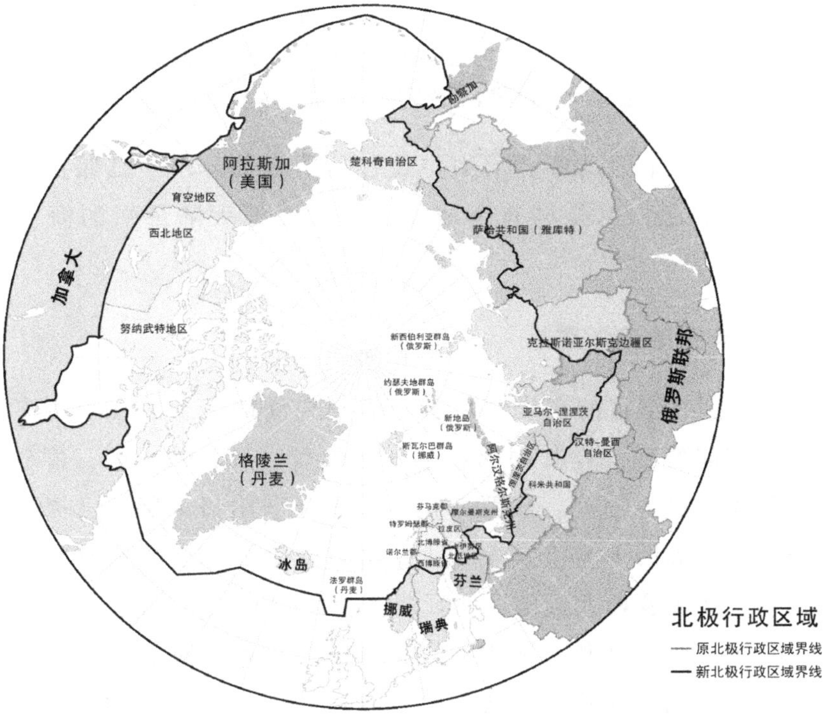

图1—6　俄罗斯联邦8个北极地区示意图：从下到上：摩尔曼斯克州、阿尔汉格尔斯克州、科米共和国、涅涅茨自治区、亚马尔－涅涅茨自治区、克拉斯诺亚尔斯克边疆区、萨哈共和国（雅库特）和楚科奇自治区

《俄罗斯联邦宪法》和俄罗斯联邦其他法律法规的前提下，有权参与俄罗斯联邦在北极地区国家政策的制定和实施。

根据这项联邦法，俄罗斯联邦政府将因此获得对总统令中规定的疆域和海域实施统一管理及协调各方工作的权利。从内容上看，这项联邦法没有背离《俄罗斯联邦宪法》，不是一个旨在建立北极独立地区的大法，只是为促进北极地区的社会经济发展，从法律上明确了俄罗斯联邦中央对其北极地区及其北冰洋海域的管理权和调控权。该法案正式成立后，将成为俄罗斯历史上第一部有关俄罗斯北极地区的基本法。

二、俄罗斯北极地区的资源潜力

俄罗斯北极地区的资源潜力主要包括两大部分：一是储存着极其丰富的自然资源；二是拥有全球穿越亚欧美洲大陆最短的海上航运通道。

（一）丰富的自然禀赋

俄罗斯拥有丰富的矿产资源，门捷列夫周期表上的几乎所有元素在俄罗斯都能找到，且其中的石油、天然气、煤、铁、铜、黄金和水银的储量均居世界前列。俄罗斯是能源生产和出口大国，已探明的石油储量占全世界的12%，排名第七；天然气储量占全世界的35%，为世界第一。而俄罗斯北极地区的资源能源蕴藏量尤其丰富。

2008 年 7 月，美国国家地质勘探局对外公布了著名的《环北极资源评估：北极圈内未开发油气资源计算》报告。报告认为，北极地区未完全探明，可用现有技术开发的石油储量估计达 900 亿桶；未完全探明，可获取的天然气储量估计为 47.2 万亿立方米。这些潜在的油气资源大约有 84% 分布在北极近海区域大陆架 500 米深处。报告认为，北极地区这些尚未完全探明的油气资源占全世界未探明，可获取的油气资源的 22%，其中未探明的石油和天然气储量分别占全球未探明储量的 13% 和 30%。根据报告提供的统计数据，迄今北极地区已探明的油气田有 400 多处，其中石油储量约 400 亿桶，天然气储量约 31 万亿立方米。①

俄罗斯科学家们根据自己对北极陆地和海域进行的长期地质考察研究，得出的结论是，目前北极地区已探明的油气资源中 60% 位于俄罗斯领土，已探明的可利用矿产的价值为 1.5 万亿美元至 2 万亿美元，

---

① U. S. Geological Survey, “Circum-Arctic Resource Appraisal: Estimate of Undiscovered Oil and Gas North of the Arctic Circe”, USGS Fact Sheet 2008 - 3049, Denver, 2008. http://pubs. usgs. gov/fs/2008/3049/fs2008 - 3049. pdf.

而俄罗斯北极地区蕴藏的所有矿产资源的总价值为 3 万亿美元，目前仅开采了其中的一小部分①。

俄罗斯北极地区正在进行勘探和开采作业的 70% 的油气资源主要位于巴伦支海和喀拉海大陆架，拉普捷夫海、东西伯利亚海和楚科奇海的大陆架区域只有少量的勘探作业。目前，俄罗斯已探明的、有潜质的油气点超过 200 多个，其中进行开采的只有几十个油气田。它们分别位于：

1. 巴伦支海大陆架区域（包括伯朝拉海）有 11 个产地，其中 4 个油田（普利拉兹罗姆、瓦兰杰伊、梅登、多尔金），1 个油气田（北古利亚耶夫），3 个凝析气田（什托克曼、柏朝拉、列多夫），3 个天然气田（北季里金、摩尔曼斯克、路德洛夫）。

2. 喀拉海大陆架区域（包括塔佐夫斯基湾和鄂毕湾）有 11 个产地，其中 2 个油气田（萨列卡普、尤尔哈罗夫），2 个凝析气田（列宁格勒、鲁萨诺夫），7 个天然气田（安吉帕尤金、谢马阔夫、托塔－雅辛、卡缅诺梅斯、北卡缅诺梅斯、古果利亚新、鄂毕）②。

目前，位于亚马尔半岛的“亚马尔液化气”项目正在建设之中。它是全球纬度最高、规模最大的液化天然气项目。整个亚马尔半岛的天然气储量为 26.5 万亿立方米，主产区为天然气储量 1.3 万亿立方米的南塔姆别伊斯克凝析气田。2013 年 2 月 22 日，普京在“天然气工业股份公司”成立 20 周年的庆祝会上，自豪地说：“亚马尔和大陆架石油天然气产地的开发将改变全球能源市场的力量排序”③。

位于喀拉海海域、由俄罗斯石油公司和美国埃克森美孚联合开发的“胜利”油气田也蔚为可观。其储量分别为 3919 亿立方米天然气和

---

① Истомин А., Павлов К., Селин В. Экономика арктической зоны России // Общество и экономика. 2008. № 7. С. 158－172.

② Конышев В. Н., Сергунин А. А. Арктика в международний политике. Москва, 2011 https: //www. hse. ru/pubs/share/direct/document/80283747（2017 年 9 月访问）

③ Путин: освоение Ямала и цельфа Арктики должно изменить расстановку сил на глобальном энергетическом рынке http: //www. arctic-info. ru/news/22－02－2013/pytin—osvoenie-amala-i-sel_fa-arktiki-izmenit-rasstanovky-sil-na-mirovom-energeticeskom-rinke/（2017 年 9 月访问）

1.3亿吨石油[①]。根据俄罗斯专家分析，该区域油气储量堪比墨西哥湾。

凭借油气资源的巨大蕴藏量，俄罗斯北极地区未来完全有可能成为俄罗斯，乃至国际石油天然气市场上最重要的产地。俄罗斯科学家认为，21世纪下半叶，不仅俄罗斯，而且整个人类世界需要北极的油气资源[②]。

俄罗斯北极地区的煤炭资源也非常丰富，煤炭储量预计为7800亿吨，约占俄罗斯煤炭资源总量的50%，其中810亿吨为炼焦煤。另外，俄罗斯北极地区还蕴藏着超过50%的具有战略意义的稀土金属矿床等资源：

（1）磷灰矿。磷灰石是包括粮食在内的农作物生长必不可少的磷肥的基本来源。俄罗斯北极地区是世界最主要的磷灰石生产者，其开采量占全球生产总量的11.4%[③]。俄罗斯北极地区的磷灰矿位于科拉半岛、克拉斯诺雅尔斯克边疆区的泰梅尔自治区、萨哈共和国（雅库特）和楚科奇自治区。

（2）镍和钴。俄罗斯85%的镍和钴矿位于北极地区的诺里尔斯克地区，其他位于科拉半岛。镍矿的总产量占世界总产量的10.6%。

（3）铜。60%左右的铜矿位于俄罗斯北极地区的诺里尔斯克地区和科拉半岛。

（4）钨。超过50%的钨矿位于俄罗斯北极地区的萨哈共和国（雅库特）北部和楚科奇自治区。

（5）钯、铂、锌。俄罗斯北极地区钯、铂、锌等矿业生产具有显著优势。钯的产量占世界总产量的份额高达40%，铂产量占据世界总

---

① Высокое качество нефти месторождения Победа подтверждено лабораторными исследованиями http：//neftegaz. ru/news/view/131824 – Vysokoe-kachestvo-nefti-mestorozhdeniya-Pobeda-podtverzhdeno-laboratornymi-issledovaniyami（2017年9月访问）

② Запасы нефти и газа в Арктике оценили в 286 млрд тонн. http：//www. arctic-info. ru/news/17 – 12 – 2014/zapasi-nefti-i-gaza-v-arktike-ocenili-v – 286 – mlrd-tonn（2017年9月访问）

③ Lars Lindholt, Arctic natural resources in a global perspective. In Solveig Glomsrod and Iulie Aslaksen (eds.) The Economy of the North. Statistics Norway, Oslo/Kongsvinger, November 2006. p32.

量的15%，锌产量占据世界总量的4.64%。

（6）锡。超过75%已探明和50%预测估计的锡矿石位于俄罗斯北极地区的北阳产地。

（7）汞。已探明的汞矿石产地主要位于俄罗斯北极地区的楚科奇自治区和克拉斯诺雅尔斯克边疆区的泰梅尔自治区。

（8）金和银。俄罗斯90%的金矿和银矿位于俄罗斯北极地区，其中绝大部分在楚科奇自治区、克拉斯诺雅尔斯克边疆区的泰梅尔自治区、萨哈共和国（雅库特）和克拉半岛。

（9）钻石。2002年北极地区的钻石生产具有全球性的重要地位，其宝石级钻石产量占全球总量的27%，工业钻石产量占23%。而宝石级钻石的78%产自俄罗斯北极地区，其钻石矿主要位于萨哈共和国（雅库特）、阿尔汉格尔斯克州和克拉斯诺雅尔斯克边疆区的泰梅尔自治区。

（10）锰。俄罗斯最重要的锰矿产地位于北冰洋的新地岛。

（11）铬。俄罗斯最重要的铬矿产地位于亚马尔自治区和科拉半岛。铬矿具有极其重要的经济价值，苏联解体后，俄罗斯失去了位于哈萨克斯坦的最大的铬矿产地，所以该地区的铬矿对俄罗斯具有重要意义。

（12）钛。俄罗斯最重要的钛矿产地位于科拉半岛。

（13）稀土元素。俄罗斯超过95%的稀土元素位于克拉斯诺雅尔斯克边疆区的泰梅尔自治区、科拉半岛和萨哈共和国（雅库特）。

除此之外，俄罗斯北极水域中的生物资源极其丰富，有大量的品种多样的鱼类和生物，如北极熊、北极狐、角鲸、白鲸、海象等。有超过150种的鱼类，其中经济价值最高的有鳕鱼、鲱鱼、黑线鳕、比目鱼等。俄罗斯北极地区的渔业生产为俄罗斯提供了丰富的鱼产品。俄罗斯北极地区的捕鱼量和鱼产品生产量占全俄捕鱼量和鱼产品生产量的15%。俄罗斯北极地区的生产总值占全俄国民生产总值的11%，占全俄出口总量的22%。①

---

① Основы стратегии устойчивого развития арктической зоны России. http://www.arctictoday.ru/council/654.html Российские владения в Арктике. Досье http://tass.ru/info/2505058（2017年9月访问）

三、海上贸易通道“北方海航道”

全球气候变暖和科技发展为北冰洋全年通航创造了条件。俄罗斯北冰洋沿岸的海上通道“北方海航道”有望成为全球重要的海上贸易通道之一。

早在1525年，担任伊凡三世公使的德米特里·格拉西莫夫绘制了首张北冰洋海图。18世纪上半期，俄国的“北方探险远征”完成了北冰洋沿岸从伯朝拉河到白令海峡的海图绘制，共出版了64张图。1763年，米哈伊尔·罗蒙诺索夫（1711－1765）总结了国内有关北方海洋的研究后，向当时的俄国海军部提交了开发“北方海航道”的方案。罗蒙诺索夫认为，“北方海航道”的建立不仅能加强俄国的经济实力，而且能增强俄国在太平洋的军事实力。但是1765－1766年帕维尔·奇恰戈夫探险队乘坐帆船试图开辟这条航道的尝试以失败告终，当时，帆船根本无法冲破北冰洋的厚重冰层，于是，此方案被束之高阁。

蒸汽机帆船问世后，北冰洋的探险活动进入了一个新阶段。1878－1879年，瑞典的极地探险家诺登舍尔德（1831－1901）乘坐“维加号”蒸汽机帆船，用了2个航季，中途在楚科奇海过冬，首次成功地完成了穿越“北方海航道”的航行，成为北冰洋东北航道的开拓者。此次航行得出的结论之一是，“北方海航道”不适用于商业贸易航运，因为航期持续时间过长，冰情复杂。

1897年，俄国海军上将斯捷潘·马卡洛夫在给俄国海军部的报告中指出，北极商业航行不仅可以借助破冰船实现，而且在必要情况下，俄国海军可经由这条航线向太平洋运送军力，这是一条距离最短，最安全的海上通道。1898年，俄国在英国建造了世界上第一艘大功率破冰船“叶尔马克”号，北冰洋船舶航行进入了一个新的发展时代。

1905年，俄国海军第二太平洋舰队在对马海峡遭到日本海军伏击全军覆没后，俄国国内围绕解决“北方海航道”的运送问题展开了激烈的争论。根据当时的科学考察数据，从喀琅施塔得到符拉迪沃斯托克沿北冰洋的投送距离是8003海里，而由波罗的海、大西洋绕道好望角、印度洋到日本海的投送距离是16099海里，南部航线比北冰洋航线运输距离超出2倍多。1912年，俄国组织北冰洋极地考察队，分别由弗拉基米尔·卢沙诺夫、格奥尔基·谢多夫和格奥尔基·布鲁西洛夫负责，他们先后两次试图穿越“北方海航道”，结果两次尝试均以失败告终，而且结局非常悲惨，船舶和几乎所有考察队成员消失在喀拉海一望无际的冰海中，只有弗拉基米尔·卢沙诺夫考察队的两位成员获救。

第一次世界大战爆发之前紧张的国际关系迫使沙皇俄国政府重新研究“北方海航道”的人员、物资投送和航运问题。为此，1913—1915年，俄国水文地理考察队乘坐两艘破冰船“泰梅尔”号和“瓦伊加奇”号帆船进行了从东到西穿越“北方海航道”的航行。这次考察活动的整个航程由两个航季完成，中途在泰梅尔半岛的切柳斯金角过冬。这次俄罗斯考察队终于成功地完成了穿越“北方海航道”的海上航行任务，这次穿越北冰洋任务的完成不仅是俄国海军的丰功伟绩，而且是俄国在北冰洋考察史上的重大事件，由此开启了俄国船舶成功穿越北冰洋的历史。第一次世界大战期间，经由北冰洋运送物资的实践证明了“北方海航道”对俄罗斯的重大意义。1915年，俄国为了应对德国海军对波罗的海的封锁，开始建设连接摩尔曼斯克海港与彼得格勒（圣彼得堡）的铁路干线。战争爆发初期，俄国北方海域的军事物资运送基地只有阿尔汉格尔斯克港，来自英国、法国和美国的援助物资都是经由阿尔汉格尔斯克港运往西部前线，这条运输线比从俄罗斯中部地区经由符拉迪沃斯托克从南部海域运送物资要快3－4倍。但是，当时“北方海航道”作为俄国在北冰洋的常年海上运输干线的想法因破冰保障的缺失始终无法实现。

苏联时期的前20年，发展“北方海航道”被视为促进国家经济发展和获取经济利益的积极因素。从1920年开始，为了研究和开发“北方海航道”，苏联政府启动对鄂毕河、叶尼塞河、勒拿河等流入北冰洋的北方河流流域进行水文地理考察工作，最初负责这项工作的是著名航海家、地理学家康斯坦丁·涅乌波科夫少将。在他之后探索北方河流与北冰洋河流海洋联运的工作就不曾中断过。苏联海军水文地理署在研究北极和“北方海航道”的大量工作中做出了巨大的贡献。1921年，苏联完成了勒拿河从雅库茨克到北冰洋河口的线路图的绘制，以及对季克西海湾的测量工作。1923年，苏联海军水文地理署在新地岛建立起无线电站，组织了对喀拉海东北部海域的水文地理考察研究工作。在开展上述考察研究工作的同时，苏联开始组建保障“北方海航道”船舶运输的技术、破冰、水文气象服务的管理机构，以及建设“北方海航道”航运系统中的民用配套设施等。1932年，苏联科学家奥拓·施密特领导的考察队乘坐“亚历山大·西比利亚科夫号”破冰船仅用了一个航季完成了沿“北方海航道”从阿尔汉格尔斯克到白令海峡的航行。1934年，“费多尔·利特克”号破冰船从东到西完成了该航线的反向航行。1932年12月17日，隶属于苏联人民委员会（苏联中央政府）的政府机构“北方海航道”管理总局宣告成立。“北方海航道”管理总局承担的主要任务，首先是向在“北方海航道”航行的船舶提供破冰服务，以及提供相应的航空保障服务。其次是建造港口、飞机场、居民点、极地站，组织开采矿产资源，组织北方河流的物资运送任务。再次是建立驯鹿业、畜牧业和渔业等地方生产组织机制。最后是组织北极地区的综合科学研究工作。“北方海航道”管理总局成立后，北极地区吸引了大批专业人员和各领域的科学家，其中主要是海河运输、航空运输，通讯、建设、水文地理和水文地质等领域的专业人员和科学家。

1936年初，苏联政府通过了在北冰洋冰面上建设浮动科学考察站的计划，1937年5月21日，苏联在北极建立起第一个“北极－1”号浮动科学考察站。“北极－1”号浮动科学考察站运作了9个月，直至1938年2月19日结束。首任站长是曾经两度获得苏联英雄称号的北极问题专家，地理学家伊万·帕帕宁。“北极－1”号浮动科学考察站的主要研究成果是获得了珍贵的有关北极水、冰、空气、磁场可变性的规律，以及冰水中海洋生物体多样化等新知识，填补了国际社会在这一研究领域的空白。

第二次世界大战爆发初期，苏联在北极地区已经建立起一定数量的能源采掘和加工基础，港口设施也渐臻完善，“北方海航道”基本具备进行正常的海上运输和军舰穿越航行的能力。二战期间“北方海航道”发挥了重要的作用，许多军事补给从俄罗斯东部地区经由该海上通道投送到西部战场。北方舰队在喀拉海等海域为运输船只护航。在战争接近尾声的1944年，北方舰队在巴伦支海、白海和喀拉海的海上交通线上为707艘运输船组织了407次护航行动，舰艇共出航1481艘次，航空兵出动飞机1116架次。从1945年初至欧战结束的5月中旬，北方舰队为156艘运输船护航，这些运输船输送兵员约10.3万名、各种物资约7.1万吨。

战后冷战时期，美苏矛盾达到极点，北极的军事和政治合法性问题激化，苏联被迫加强北方舰队和太平洋舰队，北极海域作战区域联成一体。从1949年开始，苏联每年在“北方海航道”上进行专门的军舰航行试验，主要项目是转移小型水面舰艇，如扫雷艇、小型反潜艇、边防军舰，以及救助船等。试验结果表明，没有破冰保障，舰船的独立航行能力很弱，只有在“北方海航道”的航行季节（8月至9月）能够完成舰船的独立航行任务。

鉴于这一试验结果，苏联开始启动研究和建造核动力破冰船的计划。1959年12月7日，苏联“列宁”号核动力破冰船投入使用。“列宁”号是世界上第一艘核动力水面舰艇，始建于1956年8月24日。这艘核动力破冰船将破冰船的潜力真正挖掘了出来，它能够在北极地区条件十分恶劣的情况下为船队提供破冰护送服务，缩短船队的航行时间，而且几乎可以全年为北极地区海域航行的船舶提供破冰护航服务。“列宁”号核动力破冰船的主要职能之一是执行北冰洋地区的考察和救援任务。1975年，苏联新型核动力破冰船“北极”号投入使用。1977年，“北极”号核动力破冰船首次抵达北极点。从1979年起，“北极”号核动力破冰船开始为“诺里尔斯克镍业”集团公司服务，负责摩尔曼斯克－杜金卡航线上商业运输船只的全年通航破冰护航服务。

苏联时期，发展北极海上运输系统是北极开发成功的指标之一，是北极地区国防政策得以实现的手段。为了达到这一目标，苏联政府花费了巨大的财力、物力和人力。苏联政府为了弥补高额的建设投入，试图通过吸引外国船舶沿“北方海航道”航行，收取破冰和引航服务外汇，平衡巨大的建设费用。1967 年，苏联海军部发布公告，向国际社会开放这条国际航行，但是没有一艘外国船舶响应，愿意使用苏联政府提供的这项服务。根据当时的反馈意见，西方船业公司不愿意走“北方海航道”的最主要原因是他们无法获取到有关船舶利用“北方海航道”航行的好处和安全的相关信息。

1987 年戈尔巴乔夫提出的“摩尔曼斯克宣言”结束了苏联与美欧的对抗局面，为“北方海航道”的国际运输提供了推动力。随后，苏联政府相继出台相关政策保障北冰洋的航行任务，按国际规则制定为外国船只提供破冰船引航服务的条例等。1991 年，在“摩尔曼斯克宣言”的基础上，苏联政府公布了“北方海航道航行规则”。“北方海航道航行规则”出台后的每一年度，有超过 10 艘的外国船只使用“北方海航道”将燃料和商品等物资运送到俄罗斯的北极地区。每个航季苏联向外国船只开放位于“北方海航道”沿线的 40 多个港口和停靠站。当时外国船只沿“北方海航道”的商业过境航行还没有发展，从 1991 年至 1997 年，只有一艘外国船只（挂法国旗帜的“阿斯特罗良比亚”号）完成穿越“北方海航道”的商业航行。当时，外国商人宁愿使用（租用）俄罗斯冰级船只运送货物，减少可能出现的问题。外国船业公司对“北方海航道”的兴趣远大于另一条北极海上通道——加拿大和美国海域的西北航道，原因很明显，西北航道冰情更严重，更难航行。

苏联解体前，北极地区已经建立起海上通航和水文气象保障系统，极大地提高了船舶在冰区条件下航行的安全性和穿越能力。“北方海航道”作为连接俄罗斯东西部地区的重要通道是俄罗斯北极地区社会经济发展最重要的组成部分。“北方海航道”将内陆几条大河连接成一个统一的运输网络，是俄罗斯北极沿岸地区物资运输的最重要的方式，北极地区经济和国防建设所需的大量物资经由该运输网络运送到北极的各个地区。北冰洋海上航行的总协调者是“北方海航道”管理总局，而具体指挥船舶海上航行的总部分别设立在迪克森（西部方向）和佩韦克（东部方向）两个北极港口城市。

苏联解体后，俄罗斯作为苏联的继承者，承担起维护北冰洋航行的重任。从 1993 年起，“北方海航道”国际项目的研究被列入《1993 年至 2000 年俄罗斯商业舰队振兴》国家纲要。当时，俄罗斯科学家与挪威、日本和其他对北极航运感兴趣国家的科学家们共同研究了欧洲－北美－东南亚国家跨大陆海上运输的发展前景。在综合分析北极海上运输系统及其货物中转基地的基础上，通过比较苏伊士运河和巴拿马运河航线，对“北方海航道”的竞争能力给出了乐观的评估，得出的结论是这条航线比另两条国际航线在时间上缩短 10－15 昼夜。但是，苏联解体引发的俄罗斯经济危机导致了国民经济的严重滑坡，由于资金缺乏，《1993 年至 2000 年俄罗斯商业舰队振兴》国家纲要基本搁置。由于缺乏资金建造新的破冰船和冰级船舶，修建北极港口和维护港口基础设施，“北方海航道”的建设和正常运输基本停止，只有几家大型企业的货物运输由企业自行组建的破冰船队航行在“北方海航道”上。

但是，随着地球温暖化的日渐明显，北极海面的冰盖不断融化。据美国国家冰雪中心的数据，截止 2012 年 8 月，北极海冰面面积已缩小至 410 万平方千米，创下历史最低记录。《纽约时报》预测，到 2020 年，北冰洋有可能成为“无冰洋”，海冰将彻底消失。目前，北极海面每年有 3 个月左右的融化期，可作为航道使用的时间一般为每年 7 至 10 月的 4 个月，如使用破冰船的话，通航期还可以延长。专家预测，未来 10 年里北极航道的通航时间将延长至 5 个月，到 2050 年更可实现全年通航①。

---

① 海冰面积剩 410 万平方千米 北冰洋成无冰洋？http：//www. donews. com/dzh/201208/1508458. html.

第二章

俄罗斯开发北极的战略构想

冷战结束以后，俄罗斯继承了苏联在联合国安理会中的常任理事国地位。作为一个幅员辽阔、历史悠久、拥有能源资源等自然禀赋及战略核武库和军事科技优势的大国，俄罗斯在当今世界上仍然是一个不可小觑的角色，在北极事务中也同样如此。从 2000 年普京主政开始，俄罗斯开发北极地区逐步走上轨道。与沙俄时代和苏联时期不一样，俄罗斯联邦政府在新世纪的北极开发从一开始就有比较明确的战略构想“路线图”，有条不紊，稳步推进。

那么，新世纪俄罗斯的北极战略是在什么样的背景下问世的呢？俄罗斯北极战略究竟由谁决策，又是通过怎样的程序出台的呢？俄罗斯北极战略有什么样的内涵和特点呢？

第一节　俄罗斯北极战略出台的背景

无论哪一个国家，它在某一特定时期的大政方针和战略构想都是自身所面临的国内、国际环境的产物，是应对各种内外挑战、维护国家核心利益的需要。俄罗斯在这方面也不例外。进入新世纪后它在摸索和酝酿北极战略中所作的种种努力，从根本上来说正是形势要求、时代呼唤的结果。俄罗斯出台北极战略，有着深刻的国内外背景。

一、新一轮国家发展战略的需要

冷战结束以后，世界格局发生了深刻而复杂的变化。随着东西方军事对峙的结束，人类世界发生大规模战争，特别是核战争的危险逐渐远去，综合国力竞争逐渐成为国与国之间较量的中心内容，各国围绕金融优势和夺取科学技术制高点的角逐日趋加剧。

俄罗斯作为苏联的继承者，在拥有联合国安理会常任理事国席位的同时，也承接了苏联解体带来的阵痛，经历了一段政治动荡、经济衰退的困难时期。1992 年，俄罗斯实行“休克”疗法后，国民经济受到结构性破坏，生产下降，失业增加，物价上涨，通货膨胀，货币流通严重失控。从 1991 年到 1998 年，俄罗斯国内生产总值（GDP）从 5419 亿美元降至 3276 亿美元。每年 GDP 的实际增长率是：1991 年负增长 5%、1992 年负增长 14.5%、1993 年负增长 8.7%、1994 年负增长 12.7%、1995 年负增长4.1%、1996 年负增长 3.6%。1997 年出现微弱增长，为 1.4%。但是 1998 年俄罗斯爆发了金融危机，GDP 再次降为负增长 5.3%①。1998 年俄罗斯的 GDP 与改革前的 1990 年相比跌幅累计超过 50%。在苏联时代，俄罗斯作为最大的加盟共和国，拥有苏联 GDP 的 60%。但随着苏联解体和俄罗斯经济状况的恶化，其 GDP 在世界上的位次已跌至第 15 位②。

自从普京在 2000 年任俄罗斯总统后，俄罗斯初步建立起保障市场经济发展的法规体系，经济失衡现象逐渐得到纠正，加上世界市场石油价格的上涨，俄罗斯经济出现了恢复性的增长。2000 年至 2007 年，俄罗斯经济增长率分别为 10%、5.1%、4.7%、7.2%、7.3%、6.4%、8.2%、8.5%③。2007 年俄罗斯 GDP 总值再次跃入世界前 10 位之内。美国高盛公司首席经济师吉姆·奥尼尔将俄罗斯与巴

---

① Институт экономики и права Ивана Кушнира http：//www.be5.biz/makroekonomika/gdp/gdp_russia.html（2017 年 9 月访问）

② 潘德礼主编：《俄罗斯》，社会科学文献出版社，2005 年 8 月版，第 186 页。

③ 潘德礼主编：《俄罗斯》，社会科学文献出版社，2005 年 8 月版，第 186 页。

西、印度和中国等新兴经济体称为“金砖四国”（BRIC）[①]，反映了国际社会对俄罗斯经济增长的高度赞许。但是，2008 年源自美国的金融危机席卷全球，俄罗斯是新兴国家中受冲击最大的国家，2008 年秋季的国家黄金储备的跌幅与夏季相比超过了 3－4 倍。2009 年俄罗斯的 GDP 锐减为负增长 7.8%。在世界经济论坛发布的全球竞争力排行榜上俄罗斯的排名从 2008 年的第 51 位跌至 2009 年的第 63 位[②]。

痛定思痛，俄罗斯领导人深感有必要制定国家的长期发展战略，增强抗御外部风险的能力。从 2008 年至 2009 年，普京和梅德韦杰夫先后提出了“国家创新发展战略”和“现代化战略”。前者主张要把俄罗斯经济从单纯依赖能源和资源出口转向以先进技术为基础的快速和稳定增长的创新发展轨道；后者则强调俄罗斯的国家发展战略应以经济发展为中心，以科技创新为重点。鉴于能源和资源产业是俄罗斯主要创汇来源，也是实现“国家创新发展战略”和“现代化战略”的重要保障，只有在不断开发新能源基地的基础上，才能逐渐推进俄罗斯经济结构的转型升级，使俄罗斯真正走上创新发展的轨道。

俄罗斯的能源和资源出口在苏联时代主要依靠阿塞拜疆的巴库、伏尔加－乌拉尔和西西伯利亚地区。这些传统的能源和资源生产基地是俄罗斯独立后主要的创汇来源。由于这些传统油气田和矿区的探明储量有限，日产量目前均已达到巅峰，俄罗斯亟需不断发现和开发新的能源和资源生产基地，才能确保维持经济正常运转的外汇收入，有序推进俄罗斯经济结构的转型升级，使俄罗斯真正走上创新发展的现代化轨道。

第一，俄罗斯开发和发展北极地区是新世纪国家发展战略的需要。如第一章所述，俄罗斯北极地区堪称能源、资源的“宝库”，开发这些资源是俄罗斯经济未来发展的新增长点。北极地区人口稀少，占国家

---

① BRIC 是指巴西（Brazil）、俄罗斯（Russia）、印度（India）和中国（China）4 国英文名的第一个字母。2010 年南非（South Africa）加入“金砖国家”行列，改称 BRICS。

② 李新：“俄罗斯经济现代化战略评析”，《俄罗斯中亚东欧研究》，2011 年第 1 期。

总人口的比重不到2%。在苏联解体后那段政治动荡、经济危机的年代，俄罗斯高纬度地区的能源、资源生产占全俄罗斯国民生产总值的11%、出口总量的22%[①]。而且，俄罗斯北极地区除了拥有丰富的自然资源外，横贯北冰洋的“北方海航道”如能全线贯通，不仅可以将日益增加的石油、天然气和其他矿产品运到欧洲和亚洲市场，还将带动濒北冰洋地区的整体开发，完善相关地区的产业链，产生极大的辐射效应。俄罗斯北极地区的开发和发展无论是对改变俄罗斯单一能源经济模式，扩大发达地区的经济腹地，还是对保障俄罗斯濒北冰洋地区的国家安全都具有举足轻重的作用。

第二，俄罗斯北极地区的开发也是俄罗斯均衡区域社会经济发展的紧迫课题。俄罗斯北极地区的自然资源和矿产资源非常丰富。全俄90%的镍和钴、60%的铜、96%的白金产于这些地区，石油和天然气储量极其丰富[②]。但是，由于它位于高纬度区域，气候严酷，人口稀少，社会经济发展与国内其他地区相比显得严重滞后。尤其是在苏联解体后，北极地区常年得不到国家的专项财政支持，港口、道路等基础设施陈旧老化，一些城市的支柱产业在所谓“休克”疗法的经济改革中受到极大的冲击，企业衰败，产能萎缩，城市赖以生存的经济基础越来越薄弱。以摩尔曼斯克为例，它是俄罗斯北极地区唯一的深水不冻港，最近几年该港口进出货物量骤然上升，2009年的货运量达3600万吨，比2008年提高了30%。但它的运营能力也已达到极限[③]。

在苏联时期，北极地区在政府主导的开发过程中人口逐年增长，在昔日杳无人迹的地方出现了不少新的城镇和村落。近20多年来，北极地区的人口却出现了逆向流动的趋势，专业人才的流失尤其突出。

---

① Проект Концепции устойчивого развития Арктической зоны РФ представлен в Москве. https://regnum.ru/news/592839.html（2017年9月访问）

② В. Конышев, А. Сергунин, Арктика на перекрестье геополитических интересов, Мировая экономика и международные отношения, 2010, №9, с. 50 https://www.hse.ru/pubs/share/direct/document/75054630（2017年9月访问）

③ Ю. Лукин. Российская Арктика прирастает островами, Арктика и Север, №18, стр 65。

要扭转这一局面，就必须在政府强有力的主导下，在市场经济的框架内，动员包括私营企业在内的各种社会力量，使北极地区再度成为全国瞩目的开发“热土”和吸引外来人口的“磁铁”。近年来，加快开发俄罗斯北极地区的步伐，实现区域社会经济均衡发展已成为俄罗斯民众的共识。2007 年，《共青团真理报》曾就俄罗斯要不要开发北极地区问题进行民意调查。调查结果表明，只有 9% 的人认为开发北极是“浪费”，绝大多数人希望开发北极地区，将其建设成为吸引企业和居民的地区①。

第三，北极开发实现“北方海航道”的全年通航。在俄罗斯构思新一轮的国家发展战略中，还有一个极其重要的考虑。俄罗斯是全世界国土面积最大的国家，南北走向的乌拉尔山脉将俄罗斯隔为欧亚两大板块。迄今为止，俄罗斯主要依靠航空运输、铁路运输（西伯利亚铁路和贝阿铁路）将这两大板块连接起来。如能在北极开发过程中将“北方海通道”全年通航付诸现实，那么又增加了一条连通俄罗斯欧亚两大板块的海上运输“桥梁”，而且，俄罗斯还能在亚洲国家和欧洲国家之间打通一条最便捷的海上运输通道，改变北半球的海运格局，在为繁荣欧亚经济作贡献的同时提升俄罗斯的国际地位。

二、应对全球气候变暖和环境挑战

全球气候变暖已成为 21 世纪人类面临的主要威胁和挑战之一。近年来，俄罗斯正在采取有力的措施，与其他国家一起共同遏止全球气候变暖的发展趋势。

科学家研究的结果表明，近 20 年来，北极冰盖覆盖面积每年平均缩小约 1500 万平方米，一些地区的地表温度在过去 50 年已经上升了 2. 5 摄氏度。美国科罗拉多大学国家冰雪资料研究中心的科学家沃尔特 · 梅厄指出：“全球变暖使北极的冰在过去 20 年中急剧减少。过去 6 年中，北极海冰覆盖最少的记录连年刷新。由于北极海冰越来越薄，

① Арктика-горячая точка XXI века http：//kp. ru/daily/23892/66464（2017 年 9 月访问）

夏季出现海冰覆盖完全消融的可能性越来越大。”他预测：“北冰洋将在2020年至2040年的某个时候出现‘无冰’现象。”①事实上，2008年夏季，在北极的东北航道上已经历史上第一次观测到冰盖全线消融的现象。

俄罗斯国内对全球气候变暖带来的消极后果有很多分析。譬如，永久冻土带占俄罗斯国土面积的60%以上，由于气温上升逐渐软化将造成道路塌陷、建筑物地基下沉等地质灾害；濒北冰洋港口和城市因海冰融化、水位上升面临被淹没的危险；西伯利亚由南向北流入北冰洋的鄂毕河、叶尼塞河、勒拿河等河流，每年春汛到来后会出现上流解冻、下流依然封冻的现象，导致河水满溢，形成大片沼泽，气候变暖后这种现象将进一步加剧等。

为阻止全球变暖趋势，联合国于1992年专门制定了《联合国气候变化框架公约》，同年，该公约在巴西的里约热内卢签署生效，俄罗斯也是签字国之一。但在相当长一段时间里，与其说俄罗斯关注气候变暖问题，还不如说它将气候变化问题作为俄罗斯参与国际事务的跳板。最典型的事例是，2002年美国不顾全世界的反对，退出了1997年问世的《京都议定书》，致使这一条约又成为一纸空文的危险。因为《京都议定书》规定，只有占全球温室气体排放量55%以上的至少55个国家批准后，它才能成为具有法律约束力的国际条约。此前，俄罗斯一直没有明确表态是否加入这一机制。美国退出后给俄罗斯绝好的机会。普京总统在2004年正式签署了《京都议定书》，为其正式生效踢出了关键的“临门一脚”。这是俄罗斯在冷战后第一次以正义者和领跑者的姿态参与到事关全人类利益的国际合作当中，极大地提高了俄罗斯的国际威信。

随着时间的推移，俄罗斯在审慎评估气候变暖对自身消极影响后，在应对气候变暖问题上的态度逐渐坚定起来。2009年7月，俄罗斯总统梅德维杰夫在八国集团峰会后举行的记者招待会上表示，俄罗斯支

---

① 引自夏立平：“北极环境变化对全球安全和中国国家安全的影响”，《世界经济与政治》，2011年第1期注释7 Louise Gray，“Arctic will be ice-free within a decade”，April 7，2009。

持国际社会应对气候变化做出的努力，并宣布俄罗斯将在2050年减排温室气体50%的目标。鉴于减排温室气体需要转变能源结构，天然气作为清洁能源备受青睐。俄罗斯北极地区天然气储量巨大，因此俄罗斯政府将北极开发提到重要的议事日程上来。

促使俄罗斯政府重视北极开发的又一动因是应对这一地区越来越严峻的生态环境问题的挑战。随着北极地区人类活动的增加，各种人为的技术性突发事故与自然灾害叠加起来，对北极的自然风貌和生态环境带来日益严重的危害，甚至是不可逆转的后果。北极地区的生态系统是地球上最脆弱的生态之一，自我修复能力不强。如果北极地区的生态系统遭到破坏，不仅对北极众多物种的影响巨大，而且很可能导致不可预测的全球性的生态变化。俄罗斯科学家的研究结果表明，俄罗斯北极地区能源企业和矿产业的发展对周边地区环境已经造成很大的影响。在一些石油开采和运输地区因管道破裂污染饮用水源头的事故经常发生，仅在汉特－曼西斯科石油产地每年几乎发生1900件类似事故①。

三、应对海洋“圈地”潮和美欧战略挤压

促使俄罗斯下决心开发北极地区还有两个重要的外部因素：一是新一轮海洋“圈地潮”引发的对北极地区海域和资源的激烈争夺；二是美欧等国对俄罗斯日益加剧的战略挤压。

《联合国海洋法公约》是1982年12月10日在牙买加的蒙特哥湾召开的第三次联合国海洋法会议最后会议上通过的，1994年11月16日正式生效。公约对内水、领海、临接海域、大陆架和专属经济区、公海等重要概念作了界定，对世界各地的领海主权争端、海洋资源管理和污染治理等具有重要的指导意义。《联合国海洋法公约》的第76

① О состоянии окружающей среды Ханты-Мансийского автономного округа. Югры в 2003 году http：//xn—90ax2c. xn—p1ai/catalog/010003_000061_4c5b8e95f604f9797a876a388b9b31d0/ （2017年9月访问）

条与第77条规定，一国可以在大陆架延伸部分拥有超过专属经济区200海里的外大陆架。这本身是为了发展中国家利益而设定的，但由于《联合国海洋法公约》是国际上各种势力妥协的产物，难免存在一些概念模糊之处甚至严重缺陷。20世纪后半期，人类开发海洋资源的能力飞速提升。因此，在《联合国海洋法公约》生效前后，世界范围内出现了一股海洋“圈地”潮。

早在1948年，苏联科学家就在北冰洋底发现一条绵延2000千米的罗蒙诺索夫海岭，并认为它是西伯利亚大陆架的延伸，理所当然地归苏联所有。苏联解体时，正值《联合国海洋法公约》即将生效，环北极国家纷纷宣布自己的领海和专属经济区，并争相向联合国大陆架界限委员会申请外大陆架。于是，围绕罗蒙诺索夫海岭等海底区域的管辖权问题成为俄罗斯与丹麦、加拿大等国激烈角逐的“热点”。2007年俄罗斯在北极点海底的插旗举动不仅引发它与丹麦、加拿大两国的争执，环北极国家美国、挪威也表示极大不满。俄罗斯与挪威间围绕巴伦支海的海域大陆架划界也一直存有争议。两国互相设置障碍，互扣渔船和渔民的事件时有发生，影响两国关系的正常发展。另外，俄罗斯与美国在白令海专属经济区的划分问题上也存在着严重分歧。

2008年7月，美国国家地质勘探局公布了一份有关北极地区拥有丰富石油资源的调查报告。这更加加剧了沿岸国围绕扩大外大陆架界限的争夺，一些跨国大型石油天然气企业也卷入进来。俄罗斯北极地区虽然拥有最长的海岸线，其丰富的油气资源也受到国际社会的普遍瞩目，但是，俄罗斯北极地区地广人稀，基础设施落后，加上它过去主要在陆地开采油气资源，且开发技术落后，无法与拥有丰富的大陆架油气资源开发经验和先进技术设备的美欧等国相比。有鉴于此，俄罗斯自然要将俄罗斯北极地区的开发和发展提上重要的议事日程，通过巩固自身在北极地区的实质存在，增强与其竞争对手周旋的战略态势，以期在新一轮的海洋“圈地”潮和北极能源资源开发中掌握先机。

俄罗斯决心开发北极地区的另一主要外因是应对美欧对俄罗斯日益加剧的战略挤压。冷战结束后，时任苏联总统的戈尔巴乔夫和俄罗斯首任总统叶利钦等都表示愿意与美国为首的西方各国和睦相处，并以实际行动配合美欧在世界热点问题上的行动，如阿富汗战争、削减核武器、国际反恐行动等，但这只是一厢情愿。事实上，在西方眼里，苏联和它的继承者俄罗斯是具有双重意义的对手：既是意识形态上的敌对国家，又是地缘政治上的竞争对手。尽管苏联放弃了共产主义意识形态，甚至自我解体，而继承它的俄罗斯也沦为二流国家，美国和北约却还是没有放过俄罗斯，反而乘俄罗斯国力相对衰弱之际，不断挤压其战略空间。20多年来，美国主导的北约“东扩”、欧盟“东扩”以及美国在捷克、波兰部署反导弹基地等针对俄罗斯的小动作从未停止过，俄罗斯西部战略缓冲地带不断收缩，西部安全面临挑战。俄罗斯显然还受到来自北面和东面的战略威慑。美国迟迟不签署《联合国海洋法公约》的一个重要原因是要确保其战略核潜艇能够在北冰洋海底自由航行，以期从北极地区对俄罗斯的北方边界形成遏制态势。进入21世纪后，环北极地区的军事部署和军事演习大有愈演愈烈之势。美国不仅将核潜艇派遣到北冰洋进行冰下作战训练，并积极研制各种可以让飞机与冰层下的核潜艇保持通信联络的设备以及可以抑制北极上空电离层强烈扰动影响的机载雷达。2004年，美国在紧邻北冰洋的阿拉斯加州空军基地建立了第一个反导弹基地，该基地成为美国从东部挤压俄罗斯战略空间的支撑点。从2007年3月起，加拿大海军开始沿北冰洋海岸长达8000千米的超长距离巡逻。丹麦等环北冰洋小国也不甘示弱。丹麦表示将加强驻扎在北极地区格陵兰岛的军事力量，准备在毗邻北极的法罗群岛建立一个多军种的联合司令部，以应对北极地区可能发生的任何军事紧张事态。从这个意义上说，俄罗斯启动北极地区的开发也是旨在化解美国为首的西方国家从东西北三个方向对其进行战略挤压、保障俄罗斯国家安全的重要举措。

第二节 俄罗斯北极战略的决策

苏联解体后，俄罗斯是它唯一的继承者。由于失去了原先由苏联各加盟共和国构成的统一市场，加上急速转向市场经济的“休克”疗法引起的激烈动荡，俄罗斯的综合国力急剧下降，GDP在世界上的排名一度跌出了前20位的行列。

俄罗斯首任总统叶利钦和他的执政团队对北极地区不能说一点也不关注。但是，由于国家财政陷于极度困窘的地步，没有能力提供北极地区发展所必须的财政支持。整个90年代，俄罗斯的北极地区基本处于停滞阶段。进入新世纪以后，在普京总统的强势领导下，俄罗斯经济逐渐走上复苏道路。俄罗斯领导人开始制定作为俄罗斯国家战略重要组成部分的北极战略。

一、俄罗斯北极战略的形成过程

苏联解体后，俄罗斯酝酿、制定北极战略大致可以分为四个阶段。

第一阶段（1991－1996）是机构重组、机制转型的阶段。

俄罗斯作为苏联接班人，继承了苏联时期所有的法律文件和组织机构。1991年，俄罗斯联邦国家杜马（下院）成立“俄罗斯联邦北极和南极事务国家委员会”（1992年更名为“北极和南极事务跨部门委员会”，2004年取消），其主要功能是协调北极和南极地区的科学、社会经济和自然保护活动，监督俄罗斯联邦国家政权最高机构、俄罗斯联邦总统和俄罗斯联邦政府有关北极决策的执行情况。

1992年，俄罗斯联邦政府成立了全俄“北方、北极和北方少数民族问题科学协调中心”，该中心的主要职能是协调所有从事北方、北极地区发展和北方少数民族问题研究的科研机构的研究工作。1994年，俄罗斯联邦委员会（上院）成立“北方和少数民族事务委员会”，其主要成员是上院北方联邦主体的议员们，其主要任务是关注北方地区社会经济发展、自然资源利用、原住民生活及其地区发展等问题。

在这一阶段，俄罗斯联邦政府和北方各联邦主体制定了若干有关北极地区的社会经济发展规划和纲要，但是由于国家财政援助停止拨发或不到位，北方地区实际上处于发展停滞或下降状态。当时，北方地区的社会经济和北极科考等活动所需的资金主要依靠当地的大型工业企业资助。该阶段苏联时期建立起来的北方地区交通运输系统、物流系统和社会经济发展体系濒于崩溃。

第二阶段（1997－1999）是政策酝酿、战略构思阶段。

1997年，俄罗斯批准《联合国海洋法公约》后，俄罗斯国内政界和学界围绕《联合国海洋法公约》与北极地区的开发和发展问题展开了一场大辩论。一方认为《联合国海洋法公约》生效后，北极战略地位的重要性不容忽视；另一方则认为没有必要将资金浪费在冰雪覆盖的北部地区。期间，俄罗斯联邦政府出台了一些与北极开发相关的文件，其中最值得关注的是《俄罗斯联邦北极地区法》草案。该草案提出了要将保障俄罗斯联邦在北极的地缘政治利益、确保北极地区稳定发展和保护自然资源作为国家发展战略的核心内容之一。因各方分歧较大，这一法案最终未获议会通过。1998年，俄罗斯为履行《联合国海洋法公约》，先后颁布了《俄罗斯联邦内水、领海及毗连区法》和《俄罗斯联邦专属经济区法》两项法律。1999年，联邦政府再次向议会提交了《俄罗斯联邦北极地区法》草案，仍未获通过。在这一阶段，俄罗斯试图为北极地区发展建章立制，但由于各方分歧太大，加上政府的政治意愿和财政支持力度不足等原因，北极开发虽然有一些政策酝酿和战略构思，但基本上停留在文字和口头上，没有任何实质性的进展。

第三阶段（2000－2011）是法律先行、实质启动阶段。

2000年3月，普京出任俄罗斯第二任总统，开始推行“强国富民”战略，试图重塑世界大国的地位。在俄罗斯国家发展战略中，加快北极地区社会经济发展成为其最重要的组成部分之一。2000年4月，普京在摩尔曼斯克举行的“北方海航道”和造船业问题会议上表示，“北部领土是一个尚未开发的辽阔疆域。这里蕴藏着我们本世纪以及更久未来的战略储备，北极不仅能够，而且应当成为俄罗斯国家发展的重要支柱，是我们对外经济和对外政策的基石”①。2001年12月，俄罗斯向联合国大陆架界限委员会提交了有关扩大北极大陆架外部界

① Выступление на совещании по проблемам Северного морского пути и судостроениею. Президент России. 5 апреля 2000 г. http：//news. kremlin. ru/transcripts/21346（2017年9月访问）

限的申请。为了配合这一申请，同年6月，联邦政府向总统提交了《俄罗斯联邦北极国家政策原则》草案。次年11月，该委员会又拟定了《俄罗斯联邦北极地区稳定发展纲要》（2006年公布）①。以此为开端，有关北极的议题越来越多地出现在联邦政府和联邦议会的讨论内容中。

2004年，俄罗斯议会举办了议题为“北极—俄罗斯国家政策实施中的全球合作地区”会议，这次会议在俄罗斯高层引起不小的反响。2006年《俄罗斯联邦北极地区稳定发展纲要》在网上公布后，有关北极开发问题成为全民关注的内容之一。2008年9月制定的《俄罗斯联邦北极国家政策原则》鲜明地提出了北极开发事关俄罗斯国家利益的观点，是新世纪俄罗斯第一份有关北极开发的纲领性文件，具有重大的历史意义和现实意义。为贯彻《俄罗斯联邦北极国家政策原则》，作为俄罗斯安全决策最高咨询机构的俄罗斯联邦国家安全会议举行了题为“捍卫俄罗斯联邦在北极的国家利益”的系列会议。由于北极开发涉及的领域和部门众多，需要一个权威性的国家机关进行协调，俄罗斯地区发展部（2014年9月被取消）当仁不让地挑起了这副重担。这一阶段，俄罗斯每年举行大型北极科考活动，北极地区一些道路和港口等基础设施建设开始启动，普京总统亲自倡导的北极“大扫除”运动初见成效，围绕北极开发的国际合作也开始走上轨道。但是，由于各地区为维护本地区利益而相互扯皮现象严重，《俄罗斯联邦北极国家政策原则》的具体实施战略和国家纲要迟迟难以出台，制约了北极地区的进一步发展。

第四阶段（2012年—至今）是配套完善、全面推开阶段。

2012年3月，普京在蛰伏4年后再次出任俄罗斯总统。2012年7月，普京签署了《俄罗斯联邦“北方海航道”水域商业航运法律修正案》，对1999年《俄罗斯联邦商船航运法典》、1998年《俄罗斯联邦内海、领海和毗连区法》和1995年《俄罗斯联邦自然垄断法》相关

① Проект Концепции устойчивого развития Арктической зоны РФ представлен в Москве https：//regnum. ru/news/592839. html（2017年9月访问）

条文进行了修改。同年，俄罗斯联邦国家安全会议通过了制定北极地区发展战略的决定。2013 年 2 月和 2014 年 2 月，俄罗斯先后出台了《俄罗斯联邦北极地区发展和国家安全保障战略》和《俄罗斯联邦北极地区社会经济发展国家纲要》；2014 年 5 月，颁布了《俄罗斯联邦北极地区陆地领土》总统令。在上述法律文件基础上，2016 年 7 月出台了《俄罗斯联邦北极地区发展联邦法》草案。该联邦法一旦生效，俄罗斯联邦北极陆地疆域和北冰洋海域的社会经济发展将得到法律的保障，俄罗斯联邦中央将获得对该地区的统一管理和协调各方工作的职权，北极地区的发展将进入一个新的发展时期。

上述有关北极地区发展的国家政策、战略、纲要等文件都是在联邦、地方及俄罗斯各界共同努力和合作下问世的。在制定过程中参考了大量国内外法律和政策文件，主要有：《俄罗斯联邦宪法》（1993 年）、《“世界大洋”联邦总计划中的“开发和利用北极”子计划的原则条例》（1998 年）、《国家支持俄罗斯联邦北方地区经济和社会发展纲要》（2000 年）、《俄罗斯联邦对外政策纲要》（2008 年）、《2020 年俄罗斯联邦社会经济长期发展纲要》（2008 年）、《北方、西伯利亚和远东土著少数民族稳定发展纲要》（2009 年）、《2020 年俄罗斯联邦国家安全战略》（2009 年）以及《俄罗斯联邦北极地区环境保护战略行动规划》（2009 年）等。

与北极地区开发有关的联邦法律还有：《关于工作和生活在北极地区的公民，与本地人享有同等的国家保障和补偿办法》《关于离开北极地区的公民与本地人享有同等生活补贴的规定》《关于保障俄罗斯联邦土著少数民族权利的法律》《关于俄罗斯联邦北方、西伯利亚和远东土著少数民族社团组织总原则》《关于俄罗斯联邦北方、西伯利亚和远东土著少数民族自然资源合理利用传统领地的法律》等。以及俄罗斯联邦各职能部门有关北极的规划、战略：《2020 年俄罗斯联邦大陆架油气资源研究和开发战略》《2010 - 2039 年俄罗斯联邦大陆架研究和开发国家规划草案》《2030 年俄罗斯能源战略》《2020 年电力工程项目分布总图》《俄罗斯联邦交通战略》《2030 年铁路交通发展战略》《俄罗斯北极地区资源企业经营战略和纲要》《2025 年俄罗斯联邦人口政策纲要优先地位》《俄罗斯联邦信息社会发展战略》《北极地区战略发展计划融入“2025 年远东和贝加尔地区社会经济发展战略”》等。

二、俄罗斯北极战略的决策机制

俄罗斯实行总统制，立法、行政、司法三大部门各司其职，相互制衡。与北极战略决策有关的除总统外，还有联邦议会、联邦政府、各联邦主体等。

（一）俄罗斯联邦总统

总统是国家元首，国家行政权力的拥有者，由俄罗斯公民普遍选举产生。宪法赋予总统包括任命总理、任命联邦法院法官、向国家杜马提出法律草案、签署并颁布法律等重要权力。在俄罗斯北极战略决策中，总统的意志和决定至关重要。

俄罗斯联邦国家安全会议是一个多方力量的协调机构，负责审议重要的国家和社会安全事项，制定统一的国家安全政策。总统是国家安全会议的主席，成员包括总理、联邦安全局长、内务部长、外交部长、国防部长、紧急情况部长等。俄罗斯北极国家政策就是在国家安全会议上最终决定并形成的。

总统办公厅是直属总统的办事机构。其主要职能是执行总统交办的各项事务，为总统准备内政外交活动所有必须的文件，包括准备提交国家杜马和联邦委员会审议的法律草案等。

俄罗斯联邦宪法规定，总统可以向联邦议会、宪法法院、最高法院等国家机关以及各联邦主体派驻总统全权代表。根据 2000 年 5 月颁布的法令，俄罗斯各联邦主体划归 8 个联邦区，总统通过向联邦区派驻全权代表的方式直接管理联邦区内事务。

（二）俄罗斯议会

俄罗斯议会由联邦委员会（上院）和国家杜马（下院）组成，是俄罗斯最高立法机关。俄罗斯各项法律必须经过俄罗斯议会审议通过方能生效。根据宪法规定，联邦委员会（上院）和国家杜马（下院）下辖各种常设委员会和临时委员会，很多法案最初都是在各专门委员会进行酝酿、磋商，形成共识后提交议会审议通过的，如联邦委员会下辖的“南北极专家委员会”（2012 年 2 月成立，2015 年 10 月更名为“南北极委员会”），由联邦委员会主席直接领导。该委员会 2012 年编制的《南北极考察报告》是 2013 年《俄罗斯北极地区发展和国家安全保障战略》的主要参考文件之一。

（三）俄罗斯联邦政府

俄罗斯联邦的执行权力由联邦政府行使。联邦政府由总理、副总理以及各联邦部、联邦国家委员会、联邦总局和联邦署等构成。

俄罗斯的北极事务涵盖多个领域，参与决策和北极政策制定的部门众多，其中，最主要的部门包括工业和能源部、交通部、国防部、地区发展部（已取消）以及自然资源和生态部等。由于这些部门各有侧重，利益也不尽一致，不可避免地会发生扯皮、冲突与不协调。2015 年 2 月 3 日，普京总统颁布成立“北极发展问题国家委员会”的总统令，同年 3 月 14 日，由副总理德米特里·罗戈津担任主席的“北极发展问题国家委员会”正式成立，取代原来的地区发展部，专门负责协调俄罗斯联邦政府各部门、中央和地方权力机关在涉北极地区发展和国家安全保障方面上的合作问题。2015 年 4 月 15 日，该委员会召开了第一次会议，下属的各工作组和科学专家组的工作开始启动。

在俄罗斯的国家政策决策链中，总统毫无疑问位居最高端，这一点和其他实行总统制的国家并无二致。决策的“第一推动力”通常来自克里姆林宫而不是其他任何机构。北极政策也不例外。其决策的程序是：（1）总统召集国家安全会议，就有关北极事务提出动议，随后通过颁布总统令予以实施，其中需要形成联邦法律文件草案，然后提交议会审议和通过。（2）联邦委员会（上院）和国家杜马（下院）对总统办公厅送来的法律草案进行审议，通常很快就会批准，但也有例外。如 2016 年 7 月拟定的《俄罗斯联邦北极地区发展联邦法》草案，因为涉及各方利益博弈，在国家杜马审议近一年半尚无通过的迹象。

（3）由联邦政府和各联邦主体予以实施。

从俄罗斯联邦诞生以来，叶利钦、普京和梅德维杰夫先后出任总统。其中，普京的执政风格最为强势，他三次掌管克里姆林宫，主政俄罗斯已逾 17 年（4 年总理任期仍是最高决策者）。他上任不久曾引用名言："给我二十年，还你一个强大的俄罗斯。"在普京总统第三任期的 2012 年后，俄罗斯推出了一系列涉北极事务的政策、战略和法律。其中影响最大的就是 2013 年 2 月的《俄罗斯北极地区发展和国家安全保障战略》和 2014 年 2 月的《俄罗斯北极地区社会经济发展国家纲要》，它们都是在普京的亲自过问和直接推动下问世的。

俄罗斯议会在北极战略出台过程中发挥的作用也不可小觑。如联邦委员会（上院）下属的"南北极委员会"由联邦委员会（上院）主席马特维延科直接领导。该委员会成员有联邦政府和地方政府官员、企业家、科学家等。"南北极委员会"从 2010 年起就开始全面介入北极地区的专门考察工作，协助联邦政府和地方政府解决有关立法过程中的问题，编制考察报告等。"南北极委员会"现任主席是曾任萨哈共和国（雅库特）行政长官的维切斯拉夫·施特罗夫，副主席就是参与了 2007 年北极海底插旗事件的阿尔图尔·奇林加罗夫。目前正在议会审议的《俄罗斯联邦北极地区发展联邦法》草案是在"南北极委员会"和"北极发展问题国家委员会"联席会议上通过的。

俄罗斯联邦 8 个北极地区：摩尔曼斯克州、涅涅茨自治区、亚马尔－涅涅茨自治区、楚科奇自治区、阿尔汉格尔斯克州、科米共和国、克拉斯诺亚尔斯克边疆区和萨哈共和国（雅库特）的地方政府在俄罗斯行政系列中位阶最低，是俄罗斯北极政策的具体实施者。但是，这些最基层、最末端的政府机构直接面对北极地区的各种错综复杂的矛盾，掌握第一手的信息。它们的强烈诉求经常是推动俄罗斯在北极事务上做出重大决策的第一推动力。它们对相关政策、战略和法律执行情况的反馈往往是修改和完善这些政策、战略和法律的依据，而它们在实践中摸索出来的一套行之有效的政策举措很大程度上被联邦政府采纳，成为新的涉北极政策、战略和法律的蓝本。例如，在俄罗斯北极政策制定过程中，最初参考的文本就是萨哈共和国（雅库特）行政长官提交的雅库特地区社会经济发展计划。雅库特作为北极地区面积最大的行政区在推动国家北极政策和战略的形成过程中发挥了重要的作用。

三、俄罗斯北极战略的两大推手

在俄罗斯北极战略形成过程中，俄罗斯各种利益集团和智库也发挥了不可替代的作用。主要有两大推手：一是石油天然气领域的大型企业；二是俄罗斯的科学研究机构。

俄罗斯大型企业。俄罗斯大型企业出于自身利益的考虑，通过各种途径深度影响国家的各种重要政策、战略和法律的制定，是决定国家政策走向最大的利益集团。在北极地区最有影响力的大企业主要是俄罗斯石油公司和俄罗斯天然气工业股份公司。俄罗斯石油公司前身是苏联石油部及俄罗斯石油天然气公司，是俄罗斯最大的石油公司，也是唯一的国有公司。2012 年该公司收购俄罗斯第三大油企秋明－英国石油公司（TNK-BP）50% 股权后，其石油和天然气产量超过美国埃克森美孚公司。俄罗斯天然气工业股份公司也是在苏联天然气工业部基础上转制的。是全世界最大的天然气公司，面向国内的天然气供应量占俄罗斯能源消费的一半。以这两家企业为代表的俄罗斯大型企业在北极政策的制定和实施中发挥了重要的作用。俄罗斯石油公司、俄罗斯天然气工业股份公司堪称俄罗斯北极地区的资源勘探、开发、开采、加工的主力军。另外，诺瓦泰克天然气公司旗下的“亚马尔液化气”项目是俄罗斯北极政策实施进程中取得最大成功的项目，是目前俄罗斯北极开发的成功典范，诺瓦泰克公司也因此成为俄罗斯北极地区有影响力的大企业之一。

俄罗斯科学研究机构。俄罗斯科学家和智库在北极政策的制定上提供了重要的智力支撑。俄罗斯联邦国家安全会议成员均为国家重要部委的领导，唯一的例外是俄罗斯科学院院长。俄罗斯历来重视科学家的研究成果，北极政策的制定离不开科学家。俄罗斯在北极研究领域的主要科学研究机构有：

1. 俄罗斯地理学会。俄罗斯地理学会成立于1845年8月19日。1882年，在俄罗斯地理学会的推动下举行了第一届国际极地年，建立了历史上第一批极地气象站。该学会现有75个地区分会，遍布俄罗斯所有联邦主体。有关北极问题的高层国际论坛“北极—对话之地”就是在俄罗斯地理学会主导下付诸实施的。目前，该论坛已成为俄罗斯与国际社会就北极问题进行高层对话的最重要的平台之一。俄罗斯地理学会会长是现任国防部长绍伊古，名誉主席是普京总统。

2. 俄罗斯科学院。俄罗斯科学院于1724年由叶卡捷琳娜一世依照彼得一世的遗嘱建立，原名彼得堡科学院，十月革命后改为苏联科学院，1991年苏联解体后划归俄罗斯，更名为俄罗斯科学院。俄罗斯科学院是俄罗斯最高学术机构，拥有体系完整的科学机构和实力雄厚的科研队伍。迄今为止已有19位学者先后获得诺贝尔奖。俄罗斯科学院目前拥有18个学部、3个分院、12个地区性科学中心，共366个科研机构。其中属于自然科学领域的有324个。

俄罗斯科学院进行的有关北极的科学项目对俄罗斯北极地区的资源开发、航道建设和地区社会经济活动提供直接的理论和现实依据，为俄罗斯北极研究和开发发挥了重要的智力支撑。

3. 俄罗斯南北极研究所。俄罗斯南北极研究所历史悠久。1920年3月4日，苏联最高国家经济委员会通过决议决定组建北极科学渔猎考察队。1925年，北极科学渔猎考察队编入北方研究所，1930年更名为极地研究所，1958年，政府赋予该研究所负责组织和协调南极考察这一新职能，从而更名为南北极研究所。1963年起，南北极研究所归水文气象局管理（现为俄罗斯联邦水文气象和环境检测局）。1994年，南北极研究所获得俄罗斯国家研究中心的地位。俄罗斯南北极研究所堪称世界极地研究领域最具权威的机构，是俄罗斯南北极考察的组织、管理和研究机构。俄罗斯南北极研究所现有17个研究部门和1个极地博物馆，建有冰与水文气象信息中心、低温实验室、科研设备研发中心等，负责组建俄罗斯南北极考察队，在南北极开展领域广泛的研究，主要研究领域是磁场、电离层、大气层、冰和海洋，主要研究方向是地球物理学、自然保护、气候学、海洋学和水文气象学等。俄罗斯南北极研究所同国内外其他与南北极有关的科研机构、组织、公司、协会开展合作，参与国际性极地科考项目，举办国际研讨会等。

4. 俄罗斯罗蒙诺索夫北方（北极）联邦大学。俄罗斯罗蒙诺索夫北方（北极）联邦大学根据俄罗斯联邦总统令创建于2010年，是目前俄罗斯北极地区实力最雄厚的大学。北方（北极）联邦大学的主要任务是为国家经济，首先是北方和北极地区经济培养高水平的专业人才，并建立持续不间断的专业教育体系，使教育、科研和生产一体化，带动北极地区的发展和开发。该大学在北极国际合作中发挥了重要的作用，目前它正在参与的国际合作项目有50多个，其中多数是以发展北极及其附近地区为目的的。有俄罗斯与欧盟的合作项目、与北极各国部长委员会的倡议项目、与挪威教育国际合作中心的合作规划项目等。该校与其他北极教育机构的合作还包括研究制定共同的教育规划，共同进行科学研究等。该校另一重要成功项目是“北极漂浮大学”，每年夏季组织大学生和研究生在俄罗斯主要科学家们的领导下参加在白海、巴伦支海、喀拉海等海域进行水文气象、生态地理、物理化学和生物资源的研究，这一教学实践活动有利于培养未来的年轻极地科学家。俄罗斯太平洋沿岸符拉迪沃斯托克的远东联邦大学也开展了“北极漂浮大学”的活动，他们的考察路线是北极东部地区楚科奇和东西伯利亚海域。两家机构定期开展相关领域的学术交流和沟通。

目前，俄罗斯北方（北极）联邦大学设有：人文学院、综合安全学院、数学与信息学技术学院、自然科学与生物医学学院、石油与天然气学院、教育学与心理学学院、政治与社会人文学院、建筑与设计学院、应用化学学院、法学院、体育与运动学院、语文学与跨文化交际学院、经济与管理学院、林业技术学院、能源与运输学院、造船与海洋极地技术学院等。同时学校开设有本科、硕士及博士相关专业，如：景观设计、伐木技术与木材加工业、社会学、心理学、师范教育、热力工程学、生物技术与工艺、建筑学与设计、交通运输与安全、化学工艺、生物技术、质量管理、经济与管理、国家与市政管理、石油与天然气开采、生物学、物理学、化学、水利工程、哲学、文化学、跨文化交际学、国际关系、外国宗教研究、广告与公共关系、新闻学、信息安全与信息技术、体育、法学、语言学等。俄罗斯北方（北极）联邦大学现已成为俄罗斯北方教育科研中心，在政府的大力支持下，凭借其雄厚的师资力量为社会培养了一大批优秀的人才。①

第三节　俄罗斯北极战略的内涵

《俄罗斯联邦北极国家政策原则》（以下简称《北极政策》）、《俄罗斯联邦北极地区发展和国家安全保障战略》（以下简称《北极战略》）和《俄罗斯联邦北极地区社会经济发展国家纲要》（以下简称《北极纲要》）是新世纪俄罗斯启动北极新一轮开发和发展的最重要的法律性文件。前者是界定和实现俄罗斯北极利益的国家总体政策文件，后两份文件是进一步明确、阐述和落实俄罗斯北极国家政策任务的战略和实施纲要，它们是21世纪俄罗斯北极战略的总体框架性文件。

一、俄罗斯北极战略的解读

（一）《北极政策》——界定俄罗斯北极开发的总体目标和任务

《北极政策》共分6章、11款，对俄罗斯联邦在北极地区的国家利益，俄罗斯北极地区国家政策的主要目标和战略重点、基本任务与措施等作了明确的界定和规划。《北极政策》规定由相关联邦执行权力机关、各联邦主体权力机关、地方自治机关、商业和非商业组织依据各自的权限和活动领域，遵循国家-私人伙伴关系原则，通过采取目标明确、协调一致的行动来执行由俄罗斯联邦政府指导和协调的北极地区的发展计划。各联邦主体是计划的主要实施者。

---

① Сведения об образовательной организации САФУ http：//narfu. ru/sveden/（2017年9月访问）

《北极政策》提出了俄罗斯在北极地区的四大利益：一是利用俄罗斯联邦北极地区作为保障国家社会经济发展的战略资源基地；二是保持北极地区作为和平与合作区域；三是保持北极地区独特的生态系统；四是使用北冰洋航道，将之作为俄罗斯联邦在北极地区统一的国家交通运输干线（《北极政策》中简称为“北方海航道”）。上述四大利益决定了俄罗斯北极政策的目标、任务和优先方向。

《北极政策》第三章确定了俄罗斯北极政策需要实现的主要目标和战略重点。主要目标有六项：

（1）在社会经济发展领域，扩大俄罗斯联邦北极地区的资源基地，以最大程度地满足俄罗斯对碳氢化合物、水生物资源和其他战略原料的需求；

（2）在军事安全领域，捍卫和维护俄罗斯在北极的国家边界，保障俄罗斯联邦北极地区的良好作战态势，保持俄罗斯联邦武装力量常规集团军（力量）、其他军队、军事组织和机构在北极地区所必需的作战潜力；

（3）在生态安全领域，保护北极地区的自然环境，消除因人类日益增长的经济活动和全球气候变化造成的生态危害；

（4）在信息技术和通信领域，根据北极的自然特点，在俄罗斯联邦北极地区建立统一的信息空间；

（5）在科学和技术领域，保障足够数量的基础性和应用性科学研究，为北极的现代化管理积累所需的现代科学知识和地理信息，研发在北极自然气候条件下解决国防和安全问题，以及维护生活保障系统和生产经营活动正常运转的方法和手段；

（6）在国际合作领域，在俄罗斯联邦参与的国际条约和协议的基础上，建立俄罗斯与其他北极沿岸国家双边或多边的互利合作机制。

俄罗斯联邦北极国家政策的战略重点主要归纳了十大方向，它们分别是：

（1）在国际法准则和双边协议的基础上，充分考虑俄罗斯的国家利益，与北极沿岸国家积极互动划定海洋界线，以解决俄罗斯联邦北极地区外部边界的国际法论证问题；

（2）加强与北极沿岸国家的合作，共同建立统一的地区搜救系统，预防技术性灾难并消除其后果，包括协调救援力量的工作；

（3）在双边基础上，以及在北极理事会、巴伦支海欧洲北极理事会等地区组织框架内，巩固俄罗斯与北极沿岸国家之间的睦邻友好关系，促进俄罗斯与北极沿岸国家的经济、科学技术、文化协作和跨边界合作，包括有效开发北极资源和保护北极环境；

（4）根据俄罗斯法律和俄罗斯参与的国际条约，在俄罗斯联邦司法管辖范围内，对穿越北极空中航线的飞机和利用“北方海航道”开展国际航运的船只实行有效的组织和管理；

（5）鼓励俄罗斯政府机构和社会团体积极参加与北极问题有关的国际论坛，包括俄罗斯议会与欧盟伙伴关系框架下的议会间协作；

（6）完成北冰洋海洋空间的划分，保障俄罗斯同挪威在斯匹次卑尔根群岛实现互利共存；

（7）完善俄罗斯联邦北极地区社会经济发展的国家管理体系，扩大北极地区的基础性和应用性科学研究；

（8）提高俄罗斯联邦北极地区原住民的生活水平和生产经营条件；

（9）利用先进的科学技术，发展俄罗斯联邦北极地区的资源基地；

（10）发展俄罗斯联邦北极地区的运输系统和渔业综合体的基础设施，并对其进行现代化建设。

俄罗斯《北极政策》不仅制定了实施的主要目标和战略重点任务，而且将俄罗斯北极地区的发展归纳为五大领域，并规定了五大领域在每个阶段需要完成的任务和完成期限。五大领域分别为社会经济发展，军事安全、捍卫和保护俄罗斯联邦北极地区国家边界，生态安全，信息技术与通信和科学与技术等。

根据《北极政策》的要求，共分 3 个阶段实施：

第一阶段（2008 – 2010）要开展地质地理、水文地理、地理制图等各项工作，为论证俄罗斯联邦北极地区的外部边界准备材料；扩大国际合作力度，有效开发俄罗斯联邦北极地区的自然资源；落实联邦预算体系各级预算和预算外专项拨款计划，包括制定 2020 年前俄罗斯联邦北极地区国家发展纲要，建立高技术能源生产基地、渔业生产基地和经济特区；落实与俄罗斯联邦北极地区发展战略相关的、有投资前景的国家－私人伙伴关系项目。

第二阶段（2011－2015）要划定具有国际法效力的俄罗斯联邦北极地区外部边界，并在此基础上确立俄罗斯在能源、资源开采和运输领域的竞争优势；在开发俄罗斯联邦北极地区的矿产和海洋生物资源基础上，完成俄罗斯联邦北极地区的经济结构改革任务；建立并发展“北方海航道”基础设施及交通管理体系，完成欧亚运输保障任务；建立俄罗斯联邦北极地区的统一信息空间。

第三阶段（2016－2020）要将俄罗斯联邦北极地区发展成为俄罗斯的主要资源战略基地。为了实现上述任务，需要制定俄罗斯联邦北极地区社会经济发展和国家安全保障战略和纲要加以实施。

（二）《北极战略》和《北极纲要》——实施俄罗斯北极开发的“路线图”

根据2008年《北极政策》中制定的主要目标和战略重点，俄罗斯各界在普京总统的领导下，针对这些任务进行了近5年的研究、考察、讨论和协调等工作，并且结合国内外新形势的发展变化，于2013年和2014年先后出台了《北极战略》和《北极纲要》。这两个文件堪称实施俄罗斯北极开发的“路线图”。

《北极战略》是为了执行2008年《北极政策》而制定的，《北极战略》共分7章39条，内容包括总则，主要风险、威胁和目标，优先发展方向和主要措施，实施机制，执行阶段，基本特征和监督等。《北极战略》实施的主要机制是完成2020年俄罗斯联邦北极地区社会经济发展国家纲要和其他旨在综合开发俄罗斯联邦北极地区的联邦国家纲要，联邦和部委专项规划，以及行业战略、地区和市政方案，大企业的计划等。

本战略分两阶段完成，第一阶段2015年前完成，第二阶段2020年前完成。

第一阶段主要完成的任务有：一是通过综合发展俄罗斯联邦北极地区，建立必要的条件以巩固国家安全，包括完善法律基础和提高国家管理效率，协调北极国家政策中所有相关主体的工作，制定和实施经济刺激措施，积极引进国家发展机制。二是制定和实施北极地区社会经济发展国家纲要。三是完成水文地理工作，并在其成果的基础上提出对领海、专属经济区和大陆架宽度地理坐标目录必须进行修改或重新审议的建议，保障按国际法解决俄罗斯北冰洋大陆架外部界限问题，不允许出现俄罗斯在北极地区有空间损失等问题。四是建立和发展北极地区联邦安全局的海岸警卫队。五是建立综合性信息远程通信基础设施，发展救助准备系统，包括建立综合性的救助中心。六是实施北极地区生态安全保障措施，确定国家扶持措施，发展北极地区土著少数民族（原住民）的传统经济行业等。

第二阶段主要完成的任务有：一是实现俄罗斯联邦在开发其北极大陆架地区矿产资源领域的竞争优势。二是发展北极地区的边境基础设施，对联邦安全局边防机关进行技术更新。三是建立和发展由联邦执行权力机关参与的统一的综合监督水情系统，履行其保障俄罗斯联邦在北极地区的国家安全领域的职权。四是发展综合安全系统，保护北极地区的领土、居民和重要设施避免遭受自然和技术性突发事件的威胁。五是建立和发展“北极”多用途航天系统，对远程无线电导航系统“РСДН－20”进行现代化更新。六是发展“北方海航道”基础设施和船队，包括破冰船队，完成北极地区运输和欧亚过境运输的保障任务等。

《北极纲要》实际上就是《北极政策》和《北极战略》的实施细则，根据《北极政策》和《北极战略》中制定的任务进行具体详细的分化和分工，对俄罗斯每个北极地区，参与北极开发的各类国有企业、组织、科研机构等提出具体的发展指标要求，即规定具体任务和完成期限。

二、俄罗斯北极战略的特点

新世纪俄罗斯北极战略是俄罗斯国家总体发展战略的重要组成部分。《北极政策》是在普京总统第一任、第二任内充分酝酿，在梅德维杰夫继任总统后颁布的。而《北极战略》和《北极纲要》则是在普京第三任总统任内，顺应国内外形势的新变化，在《北极政策》的基础上对北极开发的一系列重大原则问题作了进一步的阐述，更注重任务的分解和责任的落实，明确发展的主线和需要尽快解决的问题。这3份框架性文件是一个统一的整体，彼此间既相互衔接又相互补充，其特点主要表现在：

一是坚持北极开发必须增进俄罗斯国家利益的宗旨。这3份框架性文件起点高、立意深，始终将俄罗斯国家利益置于第一位。具体而言，首先是明确北极开发对俄罗斯中长期发展的意义，凸显俄罗斯领导人通过北极开发促进经济转型，优化经济布局的考虑。其次是强调北极开发应多管齐下，成为俄罗斯提高经济竞争力、科技发展水平以及安全保障能力的强大动因。

二是细化各地各部门北极开发任务和责任落实。如果说《北极政策》注重顶层设计的话，《北极战略》和《北极纲要》则提出了具体实施的“路线图”。这两份文件明确了在北极开发中国家管理和国家调控的作用，界定了联邦政府各部门、各联邦区特别是8个北极地区各自应该承担的角色、任务和责任，还规定了任务完成的时间段和进度，并制定核查机制。

三是紧扣“地区发展、资源开发、航道利用”三条主线。提高俄罗斯北极地区的综合社会经济实力。北极地区新一轮油气资源的开发和“北方海航道”的复兴是俄罗斯北极地区发展的关键，也是21世纪俄罗斯国家综合实力持续提升的重要保障。

四是突出解决阻碍俄罗斯北极开发的“瓶颈”问题。针对北极地区基础设施严重匮乏、劳动力供给不足、资金和技术保障乏力，生产效率低、国际合作滞后等问题，俄罗斯动员国内各种力量，并通过国际合作等途径克服这些阻碍北极开发的消极因素。

五是注重经济利益和安全利益、主权利益的平衡。俄罗斯在对其北极地区进行经济开发的同时，加紧收集扩大大陆架外部界限科学论据的准备工作。同时，组建新军事机构“北方舰队－联合战略司令部”，加强边防机构应对北极地区威胁和挑战的能力，试图通过经济开发、科学论证和军事手段主导北极事务，在北极地区实现多赢。

六是强调北极开发必须建筑在扎实的科研基础上。《北极战略》和《北极纲要》中载明，俄罗斯要“整合国家、商业、科学和教育的资源和潜力，建立有竞争力的科技部门，制定和实施先进技术，包括制定新的或者使现有技术适应北极地区的条件”“引进技术手段和设备开展极地科学研究”“实现俄罗斯联邦科研考察船队的发展计划，包括利用深海机器人系统进行深海研究”等。这是确保俄罗斯北极地区可持续开发和发展的根本保证。

在俄罗斯北极战略中，有一条贯彻始终的主线，这就是要最大限度地优化俄罗斯的地缘优势，改善俄罗斯的周边环境，提升俄罗斯的大国地位。北极战略内外兼顾，既是与国家总体发展战略融为一体的区域发展战略，也是俄罗斯拥抱世界、让世界接纳俄罗斯的大国战略。这 3 份框架性文件有三大鲜明的特色：

（一）确保俄罗斯在北极的优势地位

俄罗斯拥有北极圈内面积最广的陆地、最长的海岸线、最多的人口和最丰富的自然资源。北极地区的极地研究、能源开采、近海运输和军工生产在苏联时期就奠定了一定基础。北极地区的亚马尔－涅涅茨自治区、萨哈共和国（雅库特）、阿尔汉格尔斯克州和摩尔曼斯克州等在资源开发领域占据领先地位。这些地区的企业生产的绝大多数产品是俄罗斯独一无二的。《北极政策》《北极战略》和《北极纲要》对振兴北极地区经济有非常详尽的规定，如认真予以实施，假以时日，俄罗斯北极地区的经济发展势必会在环北极国家中再次恢复其主导者和引领者的地位。此外，俄罗斯还有两项优势是其他环北极国家不具有的，或者虽然有其中一项却不能兼有的。一是横贯北冰洋、连接亚洲和欧洲的“北方海航道”，它不仅是连接俄罗斯东西两部分的纽带，还将成为沟通欧亚两洲的国际运输通道。二是俄罗斯在北极已经组建起捍卫国家北极安全的岸防部队，对觊觎俄罗斯领土、领海和专属经济区利益的外部势力具有强大的威慑力。《北极政策》《北极战略》和《北极纲要》对“北方海航道”和国防建设也有非常到位的阐述。其实践的结果一定能大大增强俄罗斯在北极沿岸国家中的优势地位。

（二）构筑北极地区国际合作的新平台

俄罗斯北极地区的开发是一项巨大的经济与社会工程，俄罗斯非常清楚的知道，单凭俄罗斯一国之力难以完成。俄罗斯期盼在北极开发过程中，吸引国外投资和引进先进技术，提升国家的经济实力和综合竞争能力，推动俄罗斯从资源型经济发展体转向后工业社会的知识型创新经济发展体。《北极政策》《北极战略》和《北极纲要》在这方面有很多具体的规定。普京多次表示，希望在北极地区建立一个国际合作和发展的平台。“我们在 2008 年通过的《北极政策》中公开明确地提出了我国的国家利益。我们关心稳定、平衡地发展俄罗斯北方地区，加强与邻国的合作。”①

现阶段，俄罗斯推进北极开发的国际合作有一个明显的变化，就是从过去侧重环北极国家和欧洲国家，逐步转向经济实力强劲的亚洲经济大国。克里米亚危机后，由于美欧对俄罗斯实行经济制裁，一些参与北极地区开发项目的欧美公司被迫中止项目。相反，地处亚洲的中国、日本两国，外汇储备分别占世界第一和第二，韩国的经济实力也已跃入世界十五强之列。而且，中日韩三国都是能源进口大国，是足以维持俄罗斯能源供应稳定增长的大市场。另外，“北方海航道”的恢复性和现代化建设需要巨额资金的投入，更需要大量的人力资源，亚洲国家在这两个方面均占据优势地位。俄罗斯联邦政府对中日韩三国参与北极地区开发疑虑有所下降，而且俄罗斯北极地区各级地方政府希望中日韩等亚洲邻国参与本地区社会经济的发展。加之北极国家中的挪威、冰岛等国对亚洲国家参与北极开发持支持态度。俄罗斯开始认真对待与中国等亚洲国家合作开发北极的问题，希望能通过与中

---

① Председатель Правительства Российской Федерации В. В. Путин принял участие во втором Международном арктическом форуме《Арктика-территория диалога》. http：//premier. gov. ru/visits/ru/16523/events/16536/（2017 年 9 月访问）

国等亚洲国家在北极和远东太平洋地区的合作为俄罗斯落后的北部和东部地区注入强劲的经济发展活力，同时也为俄罗斯融入亚太，实现“双头鹰”平衡发展创造基础。

（三）提升国际影响力，实现俄罗斯利益最大化

俄罗斯不仅继承了苏联在联合国安理会中的常任理事国地位，也接纳了一批优秀的外交家。从历史上来说，俄罗斯从帝政时代就有在大国中周旋的丰富的外交经验和谋略，一贯热衷于运用各种政治和经济手段，提升自身的国际地位和影响力。自然，北极开发也是俄罗斯能够将它的国际影响力发挥到极致的一张“外交牌”。从《北极政策》《北极战略》和《北极纲要》这3项框架性文件可以看出，俄罗斯将不遗余力地提升自身的国际影响力。以《北极战略》为例，有关发展国际合作和维护北极地区的和平举措，规定的非常具体。例如，与环北极国家合作勘探和开发大陆架资源，联合环北极国家建立统一的地区搜救系统，在俄罗斯联邦司法管辖范围内利用“北方海航道”进行国际航运，积极参与探讨北极问题的国际论坛，组织研究环境（冰情、海水污染、海洋生态系统），观测和分析气候变化对环境的影响的综合性国际科考活动等。

世界各国为了应对全球性气候变暖的影响，纷纷调整能源消费结构，扩大使用天然气等清洁能源的比重。日本“3·11”震灾后福岛核电站发生核泄漏事故，给世界范围内的核能发展计划蒙上浓重的阴影。德国宣布将在2022年前彻底关闭其核电站，其他国家在核能利用领域采取紧缩政策，寻求更为安全的能源资源来源地，北极地区丰富的天然气资源自然成为俄罗斯与美欧等西方国家博弈的战略筹码，北极地区对提升俄罗斯国际影响力的作用越来越明显。此外，由于北非、中东地区局势持续动荡，加上索马里海域海盗活动彼伏此起、有增无减，从西太平洋地区经由印度洋到地中海的传统海运线路的风险明显上升，未来一二十年里世界各国对开发和开辟北极航道的期盼和需求也会日益加大。俄罗斯在与美欧等西方国家博弈过程中将越来越倚重其北极地区的开发和发展，北极开发战略也将成为其实现国家利益最大化的

最佳途径之一。

三、俄罗斯北极战略的制约因素

俄罗斯北极地区的开发和发展虽然前景诱人，但其进程不可能是一帆风顺的。2013 年出台的《北极战略》就罗列了影响北极地区社会经济发展的主要风险和威胁。其中比较突出的有：严酷的自然气候条件，包括低温、强风和北极海域的冰盖；工业经济开发区的中心地位和人口密度低；远离主要工业中心，资源密集度高，居民的经济活动和生活保障高度依赖于俄罗斯其他地区提供的燃料、粮食和日用必需品；生态系统脆弱，甚至微小的人类活动都可能对地球的生物平衡和气候产生影响等。这表明俄罗斯领导人在规划北极战略时头脑是非常清醒的。他们既看到北极开发巨大的潜力和诱人的前景，也意识到面临的障碍和风险是异乎寻常的。而且，这还仅仅是北极开发的基础条件。从俄罗斯所处的国际环境、国内政治、社会因素来看，俄罗斯北极国家政策和发展战略实施过程中的制约因素更多，主要表现在以下三个方面：

第一，难以适应全球化的挑战。苏联解体后，俄罗斯在推动经济转型的同时，积极寻求与全球化接轨。从 1993 年申请加入世界贸易组织（WTO）前身的关税贸易总协定到 2012 年 8 月被批准成为世贸组织第 156 个成员国，历经了 19 年的艰难谈判。与全球化接轨，有利于俄罗斯出口其具有较大优势的产品，但同时也必须对外开放本国商品和资本市场。有两大因素使得俄罗斯在这一波全球化浪潮中处于相对不利的地位：一是俄罗斯虽然拥有相当规模的科研队伍，但因传统机制的束缚，技术创新能力和转化能力相对较弱。二是经济结构转型缓慢，基本上停留在苏联时期的重工业为主的结构，而俄罗斯这类产品完全缺乏国际竞争力。克里米亚危机后，美欧对俄罗斯的经济制裁更影响了俄罗斯经济转型的步伐，导致俄罗斯能向国外出口的除了军机、坦克外，只剩下石油、天然气和矿产品。这种被俄罗斯经济学家称之为“非洲化”的进出口结构受国际市场波动的影响极大。在国际分工体系中，俄罗斯处于低端位置。如不予以调整的话，俄罗斯很可能变成世界的能源供应基地。俄罗斯国内对实施《北极战略》最大的担心是，北极的自然资源会不会成为美欧发达国家和亚洲新兴经济体国家的“油库”和“储气罐”，这将严重损害俄罗斯的国家利益，失去经济主导权。

第二，缺乏高效、灵活的行政架构。俄罗斯的官僚主义传统可以追溯到沙俄时期，可谓源远流长、根深蒂固。目前，从俄罗斯联邦政府、各联邦主体，到基层各级政府部门中，高素质管理人才奇缺，不同程度地存在着脱离群众，办事拖拉的官僚主义现象，各部门和各地区间更是相互推诿，相互扯皮，难以实现横向协调。在某些政府官员中还存在着索贿受贿的腐败行为。普京出任总统后，在联邦政府与地方政府关系上实施了一系列改革，如建立联邦区、向地方派遣总统代表等，强化了对各级地方行政机构的监督和控制。梅德韦杰夫继任总统后，将地方领导人由选民直接选举改为总统提名，由各联邦主体议会选举产生，鼓励联邦主体进行合并，一定程度上削弱了地方行政长官的权力。但是，俄罗斯高度集中的行政管理体系带来纵向分割的弊端，制约了区域间的横向协调。各级地方政府则因缺乏实权，难以自主灵活地实施符合本地区需要的社会经济发展规划。

第三，人口“瓶颈”问题。目前，几乎所有的发达国家都面临人口减少、劳动力短缺的问题，俄罗斯的情况特别严峻。从 1991 年至今，俄罗斯一直是死亡率高于出生率，导致人口总量不断减少。据俄罗斯人口统计机构预测，这一趋势如不改变，俄罗斯总人口将从目前的 1.44 亿降到 2031 年的 1.27 亿，低于沙俄时期俄罗斯本土的人口数量。北极地区的情况还要严重。由于气候严酷加上经济凋敝，北极地区在 1997 年至 2007 年的 11 年里，人口大幅度下降了 40%。而且，北极地区的居民平均收入低，生活质量普遍不高。《北极战略》也坦承，“俄罗斯联邦大多数接近北极地区的人口呈负增长，劳动力资源（尤其是业务熟练的劳动力）流向俄罗斯南部地区或国外。”劳动力短缺的“瓶颈”已成为北极地区的石油、天然气和木材等资源开发领域最大的制约因素。一些评论家认为，俄罗斯日益严重的人口危机只能靠大量引进外来移民才能缓解。因此，如何吸引外来移民参与俄罗斯北极地区的开发和发展，将是俄罗斯北极地区开发国家政策成败的关键之一。

综上所述，俄罗斯北极战略的终极目标是要实现国家利益的最大化，通过实施《北极政策》《北极战略》和《北极纲要》这3项框架性文件中规定的各项战略优先任务，保障俄罗斯北极地区国家安全和社会经济稳定发展，实现俄罗斯国家北极政策的最终宗旨。但是，这项战略也面临众多困难与挑战，能否顺利实施，是对俄罗斯当政者政治意志和领导能力的严峻考验。

第三章
俄罗斯北极战略的实践

进入新世纪以后，在普京的强势推动下，俄罗斯北极战略日臻成熟，并按计划稳步实施。这些年来，俄罗斯在北极地区锐意经营，主要从4方面着手：首先，精准界定俄罗斯北极地区的地理边界，维护俄罗斯的海洋和极地权益。其次，有序推进北极地区的能源资源勘探、开采，以满足国内需求和拓展海外市场。再次，以“北方海航道”为中心，改善和充实北极地区的交通运输系统，为“北方海航道”的全年通航夯实基础。最后，在加强北极科研的基础上，努力保护北极地区的生态环境。

第一节　维护北极海域权益和安全

冷战结束以后，随着《联合国海洋法公约》的实施，特别是由于全球气候变暖，北极地区蕴藏的巨大资源潜力和“北方海航道”通航的前景，使得北极地区的价值日益凸显，北极的战略地位急速提升。这不仅升高了环北极国家之间的竞争风险，也吸引了越来越多的域外国家有意参与北极开发，导致它们与环北极国间的摩擦加剧，带来了日益增多的法律纠纷和环境污染等问题。俄罗斯在北极地区面临的安全风险和挑战呈上升趋势。

一、界定俄罗斯北极地区大陆架外部边界

俄罗斯一向认为，“俄罗斯的地缘政治利益与北极紧密相连”，“北极保障了俄罗斯的安全和防卫能力”①。目前，在划分北冰洋海洋空间的问题上，北极圈内国家围绕200海里专属经济区并不存在着彼此主张各异，有可能导致武装冲突的纠纷。需要解决的是界定200海里以外北极大陆架外部界限的划定问题。

俄罗斯北极战略首先要解决的问题是划定具有国际法效力的俄罗斯联邦北极地区外大陆架边界。俄罗斯要在国际法准则和双边协议的基础上，将200海里以外的大陆架外部边界尽量向外延伸，力争最大面积的外大陆架，扩大对北极大陆架巨大资源宝库的掌控权。这就需要在充分考虑自身国家利益的基础上，依据国际法的相关规定，与环北极其他国家积极互动，精准界定俄罗斯联邦北极地区大陆架的外部界限。根据任务实施的阶段性安排，俄罗斯要在2015年前准备好有关明确俄罗斯联邦北极地区的地理边界，包括南部边界的法律文件，并附上划入上述区域的各级行政机构名册及其地位②。俄罗斯已经在规定期限内向联合国大陆架界限委员会提交了扩大北极外大陆架划界修正案申请，申请尚在大陆架界限委员会审议之中。

环北极国家（俄罗斯、挪威、丹麦、加拿大和美国）在北冰洋具有司法管辖权的边界是根据国际海洋法准则，首先是1982年《联合国海洋法公约》准则确定的，五国对其在北冰洋相应的权力没有大的争议，唯一的例外是大陆架延伸至200海里以外的划分仍悬而未决，这就导致北极海域和北冰洋地下资源的法律地位无法予以确定。原因是证明问题。《联合国海洋法公约》规定，沿海国陆地领土向海洋的自然延伸如果超过其领海基线200海里以外的，可以主张200海里以外的

---

① Под редактором А. Загорский. Арктика: Зона мира и сотрудничества, ИМЭМО РАН. Москва, 2011, стр. 59 https://www.imemo.ru/files/File/ru/publ/2011/11011.pdf（2017年9月访问）

② 参见附件一，《俄罗斯联邦北极国家政策原则》，2008年9月18日。

大陆架，简称“外大陆架”，这就造成了相邻各国主张相互重叠的纠纷问题。在北冰洋沿岸国家之间也或多或少地存在着这种情况。根据2008年环北极国家达成的《伊卢利萨特宣言》，缔约国对北冰洋的广泛区域享有主权、主权权利和管辖权。五国将致力于“在宣言基础上有序调解任何可能的交叉重叠的要求”。五国商定将通过科学研究提供证据来决定外大陆架的权益问题。

目前，俄罗斯与邻国在包括专属经济区在内的海洋划界问题上不存在争端。1990年6月，苏联与美国签署了《苏联与美国的海洋边界协议》，划分了两国在白令海和楚科奇海的领海、专属经济区和大陆架的海洋边界。尽管俄罗斯议会尚未批准该协议，但是俄美两国对协议中划定的边界并无异议。2010年9月15日，俄罗斯与挪威签署了《关于巴伦支海和北冰洋地区海域划界和合作协议》，结束了两国长达40年的争端①。尽管两国都有一些人士对达成的妥协甚为不满，但这一协议为几十年遗留的问题画上了句号，开启了两国间互利合作的良好局面。

然而，在外大陆架延伸问题上情况就不一样了。俄罗斯与加拿大、丹麦等国存在主张交叉重叠的问题。2001年12月21日，在俄罗斯向联合国界限委员会提交的200海里以外大陆架外部界限申请提案中，俄罗斯是以其最西北端的科拉半岛、最东北端的楚科奇自治区和北极点为基准点划定了一块三角形区域，其总面积约为120万平方千米，包括罗蒙诺索夫海岭、门捷列夫海岭等海底地块。除了上述120万平方千米的北冰洋区域，俄罗斯主张的外大陆架还包括鄂霍次克海、白令海和巴伦支海的大片区域，共计面积为158万平方千米。

俄罗斯认为，罗蒙诺索夫海岭等是西伯利亚大陆板块的延伸，是国家大陆边界的构成部分。美国则认为罗蒙诺索夫海岭是北冰洋盆地深处的独立地貌。2002年4月1日，联合国大陆架界限委员会就俄罗

---

① Договор между Российской Федерацией и Королевством Норвегия о разграничении морских пространств и сотрудничестве в Баренцевом море и Северном Ледовитом океанеhttp：//www. kremlin. ru/supplement/707（2017年9月访问）

斯的提案进行了审议，委员会认为根据俄罗斯所提交的信息资料，不能将罗蒙诺索夫海岭视为《联合国海洋法公约》中规定的海底高地，建议俄罗斯在北冰洋的外大陆架问题上提出一个划界修正案。俄罗斯需要补充提供北冰洋海域的地质地理等材料，以证明罗蒙诺索夫海岭和门捷列夫海岭是俄罗斯大陆架板块的延伸。2007 年起，俄罗斯开始深入研究这一课题，俄罗斯联邦自然资源部多次组织北冰洋深海和洋底的大型科学考察活动，收集海底地质地理证据以证明罗蒙诺索夫海岭、门捷列夫海岭是西伯利亚大陆架板块的延伸，并取得了重要成果。2015 年 8 月 4 日，俄罗斯向联合国大陆架界限委员会递交了扩大北极外大陆架边界的划界修正案申请，主张将罗蒙诺索夫海岭及其他一些海岭划入俄罗斯大陆架。在这次递交的划界修正案中，俄方提供了详实的材料，进一步论证了位于北冰洋洋底的罗蒙诺索夫海岭、门捷列夫海岭、楚科奇海岭以及位于它们中间的楚科奇海盆，都具有大陆构造的性质。如果联合国大陆架界限委员会对此申请给出正面决定，那么俄罗斯北极大陆架 200 海里专属经济区之外的面积将扩大约 120 万平方千米，俄罗斯也因此将获得开发这一海域资源的优先权。根据俄罗斯联邦自然资源部的统计，该增加海域很可能将为俄罗斯带来 50 亿吨标准燃料。①

在俄罗斯为其界定北极地区北部边界进行国际法论证期间，还发生过一起戏剧性的事件。2007 年 8 月 2 日，俄罗斯科学家乘坐小型潜水艇“和平 1 号”潜入北极点海底，用一只机械手臂把一面钛合金的俄罗斯国旗插在深度达 4261 米处的海床上。这次“宣誓主权式”的插旗事件让俄罗斯遭受了国际社会的巨大压力，但俄罗斯在北极问题上的态度并没有变软。8 月 7 日，普京在接见北极深海科考队员时表示，这次科考成果应该作为解决北极地区归属问题的依据。

显然，俄罗斯并不希望让北极成为国家间军事冲突和军备竞赛的

① Минприроды：Россия-первый претендент на расширение шельфа в Арктике http：//www. arctic-info. ru/News/Page/minprirodi—rossia—pervii-pretendent-na-rassirenie-sel _ fa-v-arktike（2017 年 9 月访问）

舞台。俄罗斯在积极组织研究团队论证其北极地区外大陆架边界的同时，与北极的海洋邻国开展外交斡旋与协商，通过双边谈判解决彼此间外大陆架主张重叠的问题，致力于将北极建设成为和平与合作的区域。

如前所述，俄罗斯与挪威签署的《关于巴伦支海和北冰洋地区海域划界和合作协议》是在双方妥协、协商基础上达成的，表明俄罗斯愿意在国际法基础上界定北极地区的地理界限，在充分考虑自身国家利益的同时，照顾对方的利益诉求。

2006 年 11 月 17 日，挪威向联合国大陆架界限委员会提交了本国的扩大北极大陆架外部边界的划界案。挪威主张的巴伦支海 200 海里以外海底区域与俄罗斯的互相重叠。俄、挪两国对对方的提案均不反对，双方都告知联合国大陆架界限委员会，在划界海域的大陆架外部界限问题将根据两国间的谈判结果来确定。在此基础上，两国于 2010 年签署了《关于巴伦支海和北冰洋地区海域划界和合作协议》，从法律上明确了俄、挪两国在巴伦支海和北冰洋的大陆架和专属经济区的边界，明确了各自的主权权利和管辖权的界线。该条约的签署对当事国和国际社会产生了非常积极的影响。一是俄、挪海洋划界条约稳定了两国在巴伦支海域的渔业现状，其长效联合解决机制的实施将促进区域内渔业的可持续发展与现代化，为两国在各个领域的互利合作奠定了坚实的基础。二是俄、挪海洋划界条约的签署为国际社会，特别是环北冰洋国家之间的海洋争端解决树立了良好的范例，即基于妥协、合作和互利精神，可以寻找到公平、合理的解决争端的国际法方式，体现了《联合国章程》第 33 条规定的和平解决争端的要求。

近年来，俄罗斯、挪威以外的北冰洋沿岸国家也各自向联合国大陆架界限委员会提交了相关扩大外大陆架的提案。2013 年 12 月 6 日，加拿大政府向联合国大陆架界限委员会提交扩大北极大陆架边界的申请，其外大陆架甚至涵盖了北极点。加拿大为了准备提交的文件，用了将近 10 年的时间研究北冰洋洋地，花费将近 2 亿美元。2014 年 12 月 15 日，丹麦向联合国大陆架界限委员会提交扩大外大陆架的申请，认为罗蒙诺索夫海岭是格陵兰大陆板块的延伸。丹麦申请的区域涵盖北冰洋内的门捷列夫海岭、楚科奇海岭、罗蒙诺索夫海岭以及位于它们中间的楚科奇海盆，总面积约900万平方千米，与俄罗斯的申请区域相重叠。美国虽然尚未批准1982年《联合国海洋法公约》，但是美国的科学家们也在收集相关证据以论证本国的立场。2009年，挪威的大陆架扩展申请得到联合国大陆架界限委员会的批准，成为第一个申请获准的北极国家。挪威是在提供了相应的科学证据，以及与所有邻国举行平静的专业谈判之后，无冲突地解决了这个问题。

二、捍卫俄罗斯在北极地区的国土安全

苏联解体后，美国及其盟友利用俄罗斯国力相对衰弱之际，不断挤压其战略空间。俄罗斯北极地区感受到的安全压力明显升级。

美国作为冷战后唯一的超级大国，是环北极国家中对俄罗斯最具战略威慑的国家。美国拒绝加入《联合国海洋法公约》，借口所谓的“航行自由”，不断派遣其战略核潜艇在北冰洋海底游弋；2007年8月，俄罗斯在北冰洋洋底插上国旗以宣示管辖权后，美国不仅恢复了战略轰炸机在北冰洋上空的巡航，还启动了在阿拉斯加的军事基地的恢复性修建，将导弹防御系统部署到阿拉斯加，还向北极地区部署以“斯坦尼斯”号航母为核心，包括“莫比尔湾”号导弹巡洋舰、“威廉·劳伦斯”号导弹驱逐舰、“钟云”号导弹驱逐舰以及“斯托克达尔”号导弹驱逐舰在内的“大绿舰队”①。

有鉴于此，《北极政策》规定了俄罗斯在北极地区的基本任务之一是捍卫和维护俄罗斯在北极的国家边界，保障俄罗斯军队在北极地区的良好作战态势，保持俄罗斯联邦武装力量常规集团军、其他军队、军事组织和机构在北极地区所必需的作战潜力。2014年12月，俄罗斯联邦总参谋部组建了一个新的军事机构“北方舰队－联合战略司令部”。除俄罗斯北方舰队外，俄罗斯陆军的北极旅、空军和防空部队也

① 《美军大绿舰队抢占北极 新动作恐引冲突》，《解放军报》2016年2月14日，http://mil.huanqiu.com/world/2016-02/8533273.html。

纳入这一新军事机构。俄罗斯北方舰队司令弗拉基米尔·科罗廖夫海军中将担任这一机构的负责人，直接接受俄罗斯国防部长的领导[1]。

根据俄方的解读，俄罗斯修建北冰洋军事基地和成立新军事机构的主要目的：一是维护俄罗斯北极主权，确保俄罗斯联邦北极专属经济区和大陆架所有活动的顺利进行。二是保持俄罗斯针对外部战争威胁的战略威慑。三是在发生武装冲突的情况下，有能力击退外来侵略并终止军事行动等。根据俄方解释，俄罗斯的新举动并不是复活冷战时期捍卫俄罗斯心脏地带的防御战略，而是在新形势下维护俄罗斯北极国土安全的战略部署。

为了实现这一任务，俄罗斯联邦必须在北极地区保持一支能在各种极端条件下确保自身安全的、由战略打击力量、快速反应部队和边境警卫队组成的武装力量。这支力量应具备应对俄罗斯在北极地区所面临的各种威胁和挑战的能力。这支力量的主要工作是对北极地区的边境口岸实行全天候的警戒、巡逻和边检；对“北方海航道”沿线的海峡、河口和三角洲流域进行常态化的巡查，建立起积极有效的岸防体系。此外，还要与环北极的邻国边防部门（海岸警卫队）开展打击海上恐怖主义、走私活动、非法移民及保护海洋生物资源等方面的合作。

俄罗斯军方对联邦政府重视北极、开发北极的战略和政策持积极支持态度。首先，俄罗斯军队希望通过联邦政府的北极开发获得更多的资金和物资投入，恢复和重建俄罗斯军队在北极地区的保障基地，提升其作战能力。其次，联邦政府在北极地区展开大规模的基础设施既有利于民间的商业活动，也有利于增强俄罗斯在北极地区的军事存在。再次，俄罗斯军方在北极开发问题上拥有一票“否决权”。在北极众多开发项目中，有相当数量的项目需要俄罗斯国防部的特别许可。军方可以损害军事安全为由否定任何靠近军事基地的开发项目，特别是有外国公司参与的开发项目。尽管军事安全因素阻碍经济开发的情

---

① В Арктической зоне РФ появится новая военная структура http：//www. arctic-info. ru/News/Page/v-arkticeskoi-zone-rf-poavitsa-novaa-voennaa-stryktyra（2017 年 9 月访问）

况较之以前已经大大改善，但国防安全因素始终是俄罗斯在北极开发过程中首要考虑之一。目前，俄罗斯在北极地区的经济开发项目与国防安全之间存在一定的微妙关系。无论是俄罗斯的军事领导人还是政治领导人，包括国家安全委员会和北方舰队在内，都对攸关俄罗斯北极地区国土安全的问题十分重视，对在北极地区日趋增加的、从事科考和各类经济活动的外国公司和人员比较敏感。俄罗斯联邦边防局局长弗·普拉尼乔夫曾表示，非法旅游和非法科学考察很可能是相关国家在俄罗斯北极地区进行非法测绘和资源勘探。中国“雪龙”号第五次北极考察通过“北方海航道”时就曾被要求停止有关设备的运转，理由是防止外国在北极地区进行非法测绘和资源勘探。这种要求应该是来自俄罗斯的军方或安全部门。

当然俄罗斯军方有序地恢复和重建北极地区的保障基地、雷达设施、通讯设备、军用机场，加强军力部署，提升预警能力和快速反应能力对于开通“北方海航道”，推动北极地区各类经济活动也是不无裨益的。这种军民结合、军民共用的发展思路在俄罗斯新一轮北极开发中正在逐渐体现出来。

俄罗斯北极地区传统上分属 4 个军区，即列宁格勒军区、伏尔加乌拉尔军区、西伯利亚军区和远东军区。例如，从摩尔曼斯克州的别切基到涅涅茨自治区的乌斯季 - 科拉就属于列宁格勒军区；亚马尔 - 涅涅茨自治区则位于伏尔加乌拉尔军区；克拉斯诺雅尔斯克州归西伯利亚军区管辖；而萨哈共和国和楚科奇自治区是远东军区的辖区。2010 年，俄罗斯军队改革后，军区数量较前明显减少。目前，俄罗斯北极地区分属西部、中部和东部军区。

俄罗斯北极地区的军事力量主要集中在北方舰队司令部所在的摩尔曼斯克。北方舰队是俄罗斯海军中实力最强的一支舰队，舰艇数和兵员数均占俄罗斯海军的 2/3。它既是俄罗斯北极地区捍卫国土安全的保障，也是俄罗斯战略打击力量的重要组成部分。2013 年 1 月 10 日，955 型“北风之神”级战略导弹核潜艇首舰“尤里·多尔戈鲁基”号入编俄罗斯海军的仪式在阿尔汉格尔斯克州北德文斯克的“北德文斯克造船厂”举行。这个型号的核动力潜水艇将成为 21 世纪俄罗斯战略核力量的海上主力。根据规划，2020 年前俄罗斯将建造 8 艘“北风之神”级潜艇，其中 3 艘为 955 型，5 艘为 955A 型。

目前，俄罗斯北极地区的军用机场和码头设施的修复和扩建正在有条不紊地推进。2013 年年底，位于“北方海航道”中段新西伯利亚群岛上的“捷姆普”军用机场扩建工程竣工后立即投入使用。翌年 3 月 14 日，俄罗斯在新西伯利亚群岛举行了有近 4000 人参加的军事演习，这是 20 年来俄罗斯在北极地区进行的最大规模的军事演习。演习的主要目的是训练俄罗斯军队在北极严酷条件下的军事行动能力，以及完成搜救任务的能力。演习项目之一是占领机场的行动，由 350 人组成的小组在 40 分钟内占领了“捷姆普”机场。

俄罗斯强化在北极的军事存在，最重要的驱动力是化解以美国为首的西方国家从东、西、北三个方向对其形成的战略围困和挤压，保障俄罗斯在北极的地缘政治和经济利益。正如 2008 年 9 月，时任总统梅德韦杰夫在俄罗斯国家安全委员会召开的、题为“捍卫俄罗斯在北极的国家利益”的特别会议上所明确指出的：“我们必须可靠地捍卫俄罗斯在北极的长远国家利益。”①用拳头说话，用实力捍卫自身的长远国家利益，这是俄罗斯一以贯之的传统，也是俄罗斯在新形势下经营北极的首选。

二、应对北极地区的非传统安全威胁

冷战结束后，俄罗斯在北极地区面对的安全威胁日益多元化。与传统安全威胁相比，非传统安全威胁的比重明显上升。

近年来，尽管俄罗斯、加拿大、美国、挪威等环北极国家都没有松懈自身的防卫力量建设，依然保持着具有一定威慑能力的兵力，在北冰洋海域举行的军事演习也不曾中断过。但总体而言，包括美俄两国在内，有关

① Выступление на заседании Совета безопасности о защите национальных интересов России в Арктике http: //www. kremlin. ru/events/president/transcripts/1433（2017 年 9 月访问）

各国在北极地区军事活动的强度与冷战时期相比有明显下降。

没有任何迹象表明，环北极国家正在为未来可能在北极发生的武装冲突做准备。一是没有诱因。北极地区并不存在没有解决的、可能导致国与国之间兵戎相见的摩擦热点。二是代价太大。北极地区一年中大部分时间被季节性的冰盖封冻，自然条件极其严酷，部署经过专门训练的兵力、装备适应北极严寒条件的武器装备，需要的投入太大，成本昂贵。目前，美国和加拿大在北极地区没有常驻的海军舰队，只有为数不多的边防部队或海上警卫队；丹麦仅在格陵兰有一些微不足道的军事存在；挪威也只有几艘护卫舰和柴油潜艇。只有俄罗斯在北冰洋部署了一支编制齐全、由各类主战舰艇、辅助舰艇和海军航空兵构成的北方舰队。但它在苏联时期就已经部署在北极，是旨在抗衡美国军事威慑的战略打击力量。如今，它作为俄罗斯维护北极国土安全的核心力量。其舰艇数量已减少到冷战时期的1/8，军事演习的次数也缩减到原来的1/6，演习规模平均也只有原来的1/5①。

目前，北极地区面临的非传统安全威胁主要源自气候变暖、北极永冻冰消退、人类经济活动扩大等自然和人为因素带来的安全挑战。俄罗斯与其他环北极国家相比，由于幅员辽阔、地形地貌复杂，自然条件极端严酷，加上远离重要的工业中心，交通基础设施较差，面临的非传统威胁更加严峻。其中，由自然现象引发的问题包括：冻土层融化、山体滑坡、冰块漂移、暴风雪和强风侵袭等。由人类经济活动引发的紧急情况包括：核电站和核动力船只的反应堆泄漏，石油天然气管道破裂引起的泄漏和火灾，油气田和矿产资源开采和加工过程中的事故以及铁路、公路、航空运输事故、沉船事故等。目前，俄罗斯北极各主体境内应对各种自然灾害和事故的紧急救援队共有800支，18000余人，要涵盖跨度为数千千米的北极疆域显然是杯水车薪、心有余而力不足。

---

① В. Сергунин Реминитаризация Арктики и безопасность России,《Арктический регион: проблемы международного сотрудничества》, 1 – ый том, Российский совет по международным делам, хрестоматия в 3 томах. Москва, 2013.

为应对这种日益严峻的非传统安全威胁，俄罗斯主要从三个方面着手：

首先，立足自身的努力。俄联邦紧急情况部已着手建立“俄罗斯联邦北极地区自然与人为紧急情况后果监控、预防及消除系统”，以解决“在保护北极地区的自然环境，消除因人类日益增长的经济活动和全球气候变化造成的生态危害”问题[①]。

其次，是诉诸于国际合作。在俄罗斯的积极推动下，北极理事会分别于2011年和2013年通过了《北极搜救协定》和《北极海洋油污预防与反应合作协定》。在上述协议的框架内，俄罗斯积极履行自己的责任，并参加缔约国联合举行的空中和海上的搜救演习。俄罗斯还与美国等国的海岸警卫部队签订了定期举行双边合作演习的协议。此外，为封存和销毁核潜艇上的核反应堆和其他核材料，俄罗斯也一改过去严格保密、不让外人染指的做法，寻求与美国等北约盟国共同应对这一难题。2013年，北极理事会成员国签署了《北极海洋油污预防与反应合作协定》，这是有关各国在北极安全领域扩大合作的重要举措。俄罗斯希望通过加强与北极沿岸国家的合作，使得俄罗斯海岸警卫部队，紧急情况部和海军舰队的力量变成北极预防和应对紧急情况、制止非法活动的重要组成部分。

军事安全领域一向被各国视为禁地。1996年北极理事会成立时，创始国排除了在理事会框架内讨论北极军事等安全领域的问题。这一缺失导致了北极国家对其他缔约国的军事活动有所疑问时，无法通过制度化的渠道表达这些关切并寻求必要的回应。俄罗斯在坚定维护自身国家利益的同时，采取开放的态度，与环北极国家在军事安全领域建立信任措施，密切相互沟通和磋商，为北极地区的和平与合作奠定了良好的基础。2011年，北极理事会在加拿大举行缔约国武装力量总参谋长首次会晤。与会各国总参谋长商定，今后将每年举行一次会晤，

---

① И. Веселов Система комплексной безопасности населения и территорий Арктической зоны Российской Федерации,《Арктический регион: проблемы международного сотрудничества》, 1 – ый том, Российский совет по международным делам, хрестоматия в 3 томах. Москва, 2013

将有关军事安全领域的分歧和疑虑摆到桌面上来讨论，妥善解决相互间由于缺乏沟通而产生的问题和矛盾。

第二节　北极油气资源开发

俄罗斯是一个气候严寒、幅员辽阔的北方国家，确保燃料的长期稳定供应，对维系居民生活和国民经济正常运转是必不可少的。在俄罗斯的整个历史长河中，燃料供应链，尤其是油气资源的开采和利用在国家的经济和政治生活中占有重要地位①。俄罗斯能源产业既是支撑俄罗斯国民经济的支柱，是俄罗斯的主要财源，也是实现经济振兴的发动机。俄罗斯北极陆地和大陆架海域拥有极其丰富的自然资源，尤其是油气资源。在俄罗斯国家发展战略中，北极油气资源的开发占据重要的地位。

一、俄罗斯开发北极能源的动因

俄罗斯北极地区的能源开发始于 1964 年。当年，苏联在其西部北极圈以北亚马尔半岛的塔佐夫斯基地区发现了大型油气田“新港”，由此拉开了北极地区能源开发的序幕。到目前为止，俄罗斯北极地区共发现了 350 多个石油和天然气产地，其中，有不少储量惊人的超级油气田：如乌连戈伊、扬堡、波瓦涅科夫、熊岛、扎波利亚尔等。前三个产地的天然气产量占全俄天然气总产量的 90% 。在俄罗斯北极大陆架海域已探明的大型油气田有什托克曼、鲁沙诺夫、列宁格勒和多尔金等②。2014 年在喀拉海海域新发现的“胜利”油田的储量蔚为可观。

半个多世纪以来，俄罗斯北极西部地区业已建立起良好的工业和

① ［俄］C. З 日兹宁著，王海运、石泽译审：《俄罗斯能源外交》，北京：人民出版社，2006 年版，第 65 页。

② В. И. Богоявленский, Нефтегазотранспортные системы в Арктике. Арктические ведомости. 2014, №2（10）

生活基础设施，形成了能源工业产业链，并与俄罗斯西南部经济发达地区融为一体。苏联解体后的经济混乱年代和金融危机期间，占国家总人口不到2%的北极地区创造了11%的俄罗斯国内生产总值和全俄出口总量的22%，凸显其重要的经济开发价值①。

但是，苏联解体后的1991年至1998年间，俄罗斯钻探队实际上只在西欧、亚洲、非洲和南美洲的大陆架进行作业。1991年以后，北极地区的地质勘探工作基本中止，导致上世纪末俄罗斯北极大陆架勘测率很低。其中，巴伦支海勘测率为20%，喀拉海为15%，东西伯利亚海、拉普捷夫海和楚科奇海为0%。

进入21世纪后，在普京“强国富民”政策的推动下，俄罗斯整体实力在能源经济的带动下迅速增强，逐渐恢复到苏联解体前的状态。但是，2008年金融危机严重打击了俄罗斯经济复苏的步伐，能源经济模式的弊端日益显现。普京和梅德韦杰夫先后于2008年和2009年提出了“国家创新发展战略”和“现代化战略”，试图走出能源经济的困局。但是，能源和资源产业毕竟是俄罗斯的主要创汇来源，只有在不断开发新能源基地的基础上，才能逐渐推进俄罗斯经济结构的转型升级，使俄罗斯真正走上创新发展的现代化轨道。

在未来的几十年内，俄罗斯经济实现增长的主要途径仍是“开采、加工和利用矿物原料”，国家现代化战略的实施更需要出口能源资源换取财政支持。因此，北极油气资源开发被提上国家议事日程。2003年，普京批准了《2020俄罗斯能源战略》。2009年，普京在2003年能源战略文本基础上修改并批准了《2030俄罗斯能源战略》，明确了俄罗斯北极地区油气资源在国家能源战略中的地位。

俄罗斯开发其北极资源面临的外部挑战是：

第一是针对北极海域和资源的争夺日益激烈。2007年俄罗斯在北极俄罗斯插旗举动引发环北极国家美国、加拿大、丹麦、挪威的极大不满，5国围绕北极主权的角逐白热化，纷纷向联合国大陆架界

① Проект Концепции устойчивого развития Арктической зоны РФ представлен в Москве. https://regnum.ru/news/592839.html（2017年9月访问）

限委员会提出扩大外大陆架的申请。2008 年，美国国家地质勘探局公布的有关北极地区拥有丰富油气资源的调查报告后，北极地区成为全球石油大亨们关注的焦点。世界大型石油天然气企业竞相进入北极地区，展开了一场热火朝天的勘探大战。俄罗斯北极地区的油气资源开发虽然前景看好，但是俄罗斯过去主要在陆地开采油气资源，大陆架资源的勘探和开发工作滞后，导致开发技术落后，无法与那些大陆架油气资源开发经验丰富的美欧等国相比。因此，俄罗斯开发北极大陆架油气资源需要联合拥有强大技术实力和财力的美欧大型油气公司，共同合作开发，以期在北极能源资源开发中掌握先机。

第二是美欧在克里米亚危机后的对俄经济制裁。2013 年年底爆发的乌克兰危机触及俄罗斯的核心利益，对俄罗斯的国家利益直接构成挑战和威胁。美欧借乌克兰危机和克里米亚事件打压和制裁俄罗斯，导致美欧大型石油企业被迫中断与俄罗斯在北极大陆架等油气领域的合作，已经启动的项目也被迫中止，俄罗斯北极开发国家战略的实施蒙上阴影。除此之外，气候变暖，永冻冰融化使得俄罗斯北极疆域的自然安全屏障消失，将俄罗斯辽阔的北部领土和海域与美国及其盟友之间区隔开来的北冰洋在进入夏季后绝大部分海域已经没有冰盖。俄罗斯北部疆域的安全形势极其严峻。而且，由于美国迟迟不签署《联合国海洋法公约》，其战略核潜艇不断在北冰洋海底巡弋，对俄罗斯的北方边界形成遏制态势。如果乌克兰危机持续发酵，那么势必将引发俄美在北冰洋海域的战略对持。在这一战略态势下，俄罗斯需要振兴其北极地区，提高整个北部疆域的安全防御和应对未来可能出现的安全挑战的能力。

第三是面临气候变化和环境挑战。全球气候变暖加速北极冰盖的融化。2008 年夏季，北极航道历史上第一次全线冰盖消融。北极资源开发和航道利用从理论变为现实。但是北极地区的生态系统是地球上最脆弱的生态之一，自我修复能力不强。如果北极生态遭到破坏，不仅对北极众多物种的影响巨大，而且很可能导致不可预测全球性的生态变化。随着北极地区人类生产经营活动的进一步增加，自然和技术性突发事件对北极自然环境和生态环境将造成极大的危害，甚至是不可逆转的。俄罗斯科学家的研究结果表明，俄罗斯北极地区能源企业和矿产业的发展对周边地区的环境已经造成很大的影响，15%的俄罗斯北极面积被测出受到严重的污染。[①]因此，北极大陆架海域的油气资源开发领域面临更大挑战。

二、俄罗斯北极油气资源开发的举措

2014 年 12 月，俄罗斯科学家根据最近几十年对北极地区及其大陆架海域的地质层进行勘探的结果，认为北极地区潜在的油气资源储量不少于 2860 亿吨[②]。俄罗斯北极能源资源的开发潜力巨大。

俄罗斯北极地区已探明的油气田主要位于巴伦支海和喀拉海大陆架海域及其周边区域，其中喀拉海海域、伯朝拉海域和相邻的亚马尔地区蕴藏着极其丰富的油气资源。主要的资源产地参见本书第二章北极资源潜力那部分内容。

21 世纪初，俄罗斯北极新一轮能源资源开发主要集中在亚马尔半岛及其周边地区和海域。早在 1969 年，俄罗斯在亚马尔地区就建造了北极地区第一条天然气国内管道。40 多年来，亚马尔及其周边地区开采并输送了超过 16 万亿立方米天然气，其中一半天然气来自亚马尔的波利亚尔内产地。据统计，迄今为止，俄罗斯北极地区油气资源开采和运输总量超过阿拉斯加、加拿大和挪威北部地区油气总和的 3.5 倍[③]。2012 年 10 月，俄罗斯天然气工业股份公司在位于北纬 70.5°的亚马尔波瓦涅科夫产地新建成一条直径 14.2 米、长度约 1100 千米的“亚马尔 – 乌赫塔”输气管道对外输送天然气。“亚马尔 – 乌赫塔”天

① Боярский П., Великанов Ю., Павлов А. Арктику пора спасать. Нефть России. 1999. №3.

② Запасы нефти и газа в Арктике оценили в 286 млрд тоннhttp://www.arctic-info.ru/news/17 – 12 – 2014/zapasi-nefti-i-gaza-v-arktike-ocenili-v – 286 – mlrd-tonn（2017 年 9 月访问）

③ В. И. Богоявленский, Нефтегазотранспортные системы в Арктике. Арктические ведомости. 2014, №2 (10).

然气管道的建造难度大，技术要求高且复杂，这条管线将连接亚马尔半岛地区其他几大天然气产地，并将这些产地生产的天然气通过该管道对外输气。目前，亚马尔地区正在进行的“亚马尔液化气”项目是一个集开发、生产、运输为一体的大型能源综合性项目。根据“亚马尔液化气”项目规划，2017 年将完成液化气厂第一期工程的建设任务，并投入生产，生产的液化气主要经由北方海航道运往亚洲和欧洲市场。2017 年 12 月 8 日，该项目一期工程按计划完成，投入生产。亚马尔半岛北面的喀拉海大陆架海域的三大地块是俄罗斯北极能源开发领域的另一个重大油气开发项目。2014 年 9 月，在俄罗斯石油公司和美国埃克森美孚公司的共同努力下，在这一地区成功地发现了油气储量巨大的“胜利”油田。根据俄罗斯科学家的分析，这里石油质量好，油气储量堪比墨西哥湾。2016 年 9 月 21 日，位于亚马尔 - 涅涅茨自治区的格达半岛梅索亚赫河流域的东梅索亚赫油田正式投产，这是俄罗斯陆地最北段的油田，该油田外运交通和基础设施已全部完成，未来将经由东西伯利亚 - 太平洋输油管道向国内外市场供油。

早在 2013 年，普京就表示俄罗斯北极地区油气资源的开发将改变全球能源市场的力量排序。“亚马尔液化气”项目、“胜利”油田的发现和东梅索亚赫油田正式投产无疑为普京的这一论断提供了事实依据。

俄罗斯联邦政府控制北极能源的开发和利用。普京政府经过十几年对国内能源企业的收购和整合，通过出台相关法律，压缩国外投资者在俄罗斯能源企业中的份额，逐渐收回对俄罗斯境内主要能源基地的控制权。普京政府高度重视俄罗斯北极地区油气资源的开发和利用，为此采取了许多措施。

首先，普京在总理任期和总统第三任期内出台了一系列有关北极能源开发的政策和规划。2009 年，普京批准的《2030 俄罗斯能源战略》中，明确了俄罗斯北极地区油气资源在国家能源战略中的地位。《2030 俄罗斯能源战略》提出，要将俄罗斯能源开采、加工和出口中心向国家的北部和东部转移，形成能源稀缺与能源富足地区新的、合理的产业布局①。同年公布的《北极政策》将俄罗斯北极地区视为保障国家社会经济发展的战略资源基地。2013 年《北极战略》和 2014 年《北极纲要》则进一步阐述了北极能源开发的重要性，再次强调了“要建立俄罗斯联邦北极地区的资源储备基地，保证国家能源安全和能源综合体长期稳定发展，以应对 2020 年后传统开采地产量的下降局面”。为了完成这一战略目标，“实施将俄罗斯联邦北极地区与其他开发地区连成一体的大型基础设施项目，开发季马诺－伯朝拉油气田地区和巴伦支海域、伯朝拉海域、喀拉海海域、亚马尔和格达半岛大陆架油气资源新产地。”同时为了解决北极地区能源的运输和出口问题，要“完善北极大陆架资源开发地区的交通基础设施，实现俄罗斯能源出口国际市场多渠道。”② 2013 年 9 月，普京在第三届“北极—对话之地”国际论坛上强调：“北极掀开了工业突破、经济和基础设施急速发展的历史新篇章。俄罗斯北极地区正加紧勘探天然气、石油、矿物资源新产地；建设大型交通、能源设施；复兴北方海航道。”③俄罗斯为了吸引国外投资者投资北极油气项目，于 2014 年 6 月出台了《东西伯利亚、亚马尔、涅涅茨自治区、日本海等地油气资源开采税优惠法》，对新开发的大型油气田实行免征出口税等优惠政策。

其次，普京任总统后，俄罗斯不断修订和完善国内立法加强联邦政府对自然资源的控制力度，先后出台了《地下资源法》修正案、《矿产资源法》《天然气出口法》和《液化气出口》规则等法律文件，极大地加强了国家对能源和资源产业的垂直控制。普京在总统第二任期内大力推行集约化和国有化，通过重组和合并，组建起集石油勘探、开采、加工和销售于一身的垂直一体化大型石油集团公司，进一步加强了国家对资源的控制。为提高国有油气资本的集中，

---

① Энергетическая стратегия России на период до 2030 года https://minenergo.gov.ru/node/1026（2017 年 9 月访问）

② Стратегия развития Арктической зоны Российской Федерации и обеспечения национальной безопасностина период до 2020 года（参见附件二）

③ Выступление на пленарном заседании III Международного арктического форума《Арктика-территория диалога》（参见附件八）

俄罗斯政府采取司法、行政和市场等多种手段，强行将寡头和外企控制的能源企业控股权低价拍卖给国有公司，从而造就了两家由国家控股的大型国有石油公司和天然气公司——俄罗斯石油公司和俄罗斯天然气工业股份公司，这两家公司业已成为世界能源舞台上主要的石油和天然气供应商。

再次，加强联邦政府对北极地区陆地和海域的行政管理。2014 年 5 月，俄罗斯发布《俄罗斯联邦北极地区陆地领土》总统令①，从法律上划定俄罗斯北极陆地疆域，将北极陆地和北冰洋海域划分为两个既独立又统一的行政区域，由联邦政府统一控制和管理。在联邦政府的直接参与和管控下，俄罗斯北极地区油气资源的开发权，特别是大陆架海域油气资源开发权主要由俄罗斯两大国有企业俄罗斯石油公司和天然气工业股份公司瓜分。截止 2014 年底，两家公司共拥有北极地区 113 个油气开发许可区块中 75.4% 的地块，其总面积达 94%，相当于

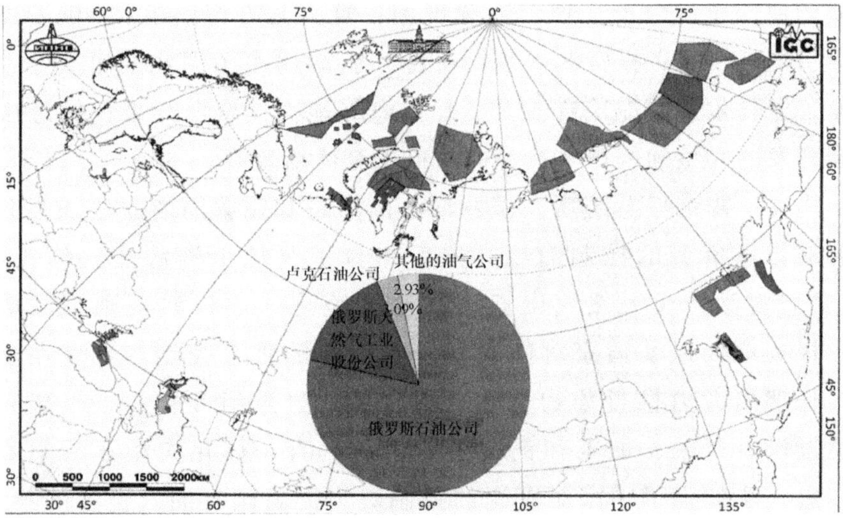

图 3—1　俄罗斯石油公司和天然气工业股份公司等油气公司获得的大陆架油气田开采许可权的比例

---

① Указ Президента РФ от 02. 05. 2014 N 296 " О сухопутных территориях Арктической зоны Российской Федерации" （参见附件三）

175 万平方千米①。除此之外，只有诺瓦泰克和卢克石油等少数几家私营油气公司参与北极陆地和大陆架油气项目的共同开发。

三、俄罗斯北极能源开发前景

20 世纪初，俄罗斯因国际能源价格暴涨，经济得以迅速恢复和增长，2008 年基本恢复到苏联解体时的状态，但是，俄罗斯综合国力的提高并未改善其以能源资源出口为导向的经济增长模式，俄罗斯经济仍为能源经济模式。2012 年普京曾撰文表示，至少在 21 世纪上半叶，俄罗斯的能源和矿产资源将对国家经济发展、安全和现代化起到至关重要的作用。②因此，俄罗斯北极地区新能源基地的开发对俄罗斯的经济和未来发展意义重大，这一地区将取代俄罗斯传统产地成为 21 世纪俄罗斯的主要能源基地。但是，应该看到，俄罗斯在北极地区进行的新一轮能源开发所面临的问题和挑战也是相当艰巨的，主要表现在以下几个方面。

一是生态安全问题。北极独特的自然环境和生态系统在气候变暖和人类活动增长的趋势面前十分脆弱。油气溢出是开发北极油气资源最严重的挑战。与地球上其他海域相比，在极地冰区发生的油气溢出以及开采人员和设备带来的污染更加难以清理，北极生态系统的自我修复能力也更加缓慢。这些污染和排放将给脆弱的北极生态系统带来严重的后果。2010 年墨西哥湾漏油事故造成了巨大的环境和经济损失，假如这种事件发生在北极地区，其后果将是灾难性的。因此，北极油气资源开发利用和生态环境保护这对矛盾是俄罗斯北极能源开发所面临的最大挑战之一。

二是技术和设备问题。在北极冰区及其大陆架海域环境中提取资源不是一个单纯的问题，需要相应的技术和设备。俄罗斯在油气资源

---

① В. И. Богоявленский, Нефтегазотранспортные системы в Арктике. Арктические ведомости. 2014, №2 (10).

② Путин: О наших экономических задачах http: //er. ru/news/73145/ (2017 年 9 月访问)

开发领域注重陆地开发而忽视大陆架开发，其结果是大陆架油气资源开发的技术、设备和经验落后于美欧等国际大能源集团。尽管俄罗斯拥有研究和开发大陆架资源所需的制造基础，但是需要引进和借鉴外国先进的技术和经验，例如在大陆架海域复杂冰层和极端气候条件下开采油气的高价值的先进技术等。

三是资金问题。北极陆地和海域的油气田项目的投资要比其他低纬度陆地和海域同样项目投资高出很多。例如，在北海水域开采油气的成本要远远低于在喀拉海大陆架油气田的开发。俄罗斯北极陆地和大陆架油气资源的开采和运输需要巨额资金投入。20 世纪动荡的 90 年代破坏了苏联时期业已建立起来的北冰洋沿岸基础设施和交通运输、通讯网络，重新恢复并扩建这些基础设施和运输通讯网络是一项需要大投入的艰巨任务。

四是能源价格变动和美欧制裁因素影响。世界性经济危机导致能源需求和能源价格下跌。国际市场能源价格变动对俄罗斯能源出口战略造成直接影响。北极油气资源开发成本高，国际油价持续下滑等因素将严重影响俄罗斯经济的发展。俄罗斯北极油气开发是受美欧制裁影响最大和最直接的领域，美欧石油企业被迫中断或减少与俄罗斯在北极等地的能源合作项目，对俄罗斯获取相关技术和设备，以及投资设置了障碍。

尽管北极地区油气资源的开发面临诸多问题和困难，但是 21 世纪全球经济的发展需要北极丰富的能源资源。世界老资源产地经历了几十年的开发，已经在许多地区出现产量下降问题。例如，白海和俄罗斯西西伯利亚许多产地生产量均开始走下坡路，急需开辟新资源产地取而代之，以满足全球经济发展的需要。科技创新，新能源的出现虽然与石油天然气等传统能源形成一定的竞争，但是它们无法取代传统能源在全球经济发展中的地位和作用。根据多方预测，2030 年之前，世界对能源的需求与 21 世纪初相比可能增长 60%①。

---

①［俄］C. 3 日兹宁著，王海云 石泽译审：《俄罗斯能源外交》，人民出版社，2006 年版，第 7 页。

普京执政期间，俄罗斯大力推行欧亚并重、东西方兼顾的“双头鹰”平衡政策，这一政策在能源领域表现得尤为突出。美欧制裁迫使俄罗斯转向全球经济发展迅速的新兴市场经济体，能源消耗最大的亚太地区。亚太地区，特别是经济发展突飞猛进的东北亚国家为了本国经济的可持续发展和安全，谋求能源进口的多元化，寻求与俄罗斯的能源合作，希望参与俄罗斯北极地区新能源基地的开发合作。俄罗斯加强与这些新兴经济体国家在能源领域的互利合作关系，即可弥补美欧企业暂停合作造成的损失，又可为亚太国家能源进口多元化提供安全保障，这种局面符合双方的各自利益需求。因此，俄罗斯北极能源拥有很大的发展空间，其前景不可限量。

北极冰原和大陆架油气资源开发对人类而言是一个尚未完全掌控的领域，虽然人类已经在相关技术和领域取得了巨大的成就，但是北极地区的不解之谜仍需要我们不断地对其进行探索和研究。北极油气资源开发势必将推动极地海洋资源开发新技术和环保新技术的创新研究。北极地区丰富的油气资源既是资源所在国的财富，也是地球的财富。俄罗斯科学家认为，目前世界尚无一国拥有在永冻冰条件下进行油气勘探和开采的设备和技术，人类应该学会这一技术。因为，21 世纪下半叶，不仅是俄罗斯，而且是整个人类世界需要北极的油气资源①。

第三节 经略“北方海航道”

俄罗斯北极交通运输系统包括商业和科考船队、交通枢纽（海港和空港）、船运交通（“北方海航道”和子午线河运）、铁路交通以及极地航空运输等。该系统的基础是“北方海航道”（Северный морской путь）。俄罗斯联邦政府决心将“这一航道建设成为最重要

① Запасы нефти и газа в Арктике оценили в 286 млрд тонн. http：//www. arctic-info. ru/news/17 – 12 – 2014/zapasi-nefti-i-gaza-v-arktike-ocenili-v – 286 – mlrd-tonn（2017 年 9 月访问）

的，具有全球意义和全球规模的贸易航线之一”①。

“北方海航道”的概念最早出现于1932年苏联政府的文件中，当年，“亚历山大·西比利亚科夫号”破冰船用一个航期完成了从西到东沿“北方海航道”穿越北冰洋的商业航行。1991年出台的《“北方海航道”海上航行规则》中，俄罗斯官方对该航道的正式定义是：“‘北方海航道’位于苏联（俄罗斯）内海、领海（领水）或者毗连苏联（俄罗斯）北方沿海的专属经济区内的基本海运线，它包括适宜船舶破冰航行的航程，西端是新地岛海峡的西部入口和沿子午线向北航行绕过新地岛北端的热拉尼耶角，东到白令海峡北纬66°与西经168°58′37″（即普罗维杰尼亚湾）处”。2012年颁布的《俄罗斯联邦关于“北方海航道”水域商船航运国家管理相关法律法规联邦修正案》中指出，“北方海航道”是历史上形成的俄罗斯联邦国家交通干线。②

国际社会认定的北冰洋东北航道比俄罗斯的“北方海航道”更长。东北航道的概念是：西起冰岛，经巴伦支海、喀拉海、拉普捷夫海、新西伯利亚海、楚科奇海到东北亚白令海峡的系列航线，该航线被新地岛、北地群岛、新西伯利亚群岛、弗兰格尔岛等岛屿加以分割，经过的主要海峡有维利基茨基海峡、绍卡利斯基海峡、德米特里·拉普捷夫海峡和桑尼科夫海峡等。③而“北方海航道”的航行线路不包括从冰岛到巴伦支海海域新地岛西侧的喀拉门海峡的那段航线。

“北方海航道”从喀拉门海峡到普罗维杰尼亚港的总长度约为5600千米，途经的最主要港口分别是克拉斯诺亚尔斯克边疆区的伊加尔卡、迪克森港和杜金卡港，萨哈共和国（雅库特）的季克西港和楚科奇自治区的佩韦克港和普罗维杰尼亚港等。沿这条航线从圣彼得堡到海参崴的距离是14000千米，而从圣彼得堡经苏伊士运河到海参崴

---

① Выступление Путина на втором международном арктическом форуме《Арктика-территория диалога》（参见附件七）

② Федеральный закон от 28 июля 2012 г. N 132 – ФЗ" О внесении изменений в отдельные законодательные акты Российской Федерации в части государственного регулирования торгового мореплавания в акватории Северного морского пути"（参见附件五）

③ 郭培清等著：《北极航道的国际问题研究》，第24页。

的航线距离则超过 23000 千米。两条航线相比，经“北方海航道”航行的距离大大地缩短，对未来全球海运业的现状意义重大①。

“北方海航道”的建设大致分为三个时期：一是沙俄帝国时代，从16 世纪到苏联建国是探索与初步建设阶段。二是苏联时期和苏联解体后十年。这一时期包括三个阶段：第一，从 1932 年至 20 世纪 50 年代是航行管理机构与船队、港口发展阶段。第二，从 20 世纪 50 年代初到 20 世纪 70 年代末是北方海航道夏秋季航行建设阶段。第三，20 世纪 70 年代末到 20 世纪末原定是建设全年航行能力阶段，但进入 90 年代后“北方海航道”的建设基本上处于停滞状态，缺乏有效、统一的国家管理，取而代之的是由沿途各行政区的分割管理，疏于经营。三是从 21 世纪初开始至今，“北方海航道”的恢复性发展和现代化建设时期。

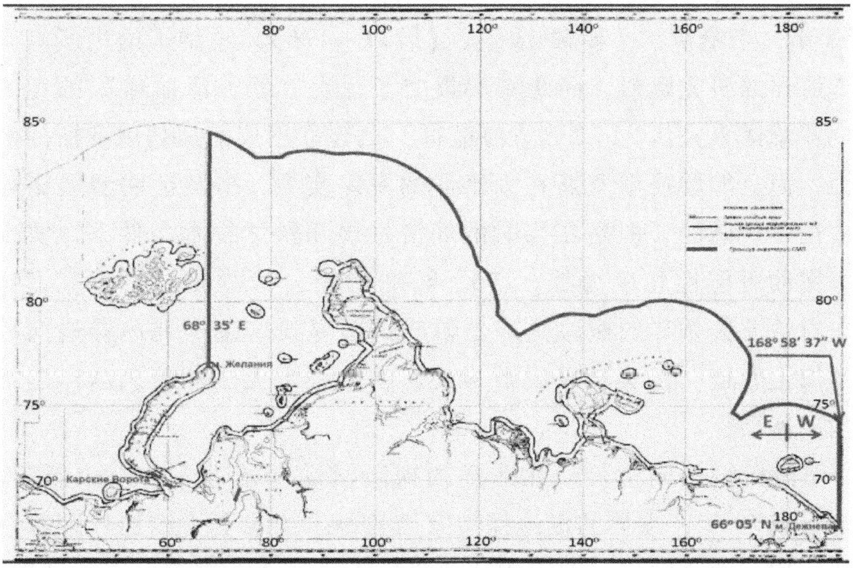

图 3—2　“北方海航道”水域图（“北方海航道”管理总局网站提供）

---

① Конышев В. Н. Сергунин А. А. Арктика в международний политике. Москва, 2011, сгр. 54.

一、沙俄帝国：北冰洋海上通道的兴起

早在1525年，沙皇伊凡三世的公使德米特里·格拉西莫夫编制了第一个“北方海航道”方案和首张北冰洋沿岸海图。16世纪50年代，莫斯科组织了第一次海洋考察队寻找通往中国的海上通道。格拉西莫夫绘制的海图在17世纪初的“北方海航道”的开发，鄂毕湾贸易站和曼加泽亚港的建设中发挥了重要的作用。1648年，俄国航海家、哥萨克人谢敏·杰日尼奥夫（1605－1673）发现了分割亚洲和美洲的海峡，他比维图斯·白令到达白令海峡的时间早了整整80年①。

彼得一世组织的“北方探险远程”（1725－1743）开启了俄国历史上最重要的北疆地理开拓纪元。这次远征完成了从伯朝拉海到白令海峡之间北冰洋及其沿岸的海图绘制，共绘制和出版了64张海图。1763年，米哈伊尔·罗蒙诺索夫（1711－1765）总结了国内所有有关北方海洋的研究资料，向海军部提交了开发“北方海航道”的相关方案。罗蒙诺索夫认为，“北方海航道”的建立不仅能加强俄罗斯的经济能力，而且能增强俄罗斯在太平洋的军事实力。事实证明罗蒙诺索夫的看法是正确的，但是在当时的经济发展和科学技术条件下，实现这一方案的可能性几乎为零。1765年和1766年，根据这一方案，帕维尔·奇恰戈夫领导的探险队乘坐帆船试图寻找这条“北冰洋通向勘察加的海上通道”的尝试以失败告终，帆船根本无法冲破北冰洋连绵不断的厚冰层。

蒸汽机帆船问世后，北冰洋的探险活动开始进入了一个新阶段。1878－1879年，瑞典的极地探险家诺登舍尔德乘坐“维加号”蒸汽机帆船，用了两个航季，首次成功地完成了穿越“北方海航道”的航行，成为北冰洋东北航道的开拓者。

---

① 2016年8月29—9月2日，在俄罗斯举行的第六届“北极理事会成员国高层代表”国际论坛上，俄罗斯核动力破冰船队官员的发言稿“Ледокольное обеспечение крупнейших национални арктических углеводородных проектов”。

在“北方海航道”开发史上，俄国的斯捷潘·马卡洛夫海军上将具有特殊地位。他根据多年的航海经验，认为北冰洋东部没有数米厚的冰层，借助破冰船完全可以航行。1897 年，他在给海军部的报告中指出，北极商业航行不仅可以借助破冰船实现，而且在必要情况下，俄国海军舰队经由这条航线向太平洋运送军力，是距离最短，最安全的通道。在马卡洛夫的直接参与下，1898 年 10 月 17 日，俄国在英国建造了世界上第一艘大功率破冰船“叶尔马克”号，北冰洋船舶航行进入了一个新的发展时代。

1905 年，俄国海军第二太平洋舰队在对马海峡遭到日本海军伏击全军覆没的悲惨事件在俄国国内产生巨大反响。1912 年，分别由弗拉基米尔·卢沙诺夫、格奥尔吉·谢多夫和格奥尔基·布鲁西洛夫率领的俄国极地考察队先后两次试图穿越“北方海航道”，结果两次尝试均以失败告终。1913 – 1915 年，俄国再次组织大型水文地理考察队乘坐两艘蒸汽动力破冰船“泰梅尔”号和“瓦伊加奇”号进行了穿越“北方海航道”的航行。整个航程由两个航季完成，中途在泰梅尔半岛的切柳斯金角过冬。在瑞典人首次完成穿越这一航道 20 多年后，俄国船舶终于成功地完成了穿越“北方海航道”的航行任务，开启了俄国船舶穿越北冰洋的新纪元。这次对北冰洋的水文地理考察可以被认为是俄罗斯对北极地区进行系统研究的开始。从此，俄国每年组织考察队从符拉迪沃斯托克出发，逐年沿北冰洋航线向西推进，并在楚科奇海、东西伯利亚海、拉普捷夫海和喀拉海完成了内容广泛的海洋及其他观测和考察任务。①

第一次世界大战期间，北冰洋物资运输的实践证明了“北方海航道”对俄国的价值和意义。1915 年，俄国为了对付德国海军对波罗的海的封锁，开始建设摩尔曼斯克海港连通彼得格勒（圣彼得堡）的铁路。在此之前，俄国北方海域海上军事运送基地只有阿尔汉格尔斯克港，来自英国、法国和美国的援助物资都是经由阿尔汉格尔斯克港运往西部前线，这条运输线比从俄罗斯中部地区经由符拉迪沃斯托克从

① Российский совет по международным делам《Арктический регион: проблемы международного сотрудничества》, Москва, 2 том, стр. 384

南部海域运送物资要快3至4倍。①

在沙俄帝国时期，“北方海航道”作为国家常年运输干线的想法因破冰保障缺失而无法实现。

二、苏联时期和俄罗斯前十年的航道建设

苏联时期，北极海上运输系统的发展是北极开发成功的目标之一，是这一地区国防政策得以贯彻的重要手段。为了达到这一目标，苏联花费了巨大的财力和人力。1918年7月2日，苏联人民委员会（苏联中央政府）通过决议，拨款100万卢布用于研究和开发北冰洋“北方海航道”的考察研究工作。1919年5月21日，苏联北方区临时政府通过决议，成立组织西伯利亚海洋考察的跨部门委员会。1920年，苏联开始了对鄂毕河、叶尼塞河、勒拿河等自南向北流入北冰洋的河流流域的水文地理考察工作，最初的领导人是著名航海家，地理学家康斯坦丁·涅乌波科夫少将。在他的领导下，科学家们探索了北方河流与北冰洋河流海洋联运的情况等。1921年，考察队完成了勒拿河从雅库茨克到北冰洋河口的线路图的绘制，以及对季克西海湾的测量工作。同年3月10日，国家通过法令，成立专门研究北冰洋及其内陆河流的海上浮动科研所。在苏联时期的北极地区发展和航道建设中，苏联海军水文地理署做出了巨大的贡献。1923年，苏联海军水文地理署在新地岛建立了无线电站，组织了对喀拉海东北部的水文地理考察。在进行上述考察研究的同时，苏联组建起保障“北方海航道”的物质技术、破冰、水文气象和通航管理机构，以及“北方海航道”系统中民用部分的建设。在随后的十年期间内，苏联在其北冰洋沿岸和岛屿上共建立起19个极地无线电气象站。

1932年是“北方海航道”建设值得纪念的里程碑的年份，当年，“亚历山大·西比利亚科夫号”破冰船仅用了一个航季完成了沿“北

① Ю. Ф. Лукин. Российская Арктика прирастает отсровами, 《Арактика и Север》, №18. 2015, стр. 65

方海航道”从阿尔汉格尔斯克到白令海峡的航行。1934 年，“费多尔·利特克”破冰船从东到西完成了该航线的反向航行。1932 年 12 月 17 日，“北方海航道”管理总局（1953 年更名为“北方海航道”行政管理局，隶属于苏联商业航运部）成立，其任务是提供“北方海航道”交通运输的船舶、破冰船和航空保障，建设海港、飞机场、居民点、极地站和开采矿产资源，组织沿北方河流的物资运送，建立驯鹿业、畜牧业和渔业等生产机制，以及开展综合性的极北和北极地区的科学研究。因此，在政府的大力支持下，北极地区充满机遇的工作条件吸引了大批的海河运输、航空运输，通讯、建设、水文地理和水文地质的专业人员，以及各种知识领域的科学家们来到这里开拓职业新天地，苏联北方地区迎来了全新的发展时期。

1936 年初，苏联政府通过了在北冰洋冰面上建设浮动科学考察站的计划，1937 年 5 月 21 日，苏联在北极建立起第一个“北极 -1”号浮动科学考察站。“北极 -1”号浮动科学考察站带来了珍贵的有关北极水、冰、空气、磁场可变性的规律，以及冰水中海洋生物体多样化等新知识，填补了国际社会在该领域的空白。

第二次世界大战爆发初期，苏联北方地区已经建立起牢固的工业和自然资源基地，“北方海航道”已基本具备进行正常的海上运输和军舰穿越航行的能力。二战期间“北方海航道”发挥了重要的作用，许多军事补给物资从苏联东部地区经由这一航道投送到西部战场。战后冷战时期美苏矛盾达到极点，北极的军事和政治合法性问题激化，苏联被迫加强北方舰队和太平洋舰队，将太平洋和北极海域作战区域联成一体。从 1949 年开始苏联每年在“北方海航道”上进行专门的军舰航行试验。1959 年 12 月 7 日，世界上第一艘核动力水面舰艇“列宁”号核动力破冰船投入使用。这艘核动力破冰船能够在北极地带十分恶劣的条件下护送船队，缩短护送船队的时间，而且几乎可以全年沿整个北极地区实施导航。核动力破冰船的诞生极大地提高了苏联在北冰洋海域的行动和防御能力。

苏联在“北方海航道”建设中投入的财力和人力非常巨大，为实现收支平衡，1967 年，苏联海军部向国际航运界开放“北方海航道”，希望通过收取引航服务的收入来弥补巨额的支出，但是没有一艘外国船只愿意接受苏联海军部提供的“北方海航道”引航服务。主要原因是西方船业公司认为苏方有关船舶沿“北方海航道”航行的安全和经济性的相关信息太少。但更重要的原因是东西方对峙的冷战格局影响了商业的正常运作。1987 年，戈尔巴乔夫发表的被称之为“摩尔曼斯克宣言”的讲话，向外界传递出苏联已经准备好按国际规则向外国船只提供破冰船引航工作的积极正面的信息，为“北方海航道”的国际运输提供了推动力。

苏联解体后的 1991 年，在“摩尔曼斯克宣言”的基础上，苏联的继承者俄罗斯公布了《北方海航道航行规则》。随后，每年超过 10 艘外国船只使用“北方海航道”将燃料和商品等物资运送到苏联的北极地区。俄罗斯在每个航季向外国船只开放位于“北方海航道”沿线的 40 多个港口和停靠站。当时，外国船只沿“北方海航道”的商业过境航行尚未开启，但是，国际船业公司对“北方海航道”的兴趣远大于北极“西北航道”。

1992 年是“北方海航道”通航 60 周年（以 1932 年“北方海航道”管理总局成立为标志）。这一年，在“北方海航道”上航行的俄罗斯船舶有 7 艘核动力破冰船、8 艘柴油机破冰船、1 艘“北方航路”核动力驳船和 130 多艘冰级运输船，每年的货运量超过 600 万吨，是北极地区其他国家每年货物运输总量的 5 倍[①]。北冰洋海上航行的总协调者是“北方海航道”管理总局，具体指挥船舶海上航行的总部设立在迪克森（西部方向）和佩韦克（东部方向）。在 20 世纪 90 年初，北极已经初步建立起海上通航和水文气象保障系统，一定程度上提高了船舶在冰区条件下航行的安全性和穿越能力。“北方海航道”作为连接俄罗斯东西部地区的重要环节是俄罗斯极北地区社会经济最重要的组成部分。该通道将内陆几条大河连接成一个统一的运输网络，是俄

---

① В. Пересыпкин, А. Яковлев: Северный морской путь в проблеме международных транспортных коридоровhttp：//www. rostransport. com/transportrf/archiv/text. php？ ID = &pdf = 10460（2017 年 9 月访问）

罗斯北极沿岸地区唯一的运输手段，为北极地区和国防建设运送了大量物资。

从1993年开始，“北方海航道”国际项目的研究列入《1993－2000年俄罗斯商业舰队振兴国家纲要》。俄罗斯科学家与挪威、日本和其他有兴趣国家的科学家共同研究了欧洲－北美－东南亚国家跨大陆海上运输的发展前景。在综合分析北极海上运输系统及其货物中转基地的基础上，通过比较苏伊士运河和巴拿马运河航线，对“北方海航道”的竞争能力给出了乐观的评估，这条航线比另2条国际航线缩短10－15昼夜。

但是，90年代初俄罗斯以“休克疗法”为中心的经济改革导致了国民经济的严重滑坡。由于资金缺乏，该《国家纲要》基本搁置。由于缺乏资金建造新的破冰船和冰级船舶，修建北极港口和维护港口基础设施，“北方海航道”的建设一度陷于停顿。自1937年到1991年，苏联共在北极地区设立过31个浮动科学考察站。由于联邦政府财政拮据，最后一个浮动科学考察站“北极－31”于1991年7月被迫关闭，俄罗斯在北极的科学考察工作不得不宣告中断。

三、21世纪“北方海航道”的复兴

21世纪初，“北方海航道”的商业价值因北极冰盖融化和资源开发急速提升。“北方海航道”作为俄罗斯连接其欧洲部分与远东的3条运输走廊之一（另两条是西伯利亚大铁路和横贯俄罗斯的空中航线），在国家振兴发展战略规划中拥有举足轻重的地位。由于20世纪90年代的经济困难，国家财政停止拨款，“北方海航道”全年通航计划非但没有实现，其整体运输结构反而遭到了破坏。由于航运公司和港口实现自由化的结果，拥有几十年良好航行记录的“北方海航道”交通系统处于崩溃状态。1999年，“北方海航道”的年货运能力下降到160万吨，在北冰洋东部区域货运量下降了40倍，仅为3万吨。而苏联解体前的1987年“北方海航道”的年货运量高达

650万吨左右①。

进入21世纪后，普京出任俄罗斯总统，制定了“强国富民”的国家振兴发展战略规划，北极发展战略是其中最重要的环节之一，而北极运输系统的全面恢复和现代化建设是北极发展战略得以实现的主要基础之一，为此，俄罗斯在北冰洋航道建设和利用上采取了一系列措施。

（一）制定国家政策和发展纲要，明确“北方海航道”的建设任务和未来定位

《北极原则》《北极战略》和《北极纲要》对俄罗斯北极地区的综合开发制定了明确目标和完成期限。其中在航道建设领域，突出现代化改造和建设北极航道运输基础设施，复兴北极航道。“发展统一的俄罗斯联邦北极交通系统，将其作为全年通航的国家海运干线，包括‘北方海航道’及子午线河运和铁路，以及航空网”②。俄罗斯计划将“这一航线变成最重要的具有全球意义和规模的贸易航线之一”，“它有能力在服务成本、安全性及质量方面与传统贸易航线形成竞争，是未来的国际运输大动脉。”③ 2015年6月8日，俄罗斯总理梅德韦杰夫签署“北方海航道综合发展规划”（Комплексный проект развития Северного морского пути）。根据规划，15年内，该航道的运输量将提高20倍。④

（二）从法律上明确俄罗斯北极陆地和北冰洋海域作为国家调控对象的特殊地位

20世纪90年代，随着北冰洋航道利用的急速下降，俄罗斯对北冰

---

① В. С. Селин. Движущие силы п проблемы развития грузопотоков Северного морского пути，《Арактика и Север》，№22，2016，стр. 87.

② Стратегия развития Арктической зоны Российской Федерации и обеспечения национальной безопасности на период до 2020 года（参见附件二）

③ Выступление путина на втором международном арктическом форуме Арктика территория диалога.（参见附件七）

④ Справка о Комплексном проекте развития Северного морского пути http：//government. ru/orders/selection/405/18405/（2017年9月访问）

洋航运的组织系统进行了大规模的改革，取消了苏联商业航运部，其职能由俄罗斯联邦交通部下属的“海洋河流运输处”负责承担。最后，负责“北方海航道”船只航行的“海洋河流运输处”仅剩几名工作人员，“北方海航道”的实际航行管理工作下放给沿线各个地区的相关行政部门负责。2013 年 3 月 15 日，俄联邦政府发布命令，重新设立由国家调控的“北方海航道管理局”，俄罗斯北极交通运输国家管理系统重新建立。在这一国家管理系统中，政府相关部门分工明确，承担的主要责任的具体分工如下：俄罗斯联邦交通部负责制定国家政策、法律法规监督和国际合作；俄罗斯联邦海运、河运署提供国家服务和发展交通基础设施；国家机构“北方海航道管理局”负责船舶航行的组织工作、保障航行安全和防止航行船舶污染环境等工作。2014 年 5 月，俄罗斯发布《俄罗斯联邦北极地区陆地领土》总统令，将摩尔曼斯克州、阿尔汉格尔斯克州、涅涅茨自治区、亚马尔－涅涅茨自治区、科米共和国、克拉斯诺亚尔斯克边疆区、萨哈共和国（雅库特）和楚科奇自治区的全部或部分领土整合为俄罗斯北极地区，由联邦政府统一管辖。

（三）修改国内相关法律，制定新航行规则

俄罗斯修改了有关“北方海航道”航运的国内法律文件，从法律上明确航行规则，维护其航道利益。2013 年 1 月 28 日正式生效的《俄罗斯联邦“北方海航道”水域商业航运法律修正案》（参见附件五），对 1999 年《俄罗斯联邦商船航运法典》、1998 年《俄罗斯联邦内海、领海和毗连区法》和 1995 年《俄罗斯联邦自然垄断法》相关条文做了重要增补或修订，对那些备受国际社会质疑的强制破冰领航和高额收费等内容进行了修改，将破冰船强制领航制度改变为许可证制度，给出了具体的、可操作和可预期的独立航行许可和不许可条件，使得外国船只在“北方海航道”水域的独立航行成为可能。2013 年 4 月，“北方海航道管理局”在其网站公布了新的《“北方海航道”水域航行规则》和《“北方海航道”破冰船领航收费规定》。新的收费标准按照船舶吨位、船舶冰级、破冰区域数量和航行时期收费，而非过去

根据载货种类和载货量进行收费，从根本上改变了过去“北方海航道”破冰船领航的收费原则。①

俄罗斯涉及“北方海航道”航运规则的其他相关法律文件和规章主要有：1971 年的《“北方海航道”管理法》，1984 年的《加强毗邻苏联北方沿海地区和北极地区环境保护的法令》，1991 年的《“北方海航道”海上航行规则》，1993 年版的《国家边疆法》（取代 1982 年版的《苏联国家边疆法》），1995 年的《俄罗斯联邦自然垄断法》，1998 年的《俄罗斯联邦内海、领海和所属海域法》，1996 年俄罗斯连续出台的三个航行文件：《“北方海航道”航行指南》《“北方海航道”破冰和领航指南规则》《“北方海航道”航行船舶设计、装备和供给的必要条件》，1999 年的《俄罗斯联邦商业航运法典》（以 1968 年版《苏联商业航运法》为基础修订），1999 年的《外国军舰领海内水航行规则》等。

（四）修建基础设施，开发资源，提高“北方海航道”的运能

俄罗斯联邦政府投资发展北极地区的基础建设，为沿岸地区的经济发展、油气资源多渠道出口、国内物流运输和过境运输创造良好条件。根据 2008 年的《2030 俄罗斯联邦交通运输发展战略》，2016 至 2030 年，俄罗斯将全方位开发国内海运港口，鉴于北极地区的油气资源（包括大陆架）开发和外运，要重点建设北方海域和远东海域的港口基础设施。俄罗斯北冰洋沿岸列入新建、扩建和翻修目录的主要港口包括扩建摩尔曼斯克深水不冻港港区，对阿尔汉格尔斯克港进行翻修，新建萨别塔海港以及对迪克森、季克西、佩韦克和普罗维杰尼亚港等港口的基础设施进行现代化更新等项目。同时，俄联邦政府还通过向破冰、救生和辅助船队以及岸上基础设施建设提供国家扶持等方式，保障北极航线货运量止跌回升，再创新高。

俄罗斯北极大陆架的油气资源极其丰富，最近几年油气开发成果斐然。2014 年 4 月，全球首座大陆架抗冰级钻井平台“普里拉兹洛

---

① 俄罗斯联邦“北方海航道”管理局网站，http：//www. nsra. ru/。

图 3—3 俄罗斯交通物流图（《2030 俄罗斯联邦交通运输发展战略》）

姆”正式投产并经北冰洋开始向欧洲供油。同年 9 月，俄罗斯石油公司和美国埃克森美孚石油公司合作在喀拉海大陆架海域进行钻探并发现大型优质油气田“胜利”油田。大型项目“亚马尔液化气”已取得阶段性成果，项目一期工程已完成投产，为保障液化气的运输，将由 2 艘新型核动力破冰船为其破冰护航①。此外，俄罗斯重启了“别尔阔穆尔”北方链项目②。这是连接俄罗斯北极地区与内地的交通运输项目，是北方交通走廊的组成部分，它把乌拉尔和西伯利亚与阿尔汉格尔斯克港和摩尔曼斯克港连接起来，缩短俄罗斯北方交通走廊，提高“北方海航道”的货运量，而且为封闭的资源丰富的北部内陆地区打开通

---

① Президент пообещал поддержку проекту Ямал СПГ http：//www. arctic-info. ru/news/31 - 10 - 2014/prezident-poobesal-podderjky-proekty—amal-spg（2017 年 9 月访问）

② 作者注：1996 年制定的“别尔阔穆尔”计划的主要内容是修建连接俄罗斯 4 个西北地区公路和铁路等基础设施的计划，为了该计划的实施，还专门成立了“别尔阔穆尔”公司，相关的 4 个北方地区的地方政府参与这一项目。1998 年只修建了几千米的公路后，该计划就搁置了。2007 年，“别尔阔穆尔”项目恢复，此时该项目不再仅仅是一个修建道路的计划，而且是作为发展俄罗斯西北地区基础设施的综合性计划被提上议事日程，但是因资金等各方面的问题，该计划再次不了了之。2010 年，“别尔阔穆尔”项目再度被提上政府议事日程。

向海洋的通道。

（五）整顿并重建核动力破冰船舰队，保障全年通航和航行安全

俄罗斯是世界上少数几个拥有独一无二核动力破冰船舰队的国家，苏联时期，核动力破冰船队在北方海域恶劣气候条件下为运输船只破冰护航中发挥了重要的作用。苏联解体严重制约了核动力破冰舰队的作用和发展。2008 年 8 月，俄罗斯核动力破冰船队进行重组，俄罗斯国家核工业集团公司接管了由摩尔曼斯克海运船队公司在 20 世纪 90 年代受委托管理的 9 艘破冰船。目前，9 艘核动力破冰船中只有 4 – 5 艘可以正常运营，其他的基本已过服役期，或者即将退役。根据《北极纲要》的要求，2020 年前俄罗斯将再建造 3 艘大型核动力和 6 艘柴油电力混合破冰船。2012 年 8 月 23 日，俄罗斯国家核工业集团公司的

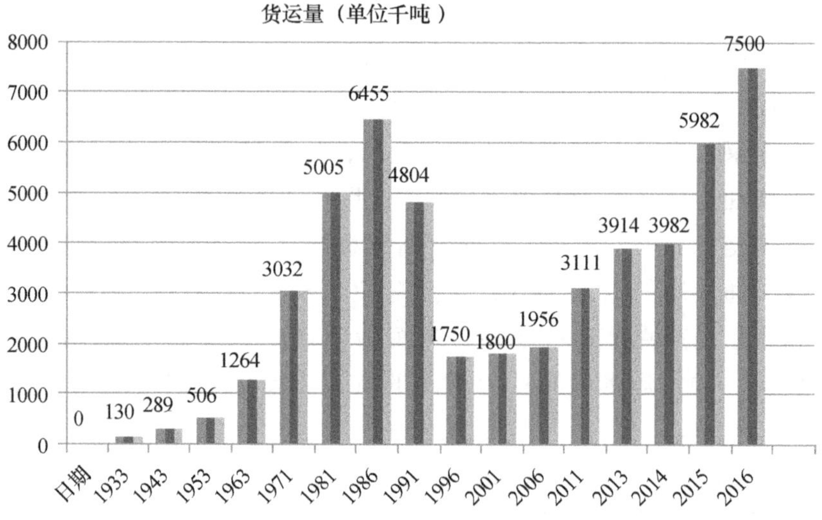

图 3—4　1933 年至 2016 年“北方海航道”的货运量（包括过境货物）①

① 作者根据 2016 年 8 月 30 日第六届“北极理事会成员国高层代表”国际论坛上俄罗斯核动力破冰船舰队负责人的发言稿“国家大型北极油气项目的破冰保障”和俄罗斯交通部海洋和河流运输署副署长阿·克斯金的发言稿“‘北方海航道’船只安全保障”等，并结合“北方海航道管理局”网站上公布的数据制作。

“俄罗斯核动力破冰舰队”与“波罗的海造船厂”签署建造《北极纲要》中提及的3艘新一代22220型（LK－60）核动力破冰船合同，它们分别是“北极”号、“西伯利亚”号和“乌拉尔”号。新船采用最新现代化技术，每艘造价300多亿卢布。新型核动力破冰船长173米，宽34米，比目前世界上最大的“胜利50周年”号核动力破冰船长14米，宽4米。2016年6月16日，第一艘22220型（LK60）“北极”号核动力破冰船在圣彼得堡波罗的海造船厂下水，它成为世界上最大、也是最强的核动力破冰船，排水量33540吨，载重量可达10万吨，配备两个专门设计的RITM－200核反应堆，能破2.9米厚的冰层，服役期为40年，船员75人，造价约为369亿卢布（1美元约合66卢布），计划于2018年投入使用。2017年9月22日，俄罗斯第二艘22220型（LK60）“西伯利亚”号核动力破冰船船体下水仪式在圣彼得堡波罗的海造船厂举行，这艘核动力破冰船将于2019年投入使用，服务于“北方海航道”。这两艘核动力破冰船都将服务于“亚马尔液化气”项目。

俄罗斯在核动力破冰船的基础上还全面开发高科技造船业，为开发北极油气资源提供保障。2013年1月10日，“维图斯·白令”号大型补给破冰船命名仪式在圣彼得堡举行，普京参加仪式并发表讲话“俄罗斯已经拥有全世界最大的核动力破冰船队。我们将继续努力开发各种高科技舰船。”“维图斯·白令”号是俄罗斯和芬兰联合研制的系列破冰船之一，其90%的船体建造工作由俄罗斯企业承担。“维图斯·白令”号破冰船长100米、宽21.7米，能冲破厚度为1.5米的冰层，并保持3节航速，将用于开发俄罗斯远东等海域的油气资源。此外，俄罗斯还与芬兰、瑞典、日本、韩国等造船企业合作建造冰级液化气货轮和油轮等适宜冰区航行的船舶。2017年3月，韩国建造的全球首艘ARC7冰级液化气（LNG）运输船驶入俄罗斯亚亚马尔半岛的萨别塔新港，开始为“亚马尔液化天然气”项目服务，为其将生产的液化气运往亚洲和欧洲市场。

最近几年，俄罗斯在“北方海航道”上进行了多次国内港口之间的货物航运，以及从摩尔曼斯克到中日韩等国港口的国际试验性航行，航行效果良好。2012年11月7日，俄罗斯天然气工业股份公司全资子公司俄气市场和贸易公司租赁希腊 DYNAGAS 公司运营的液化天然气油轮“鄂毕”号，装运 135000 立方米液体天然气从挪威哈默菲斯特的斯诺赫维特气田出发，在俄罗斯核动力破冰船“瓦伊加奇”号和“胜利 50 周年”号的引领下，从喀拉海海峡到杰日尼奥夫角共航行了 9 昼日（11 月 9—18 日）。随后，该液化气油轮独立航行，于同年 12 月 5 日抵达目的地日本北九州的户烟（Тобата）。中国的商业船舶也开始沿北冰洋航线进行试航。2013 年 8 月 15 日至 9 月 10 日，中国中远集团下属中远航运股份有限公司的“永盛”号货轮从大连出发，穿越东北航道（“北方海航道”），抵达鹿特丹，成为中国第一艘穿越北极东北航道（“北方海航道”）的商船。此次航行比传统的经马六甲海峡、苏伊士运河的航线缩短航程 2800 海里，时间减少 9 天。2015 年 7 月至 8 月，中远海运集团下的“永盛”号再次成功穿越东北航道（“北方海航道”），并将航次任务升级为往返双向通航。2016 年 7 月至 9 月，“永盛”号完成中国商船第二次北极东北航道的双向通行，并且“永盛十”项目的 6 艘次船舶全部完成北极东北航道的航行任务。

（六）建立信息、水文气象、搜救等安全服务网络系统

为了保障北冰洋商业航运的安全，俄罗斯建立北极航运综合安全和监管系统，管理交通繁忙地区的船舶运输，包括航行水文地理、水文气象、破冰和其他保障类别，建立综合救助中心。目前，俄罗斯的同步卫星能够保障 80 纬度地区的卫星通讯联系，为了保障更高纬度的通讯联系，俄罗斯制定方案建设高纬度通讯系统，该系统将发射 4 个航天器，完成期限为 2019 - 2025 年。① 此外，俄罗斯还修复和改建了苏联时期沿北极航道的军用机场和港口。2013 年年底，位于新西伯利亚群岛的军用机场完工启用，这些设施具有军民共用特点，平时体现搜救能力，战时作为军事目的等。

---

① 作者注：作者参加了 2014 年 8 月在俄罗斯举办的“第四届北极理事会成员国高层代表”国际论坛上，俄罗斯通讯和大众媒体部副部长阿尔哈佐夫的发言内容。

（七）加强北极科考研究和人员培训，为北极的可持续发展积累技术和专业人才

2003 年 4 月 26 日，俄罗斯“北极－32”浮动科学考察站上升起了俄罗斯国旗，标志着俄罗斯自 1991 年以来中断了 12 年的北极科学考察活动正式恢复。从 2010 年开始，联邦政府明显加大对北极科考活动的资金投入，每年除了夏季组织由各种学科科学家组成的大型科考团外，冬季还在北极浮冰上建立大型浮动科考站进行水文地质等研究工作。2010 年，联邦政府在阿尔汉格尔斯克建立北方（北极）联邦大学，其宗旨是通过持续的专业教育，科技创新和生产一体化为保障俄罗斯在北极地区的地缘政治和经济利益进行人才储备和知识储备。从 2012 年开始，北方（北极）联邦大学每年夏季组织学生乘坐科考船参加“漂浮大学”的北极西部海域的实地学习和科考活动。2013 年，远东地区的符拉迪沃斯托克国家海洋大学和远东联邦大学的学生和科学院研究人员也开始了夏季在北极东部海域进行的“漂浮大学”科考活动，这些实地学习和考察活动为极地事业培养人才发挥了积极的作用。

第四节　保护北极生态和发展极地科技

北极地区的资源利用和环境保护是北极开发面临的最尖锐的矛盾之一。

俄罗斯北极地区的环境污染由来已久。技术和人为因素对环境造成的超负荷利用一直在增加。油气田、矿区特别是核工业等排污严重的企业已严重影响了周边环境，个别地区环境极端恶化。进一步加大北极地区的开发力度，设立更多的石油天然气开采基地和大型工业综合体，必然会加重对周边环境的污染程度，这是一个无法回避的现实问题。有鉴于此，如何保护北极地区的自然环境，消除在全球气候变化条件下日趋活跃的经济活动所造成的生态后果是俄罗斯北极战略的主要目标之一。

俄罗斯总统普京多次公开表示，俄罗斯有责任保护北极生态安全和稳定。“保护北极大自然，保障经济活动、人类生存和环境保护之间的平衡是北极发展的主要原则和前提。”[①]普京还承诺，作为北极最大国家的俄罗斯将在北极理事会、世界自然基金会和联合国环境署计划范围内与北极国家紧密合作，共同研究，并制定统一的北极生态标准[②]。为此，俄罗斯制定了“北极地区环境保护战略行动纲要”，致力于清除苏联时期遗留下来的国防、工业、生活等污染物。经过持续十多年的努力，俄罗斯在北极地区的污染治理已初见成效。

一、全面治理北极环境污染

据调查，俄罗斯北极地区的污染源主要来自油气田、矿区和包括核工业在内的民用工厂和军工企业排放的废气、废水和固体污染物。西伯利亚和远东地区的鄂毕河、勒拿河和叶尼赛河自南向北流向北冰洋，沿岸很多工矿企业排放的污染物未经处理就直接流入这些河流最终汇入北冰洋。而在北冰洋海域倾倒核废料产生的核污染问题对生态环境的威胁尤其严重。据统计，仅在法兰士约瑟夫地群岛就积累了超过50万只装满各种燃料的油桶，许多油桶已开始泄露。俄罗斯科学家的研究结果表明，俄罗斯北极地区能源企业和矿产业的发展对周边地区环境已经造成很大的影响，15%的俄罗斯北极地区的陆地被检测出受到严重的污染[③]。在一些石油开采和输油管道经过的地区由于管道破裂导致石油泄漏污染饮用水源头的事故经常发生。许多工厂企业周边堆积了大量的工业废料。如果俄罗斯北极地区建立更多的石油天然气开采基地，势必会对环境造成更大的威胁。更严峻的问题是苏联时期处理报废核潜艇时往往像处理常规潜艇那样处置核

---

① Выступление на пленарном заседании III Международного арктического форума 《Арктика-территория диалога》（参见附件七）

② 同上

③ Боярский П. , Великанов Ю. , Павлов А. Арктику пора спасать. Нефть России. 1999. №3.

潜艇，直接把它们扔进海里。总部设在奥斯陆的挪威环保监督机构贝洛纳基金会发表的报告称，西伯利亚北面的喀拉海基本上成了核垃圾的倾泻地。在300米深的海床上，横七竖八地放着近2万个盛放乏燃料的容器、16个核反应堆和5艘完整的核潜艇。如果油气公司在那里打深井，钻井的钻头很可能穿透这些容器或反应堆，其后果不堪设想①。

《俄罗斯北极国家政策原则》就有关北极地区的环境保护制定了严密的对策：要求在俄罗斯联邦北极地区建立自然资源利用和环境保护的特殊制度，加强对环境污染的监测；恢复北极地区的自然景观，对有毒工业废料进行再利用，保障化学品安全，尤其是居民聚居区的化学品安全。并就保护和保障俄罗斯北极地区环境和生态安全向联邦和地方相关部门提出了具体任务：（1）要求在扩大经济活动和全球气候变化条件下，保护北极植物和动物的多样性，其中包括扩大联邦级北极特殊自然保护区的土地面积和水域、扩大地区级北极特殊自然保护区、监督生态系统和植物界物种状况。（2）清除俄罗斯北极地区过去遗留的经济、军事和其他活动所产生的生态后果，包括评估引发生态危机和采取措施清理北极海域和土地上的污染物。（3）采取措施降低北极经济活动对环境造成的威胁。（4）完善国家在北极地区的生态监督系统，采用现有和正在建立的国际环境监控系统，及时发现和分析自然和技术性突发事件。（5）研究和推行促进再生产和合理利用矿产、生物资源、能源资源储备的经济机制，有效利用石油产地的油气伴生气体等②。

2010年4月，普京在视察法兰士约瑟夫地群岛的亚历山大岛屿后发表了要对俄罗斯北极地区进行“大扫除”的讲话③。由此，俄罗斯

---

① 于晓华：《揭秘核潜艇坟场：反应堆和燃料散落300米深海床》，2015年4月17日，参见中国新闻网：http：//mil. sohu. com/20150417/n411422741. shtml。

② Стратегия развития Арктической зоны Российской Федерации и обеспечения национальной безопасности на период до 2020 года（参见附件一）

③ Путин предложил провести арктический субботникhttp：//www. ntv. ru/novosti/191877/（2017年9月访问）

北极地区掀起了一场清理污染物的全民活动。2011 至 2013 年的 3 年间，俄联邦政府预算划拨 14.20 亿卢布用于北极地区污染物的清理工作。[①] 2013 年，俄罗斯完成了对亚历山大岛屿上废弃燃料桶的清理工作，并着手清理周边其他几个岛屿。除此之外，俄罗斯还对 7 个北极地块的生态状况进行科学综合评估。

为配合联邦政府对北极地区环境的改善工程，阿尔汉格尔斯克州政府与俄罗斯科学院合作于 2011 年在北方（北极）联邦大学内成立了“北极科学中心”。该中心专门对北方地区的环境和生态等问题进行系统研究，以帮助解决北极的污染和原住民的生活质量问题。2013 年，亚马尔－涅涅茨自治区也成立了相关的研究机构。同年，摩尔曼斯克州通过《生态宣言》，以响应普京总统宣布的保护环境倡议[②]。

普京总统倡议的北极“大扫除”活动在各个联邦主体内有序开展。亚马尔－涅涅茨自治区对其管辖的白岛进行整治，清理工作完成后将有超过 500 公顷受污染的土地得到修复。俄罗斯还计划扩大北极地区特别自然保护区。目前，俄罗斯北极地区共有 14 个特别自然保护区，区内实行“三禁”，即禁猎、禁鱼、禁伐。其面积合计近 32.2 万平方千米，约占北极地区总面积的 6%[③]。

据 2016 年 5 月俄联邦政府出台的《俄联邦北极地区优先项目执行清单》披露，萨哈共和国（雅库特）从 2013 年起就开始对其北极区域的工业残留物进行常态化的清理工作。如阿纳巴尔金刚石股份公司对苏联时期遗留下来的金属废料进行收集、储存和外运工作，对报废的油料进行科学、有效的再利用。楚科奇自治区在辖区内的弗兰格尔岛国家自然禁猎区清除污染物源。摩尔曼斯克州计划清除克尔湾内苏联时期遗弃的船舶、沉船以及其他残留在克兰湾的污染物。

---

① 参见附件八。

② Экологическая декларация Мурманской области подписана губернаторомhttp：//murmansk. bezformata. ru/listnews/ekologicheskaya-deklaratciya-murmanskoj/9208905/（2017 年 9 月访问）

③ Заповедники Арктики http：//www. arctic-info. ru/encyclopedia/flora-and-fauna/zapovedniki-arktiki/（2017 年 9 月访问）

从2014年开始，俄罗斯联邦政府每年拨款用于清理工作。拨款金额逐年增加，2014年拨款1640万卢布，2015年27100万卢布，2016年18600万卢布，2017年20100万卢布，2018年21600万卢布①。2015年俄罗斯恢复了由12艘救助船组成的专门清除北方水域石油溢出物的船队②。

核污染问题一直是北冰洋海域影响最大的污染源。核污染国际合作是打破俄罗斯北极地区神秘面纱的重要举措。在苏联时期，有关核武器、核材料和核潜艇的安全保存和处理问题一直是国家的重要机密。苏联解体后，俄罗斯在核安全领域开始与西方国家进行合作。2002年，八国集团启动了一项为期10年，耗资200亿美元的计划，将美国华盛顿州皮吉特湾海军造船厂专门处理报废核潜艇的"三段隔舱组"技术转让给俄罗斯，并帮助俄罗斯北德文斯克造船厂提升拆卸核反应堆的技术水准，修建陆上存储设施保管退役的反应堆。到目前为止，俄罗斯运用"三段隔舱组"技术已经完成北方舰队120艘报废核潜艇与太平洋舰队75艘报废核潜艇的拆卸和安全处理③。

俄罗斯在生态安全领域的主要目标是：一是保护和保持北极地区的自然环境，消除由于人类日益增长的经济活动和全球气候变化对环境的影响。二是与环北极国家加强合作，建立统一的地区搜救系统，努力防止发生人为灾难并及时消除灾难后果。

二、积极推进北极科技创新

俄罗斯对北极的科学考察一直处于世界领先地位。在苏联时期，就已经对北冰洋进行了长达40多年的研究，积累了丰富的北冰洋海底

① О перечне приоритетных проектов, реализуемых на территории Арктической зоны Российской Федерации https://arctic.gov.ru/FilePreview/9053275b-7821-e611-80cc-e672fe4e8e4e?nodeId=4370391e-（2017年9月访问）

② Выступление путина на втором международном арктическом форуме Арктика территория диалога.（参见附件七）

③ 于晓华：《揭秘核潜艇坟场：反应堆和燃料散落300米深海床》，2015年4月17日，参见中国新闻网：http://mil.sohu.com/20150417/n411422741.shtml。

地质研究数据，有不少是世界上独一无二的。在俄罗斯向联合国大陆架界限委员会提出的有关北极外大陆架申请的补充材料中，这些科考研究成果成为支持俄罗斯诉求的、强有力的地质证据。

为促进北极科技创新，俄罗斯联邦政府制定了以下主要任务：(1) 整合国家、商业、科学和教育的资源和潜力，建立有竞争力的科技部门，制定和实施先进技术，包括制定新的或者使现有技术适应北极地区的条件。(2) 开发适应北极自然气候条件的材料，引进技术手段和设备开展极地科学研究。(3) 研究和采用新型技术和工艺，合理利用自然资源，开发海洋矿床和水生物资源，预防和清除冰区石油外泄事故。(4) 实现俄罗斯联邦科研考察船队的发展计划，包括利用深海机器人系统进行深海研究。(5) 科学论证北极地区长期愿景和各种活动的主要发展方向。(6) 对自然灾害现象进行综合性的科学研究，制定和实施气候变化条件下预测自然灾害现象的现代化技术和方法。(7) 预测和评估俄罗斯联邦北极地区因自然和人为因素对全球气候变化的中、长期影响，以及提高基础设施工程项目的稳定性。(8) 研究北极地区的历史、文化和经济，并对北极地区的经济和其他活动开展法律调研，以文件形式证明俄罗斯联邦对北极某些海域的历史权益。(9) 研究环境有害因素对居民健康的影响，科学论证旨在改善居民居住环境和预防疾病的措施。(10) 发展科学考察活动，完成北极地区大型和综合性科研项目，包括国际合作项目。(11) 利用国际学术和科技合作潜力，保障俄罗斯科学和科研教育组织参与全球和地区的北极技术和研究项目。

俄罗斯联邦政府在发展北极地区信息通讯技术和建立统一的信息空间领域，提出的具体的任务是：(1) 运用现代化信息远程通信技术和通信、电视广播、船舶航行和航空器飞行管理、地球遥感探测、冰盖面积测绘系统（包括移动系统），以及水文气象和水文地理和科学考察研究保障系统。(2) 通过使用格洛纳斯（GLONASS）全球卫星导航系统和建立“北极”多用途航天系统，升级远程无线电导航系统“РСДН－20”（“航线”）等方式，建立可靠的通信服务、导航、水文气象和信息服务系统，对冰清活动进行监控，预报和预防自然和技术性突发事件，消除由此产生的后果，有效监督北极地区的经济和其他活动。(3) 通过沿“北方海航道”铺设海底光缆和连接其他国家通信网络等方式，建立现代化信息远程通信基础设施，向俄罗斯联邦北极地区的居民和生产经营主体提供通信服务。俄罗斯希望通过建立信息、水文气象、搜救和检测等安全服务网络系统，保障北冰洋商业航运的安全，管理交通繁忙地区的船舶运输，包括航行水文地理、水文气象、破冰和其他保障类别，建立综合救助中心。①

俄罗斯科学家团队在北极科技创新领域发挥了重要的作用。俄罗斯科学院、俄罗斯南北极研究所和俄罗斯北方（北极）联邦大学等研究机构长期从事极地科考和人才培养等工作，是北极技术创新和发展的主力军。

三、加强环保领域国际合作

保护北极生态环境是俄罗斯北极战略的重点项目。俄联邦政府在有关北极科学考察和保护生态环境问题上采取非常积极和开放的态度，除了与环北极国家的双边合作外，还通过北极理事会、巴伦支欧洲北极理事会等区域性组织，推动有关北极环境保护的国际合作。

有关北极环境保护的国际合作始于 19 世纪末 20 世纪初。成立于 1846 年的俄罗斯地理学会，在 1882 - 1883 年第一个国际极地年期间参与了一系列北极科研的国际合作，有 12 个国家同步举办了 14 项极地科学考察活动，并建立了 39 个永久观测站。这次国际极地年活动标志着极地考察从探险进入了科研时代。1911 年，俄罗斯签署了《保护毛皮海豹公约》。苏联成立后，在加大北极科研和开发力度的同时，非常重视有关北极环境保护的国际合作。主要合作成果有；1923 年，签署《保护太平洋北部和白令海峡的鱼类协议》；1932 - 1933 年参加第二次国际极地年的科学活动；1946 年，与其他 13 个国家签署《国际捕鲸管制条约》，并参与新成立的国际捕鲸委员会的工作；1973 年，苏联和环北极国家中的美国、加拿大、挪威、丹麦签署《北极熊保护

① 参见附件二。

协议》。1982 年以后，苏联陆续签署了《联合国海洋法公约》《防止倾倒废弃物和其他物质污染海洋公约》《联合国气候变化框架公约》和《生物多样性公约》等。上述公约和协议为北极地区环境治理的国际合作奠定了重要的基础。

俄罗斯作为苏联唯一的继承者，对上述有关北极环境治理的国际公约和协议负有忠实履行的义务。俄罗斯独立以来，参照上述国际公约和协议，根据形势的发展和变化，对联邦范围内有关北极生态保护的法律文件进行了修改、补充和完善。这些法律文件涉及采矿、生物多样性、防止海洋污染等各个方面。俄罗斯政府积极支持本国科学家团体对北极进行科学考察，参与极地年等各种国际合作项目，并提供大量财政支持。2011 年 11 月，俄罗斯与全球环境基金会（GEF）共同制定了“保护俄罗斯北极环境战略行动纲要”（又名“北极议程 2020”），在减缓气候变化、生物多样性、国际水域等方面启动了 6 大项目，开展具体环保行动。

在俄罗斯的积极运作下，2011 年 5 月，北极理事会成员国签署了第一个具有法律约束力的正式协议《北极搜救协定》。2013 年 5 月，北极理事会成员国签署了第二份具有法律效力的国际条约《北极海洋油污预防与反应合作协定》。鉴于北极理事会缺乏资金来源的制度性安排，俄罗斯倡议由各成员国拨款建立一项基金。俄罗斯在 2011 至 2013 年间向该基金交纳了 1000 多万欧元。目前，这一基金由俄罗斯主导，在推动成员国加强海上搜救合作、防止北冰洋油污方面发挥了积极的作用。

在北极环保领域的国际合作中，“巴伦之海营救演习”堪称北极地区务实国际合作的一个典范。根据巴伦支欧洲北极地区理事会的倡议，演习每两年在巴伦支海地区 4 国之中轮流举行。2011 年在瑞典举行了第一次 4 国联合演习，演习内容是应急处理核电站事故。2005 年和 2007 年的演习依次在挪威和芬兰举行。2009 年的联合演习在俄罗斯的摩尔曼斯克举行，演习为期 3 天，主要的一项内容是如何在发生放射性物质泄漏以及石油产品泄漏时采取行动。2011 年 9 月，瑞典再次举行了救援部门的演习，这次规模为历年之最，有 2000 多名救援人员参加。

北极地区环保领域国际合作的另一个典范是在挪威的瓦尔德成立

了航海研究中心。该中心负责监控北挪威沿岸地区海船的跟踪和护送，它在俄罗斯与挪威两国就航海安全和制定清理漏油问题开展合作中扮演了重要的角色。

在治理核污染方面，俄罗斯摩尔曼斯克州也有一个国际合作项目。它是由俄联邦国家“放射性废弃物西北处理中心”、摩尔曼斯克州政府与瑞典政府联合建立的一个名为“核安全国际计划”的工作组。主要就安德烈耶夫湾废弃的核潜艇带来的放射性废弃物、乏燃料等问题展开工作。这个工作组在在摩尔曼斯克“列宁”号核动力破冰船上建立了信息中心，收集周边所有涉及核辐射设施的信息。荷兰也加入了中心的工作，欧盟还向该中心提供了资助。

俄罗斯深信，北极脆弱的生态系统单靠一两个国家的努力是不可能得到有效治理的。只有与包括环北极国家在内的国际社会通力合作，将分散的政治和经济资源集中起来，投入生态环境的修复、保护，北极地区的环境安全才能从根本上得到保障。

四、有序发展北极旅游事业

旅游业作为世界上最大的新兴产业，每年的国际旅游业收入都有数千亿美元之巨。而且，旅游方式日趋多样化，从娱乐型、观光型、趋向疗养型、求知型，旅游目的地也从一般的名胜古迹扩散到热带丛林、沙漠湿地和南北两极。

俄罗斯的北极开发自然也将夯实极地旅游的基础，有序发展北极旅游事业列为重点项目之一。俄罗斯发展北极旅游的优势在于：一是拥有多个自然保护区。独特的北极风貌是其魅力所在。二是北极地区固有的神秘感，去他人未曾涉足的地区可以给游客一种内心的满足。三是可以与俄罗斯西部和南部的旅游胜地融为一体。为此，需要加大推介力度，让“北极公园”等自然保护区作为旅游参观地在国内和国际的旅游市场广为知晓。按照国家扶持、民间运营的原则建立财政扶持制度，制定和完善有关北极旅游的法律法规。2015 年，俄罗斯“北方工业和企业家”联盟拟定的《2030 发展北极旅游业战略》呼吁，要在俄罗斯北极所有地区建立具有现代化竞争能力的旅游综合体。这篇报告强调，北极地区旅游业的发展是不可小觑的创汇机会，对提升地区经济活力具有重要意义①。

俄联邦政府2016年出台的《俄罗斯联邦北极地区优先项目执行清单》中有几个项目涉及旅游事业。其中之一是阿尔汉格尔斯克州的“白海旅游休闲产业群”。该项目规定要充实旅游业的基础设施，提高阿尔汉格尔斯克州的旅游吸引力，扩大游客量，创造就业岗位。该项目已经列入国家旅游发展纲要名录，预计将在2018年落实。

目前，俄罗斯旅游署和交通部门正在积极推进阿尔汉格尔斯克港口的扩建项目。另外，从法兰士约瑟夫地到挪威斯瓦尔巴特群岛的海上客运航线也已开启，该项目简化了境外邮轮乘客的通关入境手续。

表3—1　俄罗斯联邦北极地区旅游声望在全国的排名

全俄声望排名	俄罗斯联邦北极地区	北极地区排名
30	摩尔曼斯克州	1
38	克拉斯诺亚尔斯克边疆区：诺里尔斯克市辖区、泰梅尔多尔干－涅涅茨地区、图鲁汉斯克区	2
42	阿尔汉格尔斯克州：阿尔汉格尔斯克市、梅津地区、新地岛、新德文斯克市、奥涅加地区、滨海地区、北德文斯克	3
52	楚科奇自治区	4
54	科米共和国：“沃尔库塔”市辖区	5
58	萨哈共和国（雅库特）：阿莱伊霍夫区、阿纳巴尔（多尔干－埃文基）民族区，布伦区、下科雷姆斯克区、乌斯季扬斯克区	6
62	亚马尔－涅涅茨自治区	7
72	涅涅茨自治区	8

① Ю. Ф. Лукин. Российская Арктика прирастает отсровами, 《Арактика и Север》, №23. 2016, стр. 96.

俄罗斯拥有北极圈内最广袤的陆地和海域，地形地貌多样，完全有能力在环北极国家中成为旅游业的引领者和主导者。但是，从现状来看，俄罗斯北极旅游的资源尚未充分利用。以阿尔汉格尔斯克州的“俄罗斯北极”国家公园为例。这所公园建于2010年。2011年的游客人数为865人次，2012年增加到1005人次，但2013年和2014年骤跌为688人次和738人次。2015年出现恢复性的增长，达到1225人次。这一年，到阿尔汉格尔斯克州“俄罗斯北极”国家公园旅游的客人来自41个国家，其中中国游客277人次，占23%。

发展北极地区的旅游事业有利于俄罗斯实现联合国发布的《2030可持续发展目标》。一是加强对海洋资源进行保护。二是保护陆地生态系统，防治沙漠化和土地退化，保护生物多样性。良好的生态环境能吸引越来越多的游客纷至沓来，而游客对生态环境的要求则倒逼俄罗斯联邦政府和北极地区的各联邦主体下大力气治理环境污染，保护生态环境。

第四章
俄罗斯与北极国际合作

俄罗斯在北极开发问题上摒弃了苏联时代封闭、保守的做法，转而采取开放、包容的立场，积极推进与有关国家和国际组织的合作。普京总统多次表示，希望能在北极地区建立一个互利共赢、携手共进的国际合作平台。他表示：“2008 年通过的《俄罗斯联邦北极国家政策原则》公开、鲜明地揭示我国的国家利益。我们关心俄罗斯北极地区的稳定、平衡发展，愿意加强与邻国的合作。”①

第一节　俄罗斯有关北极的国际推介

自从 21 世纪初俄罗斯启动北极发展战略后，为了最大限度地营造有利于北极开发的国际舆论环境，吸引北极圈内国家和域外国家参与俄罗斯北极地区的社会经济发展，精心搭建了若干对外推介俄罗斯北极政策的平台。其中，最负盛名、最具成效的是“北极理事会成员国高层代表”国际会议和“北极—对话之地”国际论坛。

一、“北极理事会成员国高层代表”国际会议

“北极理事会成员国高层代表”国际会议是在俄罗斯总统普京的支

① Председатель Правительства Российской Федерации В. В. Путин принял участие во втором Международном арктическом форуме《Арктика-территория диалога》. http: //premier. gov. ru/visits/ru/16523/events/16536/（2017 年 9 月访问）

持下创立和持续运作的系列国际会议，是俄罗斯对外推介北极政策的重要平台。

2011 年 5 月 12 日，第七届北极理事会外长会议在丹麦格陵兰岛首府努克举行。会议签署了北极理事会成立 15 年来首个具有法律效力的正式文件《北极搜救协定》。为了履行这一协定，促进北极圈国家间的国际合作，普京决定由俄罗斯联邦国家安全委员会牵头，每年邀请北极理事会成员国的官员和科学家、学者来俄罗斯开会和观摩搜救演习等。俄罗斯通过举办这一国际会议，让国际社会深入了解俄罗斯的北极政策，了解俄罗斯北极地区社会经济发展和环境治理情况，了解俄罗斯联邦政府和地方政府尊重原住民传统和为改善其生活状况所做的努力，从而促进俄罗斯与环北极国家以及北极域外国家之间在北极资源开发、航道利用、生态保护等领域的国际合作。

2011 年 8 月 8 日至 11 日，首届“北极理事会成员国高层代表”国际会议在俄罗斯“亚马尔”核动力破冰船上举行。会议主题是“北极面临巨大变化”。与会代表在航行在俄罗斯“北方海航道”的核动力破冰船上就北极地区涉及的所有问题进行了交流和讨论，就北极地区国际合作的重要性达成了一致共识。这次会议的闭幕式是观看在季克西港外泊区举行的北极搜救演习。这次演习由俄罗斯联邦紧急情况部、俄罗斯联邦海运河运署、俄罗斯联邦国家海上应急救生协调局、俄罗斯联邦安全局边防总局、俄罗斯国家核能集团公司等联合举行。此次演习非常成功，俄罗斯搜救人员的高度专业水平和有关装备的先进程度得到国外与会代表的高度评价。

2012 年 4 月 17 日，第二届“北极理事会成员国高层代表”国际会议在摩尔曼斯克举行，与会代表参观了俄罗斯法兰士约瑟夫地群岛最北端的“纳古尔斯克”边防站。会议主题为“北极安全和合作新疆域”。时任总统梅德韦杰夫给会议发来的贺电强调，北极拥有丰富的矿产和油气资源，拥有连接欧亚大陆最短的海上航线，因此在合作和无条件尊重国际法的基础上，这一地区的稳定发展具有特殊意义。他表示，解决北方生态问题是北极开发的首要任务，俄罗斯已准备好为保护北极地区的巨大资源，推动交通和资源合作项目实现，加强边境地区互利合作作贡献。

2013年4月9日至11日，第三届“北极理事会成员国高层代表”国际会议在俄罗斯亚马尔－涅涅茨自治区行政中心萨列哈尔德举行。俄罗斯联邦安全委员会和外交部共同举办了本届会议。会议期间，与会代表参观了“巴尔涅尔”浮动科考站和北极点。与这次会议配套的是4月13日在萨列哈尔德商业文化中心举办的题为“保护北极基因生态安全—解决途径”的国际会议。生态保护是北极开发过程中亟待解决的紧迫课题之一。

2014年8月5日至7日，第四届“北极理事会成员国高层代表”国际会议在俄罗斯涅涅茨自治区行政中心纳里扬马尔举行。本届会议首次邀请了观察员国代表出席。俄罗斯联邦国家安全委员会秘书帕特鲁舍夫参与并负责全程活动。俄罗斯联邦总统气候变化顾问别德里茨基、俄罗斯联邦总统南北极国际合作代表奇林加罗夫、俄罗斯联邦北极理事会代表巴尔宾、地区发展部副部长纳扎洛夫、紧急状态部副部长丘普利杨、通讯和大众传媒部副部长阿尔哈佐夫、交通部副部长奥列尔斯基、俄罗斯北极地区涅涅茨自治区代理行政长官科申、科米共和国代理行政长官盖泽尔、阿尔汉格尔斯克州行政长官奥尔洛夫、亚马尔－涅涅茨自治区行政长官科贝尔金、摩尔曼斯克州副行政长官韦克申等高官出席会议，会议代表人数达100余人。

本届会议的规模远大于前三届，无论是人数还是活动内容都要超过前三届。本届会议的主要目的之一是向国际社会展示俄罗斯在北极油气资源开发中重视生态环境保护和尊重原住民利益，向国际社会表明俄罗斯在履行北极国际搜救中已取得的成绩。

活动之一是参观瓦兰杰伊港和位于巴伦支海大陆架伯朝拉海域的“普里拉兹洛姆”抗冰钻井平台①，并在该平台观摩“清除俄罗斯北极地区海难后果”模拟搜救演习；参观纳里扬马尔市原住民博物馆、村

① “普里拉兹洛姆”石油平台是俄罗斯天然气工业石油大陆架公司（Gazprom Neft Shelf）在伯朝拉海域建立的全球第一个抗冰固定平台，该项目是俄罗斯北极大陆架地区第一个投产的海上油田，2014年4月开始用油轮向欧洲国家供油。

落等。

活动之二是海上模拟搜救演习。演习的目的：一是检查俄罗斯搜救管理机构的准备工作、搜救能力和手段；二是训练俄罗斯与周边国家搜救人员对发生在俄罗斯北极地区灾难中的人员进行空中和海上搜救，提供救援船只和清除海洋及沿海地区石油泄漏物的协同工作能力；三是训练处理俄罗斯北极地区清除海难后果的相关管理机构负责人的决策、组织和管理能力，以及采取实际应对措施的能力；四是检查搜救人员清除俄罗斯北极地区海难事故的准备水平；五是评估在救助俄罗斯北极地区落难人员和清除石油泄漏物过程中，俄罗斯联邦执行权力机关、地方执行权力机关、石油公司配备的搜救人员的能力和措施是否充足；六是制定统一方案解决俄罗斯北极地区遇难人员的搜救工作和清除复杂地理条件下石油泄漏问题。整个模拟搜救演习由俄罗斯交通部副部长奥列尔斯基负责指挥。俄罗斯联邦国家安全委员会、俄罗斯联邦国防部、俄罗斯联邦紧急状态部、俄罗斯航空公司、俄罗斯天然气工业股份公司、卢克石油公司、俄罗斯现代商业舰队公司、俄罗斯运输公司等部门共7架飞机、9艘船只，约500人参与演习。本次搜救演习是在1979年国际海上搜救协议，1995年10月4日俄罗斯联邦政府与挪威关于合作搜救巴伦支海落难人员协议，1988年5月31日苏联政府与美国关于海洋搜救协议，2011年5月5日《北极搜救协定》和2013年5月15日《北极海洋油污预防与反应合作协定》等5个协议基础上进行的。据组织者透露，按照原先计划，挪威和美国应分别派船只和直升机参加本次搜救演习，但因制裁等原因它们没有出现在演习现场。①

活动之三是举行了首届“2014年了解北极”设计理念竞赛获奖者颁奖仪式。这项竞赛活动是俄罗斯北方（北极）联邦大学于2014年2月28日“北极日”提出的，其目的是为了鼓励学生们积极参与北极地区的开发和建设工作，为北极地区的可持续发展培养人才。据库德莉娅绍娃校长介绍，竞赛消息公布3个月内共收到来自全俄罗斯16个地

① 作者参加了本次活动。

区22所学术机构的大学生们提交的65篇学术设计，经专家评定后从中挑选出12篇优秀作品。获奖学生获得礼品、证书和奖学金。

活动之四是在纳里扬马尔北极商业文化中心举行了主题为“北极稳定发展和安全保障现状”国际研讨会。会议主要内容为：一是团结各国力量保障国家信息基础设施的安全，其中包括“北方海航道”和大陆架矿产勘探领域。二是国家支持北极理事会成员国北方原住民的发展趋势和特点。三是开展北极研究和开发领域的科学合作问题。俄罗斯北极理事会代表巴尔宾主持会议，俄罗斯国家安全委员会秘书帕特鲁舍夫致辞。帕特鲁舍夫在致辞前宣读了普京总统发来的贺信，普京表示，“俄罗斯关注北方地区的全面发展，坚决捍卫我们在北极地区的地缘政治和经济立场。我们力求与北极理事会成员国加强相互合作，把北极变成和平、稳定和合作的地区。我坚信本次会议将是一次具有创新意义的建设性的会议”。会上共有30多位国内外代表发表了自己的见解，其中俄罗斯北极地区几位行政长官向与会者介绍了本地区的发展情况，并结合会议主题做了主要发言。他们认为北极地区复杂的气候条件决定了本地区最需要关注的是安全问题，需要在北极地区现有的通讯设施基础上建立居民点紧急通知系统，扩大北极地区的受益人群。他们表示北极工业开发和保护环境、保护原住民利益是现实存在的主要矛盾，要使这一矛盾达到和谐平衡是一项艰巨的任务。北极的开发和发展已不可逆转。

2014年6月，俄罗斯位于萨列哈尔德的“俄罗斯北极开发中心”开始运作，该中心的主要任务之一就是为北极地区有序、合理的开发提供科学支持。

涅涅茨代理行政长官科申在其题为“利用‘北方海航道’出口油气资源的安全保障”发言中表示，北极已经成为最重要的战略地区，北极大陆架油气资源开发和跨大陆运输航线的开通不仅吸引了北极国家，而且吸引了欧盟和其他经济发展体国家，如中日韩、新加坡等亚太国家。他认为世界经济全球化推动新的跨大陆运输线路的建立，而“北方海航道”是连接北半球欧洲、远东、亚洲和北美港口之间距离最短，价格最便宜的线路，发展北极地区和“北方海航道”是今天的现实要求。新加坡驻俄罗斯大使林女士在发言中表示，新加坡对北极地区的发展和气候变化有兴趣，她认为新加坡能够向在北极地区进行资源开发和货物运输的国家提供造船和航海设备领域的新技术。她建议共同建立研究气候变化和人在低温条件下生存问题的研究机构。最后，俄罗斯通讯和大众媒体部副部长阿尔哈佐夫介绍了俄罗斯在北极地区的卫星通讯情况。他表示，目前俄罗斯的同步卫星能够保障纬度80°以内地区的卫星通讯联系，足以保障今天俄罗斯在北极的经济利益，但是从长远看，北极地区将需要更高纬度的通讯联系，为此，俄罗斯已制定方案建设高纬度通讯系统。其他成员国代表们在自己的发言中主要关心的是北极开发对生态环境和原住民的影响问题，也有代表担心北极经济开发中的政治因素在上升，将挑战北极成为一个稳定、和平和合作的地区。

图4—1　作者与当地原住民的合影

2015年8月15至17日，第五届“北极理事会成员国高层代表”

国际会议在阿尔汉格尔斯克举办。本届会议的宗旨是在北极的稳定发展和安全、环境保护和支持原住民方面加强地区、国家之间的相互信任和合作。参加本届会议的有北极理事会成员国、观察员国、外国学界、俄罗斯联邦部委、地方政府、商界和媒体的高层代表。

会议议程包括参观位于阿尔汉格尔斯克的俄罗斯紧急状态部搜救中心，展示进行救助行动的演习，举办“保障北极地区安全和稳定发展，保护生态和原住民传统生活方式”国际会议，参观活动等。

2016 年 8 月 29 日至 9 月 2 日，第六届“北极理事会成员国高层代表”国际会议在俄罗斯核动力破冰船“胜利 50 周年”号上举行。俄罗斯联邦政府和地方政府高级官员，北极国家使节，中国、韩国、新加坡和印度政府代表以及从事北极研究的国际学术机构代表等 60 余人出席会议。本届研讨会由俄罗斯国家安全委员会主办。

本届会议的主题是“沿‘北方海航道’走向北极的战略稳定和平等伙伴关系”。“胜利 50 周年”从阿纳德尔出发，经过白令海峡，抵达佩韦克，沿途俄罗斯向与会者展示了其在航道管理、后勤补给和搜救应急方面的综合实力。会上，与会各国代表就北极安全形势、航道开发、经济合作、科学研究和旅游发展等问题进行了深入讨论。北极国家普遍维护北极理事会在北极事务中的核心地位，强调通过北极理事会解决北极国家之间的问题。各方对北极航道和北极旅游带来的经济发展机遇表示期待，同时深入分析了开发北极经济潜能过程中可能面临的问题。俄罗斯国家安全会议秘书帕特鲁舍夫在会上宣读了普京总统的致辞。普京表示，“北极实现可持续发展具有重要意义，这不仅关系到北极国家，也关系到其他非北极国家。北极理事会观察员国正在发挥越来越重要的作用。各方应摒弃地缘政治因素，使北极成为公开、平等对话的空间。俄罗斯愿与各方一道实现北极的和平开发与繁荣发展”。

中国外交部条法司司长徐宏、国家海洋局副局长林山青出席会议并发言。徐司长详细介绍了中国参与北极经济合作的现状和原则，指出加强北极和非北极国家的良性互动对开发北极尤为重要，各方应在相互尊重的基础上增进政治互信、遵循经济规律，同时制定科学合理的开发标准，以开放透明的方式推进北极经济均衡发展。林副局长介绍了中国北极科研活动近况，同时提出发挥科学考察对人类认识和利用北极的引领作用，将科学考察与监测的大数据作为指定北极环境保护措施的依据，通过加强国际合作和科研成果分享，对北极活动给北极环境造成的影响进行合理评估。

图 4—2　第六届“北极理事会成员国高层代表”国际会议部分代表在“胜利 50 周年”核动力破冰船上的合影

2017 年 8 月 29 至 30 日，第七届“北极理事会成员国高层代表”国际会议在俄罗斯亚马尔－涅涅茨自治区的萨别塔村举行。来自 15 个国家的 100 多位代表出席了本届会议。普京总统在发来的贺电中表示：“北极经济的有效开发需要公开、平等、富有成效的态度和立场，需要加强旨在解决地区现实问题的国际政治、经济和社会对话。”[①]中国国

① VII Международная встреча государств-членов Арктического Совета http：//xn—8sbbmfaxaqb7dzafb4g. xn—p1ai/vii-vstrecha-gosudarstv-chlenov-arkticheskogo-soveta/（2017 年 9 月访问）

家发改委副主任、国家能源局局长努尔·白克力应邀参加会议，并做了“北极能源领域国际经济合作前景”的发言。本届会议讨论的主要议题有：保障北极能源和基础设施项目国际经济协作的安全和发展前景，北极地区（包括“北方海航道”）交通运输物流的安全，北极地区生态领域国际合作，以及北极地区社会项目和地区发展等问题。会议期间，与会代表参观了位于萨别塔的“亚马尔液化气”项目液化气厂、萨别塔港等地。

图 4—3　第七届“北极理事会成员国高层代表”国际会议部分与会代表合影
前排自左到右：俄罗斯总统南北极国际合作特别代表阿·奇林加罗夫、亚马尔－涅涅茨自治区行政长官德·科贝尔金、俄罗斯国家安全委员会秘书尼·帕特鲁舍夫等

二、“北极—对话之地”国际论坛

“北极—对话之地”国际论坛是由俄罗斯总统普京倡导、俄罗斯地理学会主办、在俄罗斯联邦政府北极发展国家委员会支持下利用北极地缘战略、资源和经济潜力开展政治对话和经济合作的重要平台之一。

论坛设置每两年举办一次。

2010 年 9 月 22－23 日，第一届“北极－对话之地”国际论坛在莫斯科举行，吸引了来自 16 个国家和地区，超过 300 名北极研究学者、政府和实业界代表参加。俄罗斯总统普京出席会议并发表讲话。与会代表主要围绕以下议题进行了探讨。议题一是当前北极问题：国家利益和国际对话。议题二是北极环境：气候变化和人类活动的影响。议题三是北极的自然资源：本地区繁荣的合作领域。

2011 年 9 月 21－24 日，第二届“北极－对话之地”国际论坛在俄罗斯北极地区阿尔汉格尔斯克市举行，俄罗斯时任总理普京、摩纳哥亲王阿尔贝二世①、冰岛总统格里姆松、北极理事会主席古斯塔夫等来自世界上 20 个国家的 400 多名著名学者、北极问题专家、政府官员以及社会各界代表参加了论坛。论坛期间，与会代表们参观了俄罗斯地理学会举办的献给北极和本届论坛的展览会；签署双边和多边地方政府和学界合作协议；参加植树活动等。本届论坛由俄罗斯地理学会主办，俄新社赞助。

本次活动的主题是“‘北方海航道’及其基础设施和安全问题”。普京在发言中说，北极运输系统中“北方海航道”具有特殊的地位，俄罗斯计划将“这一航道建设成为最重要的、具有全球意义和规模的贸易航线之一”。普京表示，“‘北方海航道’是未来的国际运输动脉，该航线不仅在服务价格上，而且在安全和货运质量上能够与传统贸易航线相竞争”。他强调，“这条航线是连接欧洲和亚太地区大市场最短的航线，比传统南方航线几乎减少 1/3，是一个节约运输费用非常不错

---

① 2006 年 6 月，摩纳哥公国元首阿尔贝二世亲王创立阿尔贝二世亲王基金会，该基金会主要资助气候变化、可再生能源、生物多样性和防治荒漠化等领域的研究。2010 年 4 月 1 日，世界自然保护联盟发布公报说，该组织与摩纳哥阿尔贝二世亲王基金会签署了保护海洋资源协议，以加强在保护地中海和南、北极海洋资源等方面的合作。世界自然保护联盟海洋保护项目负责人伦丁表示，摩纳哥日前提出旨在保护海洋的《蓝色摩纳哥计划》，世界自然保护联盟也提出了《全球海洋生物多样性计划》，双方的合作将有助于促进这两项计划的实施。伦丁说，双方将在防治海洋酸化、防范非法捕鱼、改善海洋自然保护区和生态系统管理等方面加强合作。世界自然保护联盟是一个以保护自然环境为宗旨的国际组织，总部位于瑞士格朗。

的机会”。“选择‘北方海航道’运输的国家和私人公司无疑都将获得丰厚的经济回报”。[1]

冰岛总统格里姆松在发言中说，“北方海走廊将成为现代政治中的重要桥梁，因为它把欧洲、亚洲、北美和大西洋连接为一个整体”。他表示，“冰岛货船驶向东方和西方，‘北方海航道’揭开了濒北极国家发展的新篇章”。

摩纳哥亲王阿尔贝二世在会上表示，北极开发的基础是发展交通基础设施，“交通是自由，是北极的心脏”。

与会代表讨论的其他问题包括如何在北极地区开展应对自然灾害等紧急情况，如何合理利用北极地区的自然资源，如何开展保护极地环境和提高土著居民（原住民）生活质量等方面的国际合作等。会议认为，《北极搜救协定》是北极地区国际安全保障系统的基础。俄罗斯代表介绍了上述领域的具体举措，例如，俄罗斯已在北极地区建立针对自然和技术性紧急情况后果的预警、监控和消除系统。俄罗斯的格洛纳斯全球定位系统将确保北极地区交通运输安全列为其首要任务之一。普京在会上宣布，俄罗斯将在2015年前在北极地区建立10个综合救助中心，它们分别位于摩尔曼斯克、阿尔汉格尔斯克、纳里扬-马列、弗尔库特、纳吉姆、杜金卡、季克西、佩韦克、普罗维杰尼亚和阿纳德尔。这些中心在出现紧急情况时负责监控和做出反应，收集和分析必要的信息，并可作为各国在解决保障北极安全问题时协同行动的演练基地。

在生态环境领域，俄罗斯国家海洋救助局官员介绍说，每年在北极地区发生近100起自然和技术性事件，其中包括交通事故、技术设备故障和火灾、有毒物质泄漏、公共网络和生活保障系统失效等等。普京还披露说，俄罗斯已开始对北极地区污染物进行全面清理工作。首先是清除法兰士约瑟夫地群岛的石油产品废弃物。类似的工作还将在弗朗哥里岛，斯匹次卑尔根群岛等地展开。俄罗斯还将研究如何修复污染土壤，逐步推广这种独一无二的技术。

---

① 参见附件七。

2013年9月24至25日，第三届“北极—对话之地”国际论坛在俄罗斯亚马尔－涅涅茨自治区行政中心萨列哈尔德市举行。俄罗斯总统普京、冰岛总统格里姆松、芬兰总统尼尼斯托等来自世界各国的374名与会代表围绕北极大陆架油气资源开发的现实挑战，清除北极地区常年积累的生态隐患，预防和消除紧急情况，北极地区环境保护法律法规制定等问题进行了深入的探讨。俄罗斯地理学会和亚马尔－涅涅茨自治区地方政府联合举办了本届论坛。

本届论坛的主题是“生态安全”，分议题4个，分别为：北极地区的生态安全和居民健康；北极环境保护法的制定；气候、污染、生态问题的多样性和北极开发和利用的生态安全。俄罗斯联邦自然资源和生态部部长叶菲莫维奇、俄罗斯联邦气象局局长瓦希里耶维奇、俄罗斯联邦紧急状态部副部长、挪威石油公司代表、加拿大北极理事会代表等官员和学者就上述问题作了主旨发言。

普京在发言中表示，“北极掀开了工业突破、经济和基础设施急速发展的历史新篇章。俄罗斯北极地区正加紧勘探天然气、石油、矿物资源新产地；建设大型交通、能源设施；复兴‘北方海航道’”。他介绍说，受全球气候变暖的影响，北冰洋海域适宜海上通航的日期明显延长，2013年已经延长至100天，甚至150天。他认为，北极严寒条件下的工作环境极端复杂，需要巨额资金投入和高科技的支撑。他表示，在冰区条件下，只有那些具有最先进技术，财力充足的大公司才有权利开发北极大陆架的油气资源。他还强调，“俄罗斯近1/3的领土位于北极地区，俄罗斯有责任保护北极生态安全和稳定。”“保护北极大自然，保障经营活动、人类生存和环境保护之间的平衡是北极发展的主要原则和前提”。①

近年来，俄罗斯逐步加大对北极地区生态保护的关注和投入。首先，在普京的倡议下，俄罗斯于2010年启动对俄罗斯北极陆地和海域垃圾的清理计划。2013年，俄罗斯完成对法兰士约瑟夫地群岛中亚历山大岛屿上成百上千只废弃燃料桶的清理工作，并着手清理周边其他

① 参见附件八。

几个岛屿上积累多年的废弃垃圾。俄罗斯北极地方政府也积极参与制定本地区的“大扫除”计划。俄罗斯还计划扩大北极地区特别自然保护区面积。目前俄罗斯在北极地区共有 14 个特别自然保护区，2020 年前还将再设立 3 个联邦级自然保护区。现在俄罗斯北极地区约 6% 领土位于保护区内，面积近 32.2 万平方千米。① 根据俄罗斯政府规划，北极自然保护区的面积将成倍扩大。其次，俄罗斯继续寻找在北极理事会框架内加强环保合作，推动完善海洋环境监测和保护的有效机制。普京在论坛上表示，俄罗斯作为北极最大的国家将在北极理事会、世界自然基金会和联合国环境署计划范围内与北极国家紧密合作，共同研究，并制定统一的北极生态标准。再次，加强国际合作，俄罗斯“将尽一切努力使北极成为各国发展伙伴关系，进行合作、对话和广泛交流的区域。”普京认为，北极集中了巨大的经济、政治和人文利益，气候变化已不再是最重要的问题，重要的是将会发生什么，重要的是要联合所有国家的力量在北极地区进行富有成效的工作。俄罗斯重视科学家和学者的意见，重视北极邻居、北极理事会成员国、乃至非北极地区国家所有关心北极发展的专家们的意见。最后是加强对北极地区的研究。在论坛开幕前，位于俄罗斯萨哈共和国（雅库特）的“萨莫伊洛夫斯基岛”研究站正式启用，它将重点关注全球气候变暖条件下的冻土融化等问题。

普京在发言中还对不久前国际绿色和平组织成员试图夺取俄罗斯伯朝拉海域的普利拉兹洛姆钻井平台②，制造事端的行为进行了严厉的批评，他认为这是一件违反国际法准则，威胁他人生命和健康的事件。

2017 年 3 月 27 日至 31 日，第四届“北极—对话之地”国际论坛在阿尔汉格尔斯克举行，俄罗斯总统普京、芬兰总统尼尼斯托、冰岛总统约翰内松，中国国务院副总理汪洋，丹麦、冰岛和挪威的外长，加拿大、韩国、新加坡、瑞士、美国和日本的官方代表等来自 30 多个

---

① Заповедники Арктики http：//www. arctic-info. ru/encyclopedia/flora-and-fauna/zapovedniki-arktiki/（2017 年 9 月访问）

② 普利拉兹洛姆石油钻井平台位于俄罗斯涅涅茨自治区北部伯朝拉海域。2011 年第二届“北极—对话之地”国际论坛在阿尔汉格尔斯克举行期间，普京参加了该平台的开工典礼。

国家的2300多名代表参加。本届论坛的主题是“人在北极”。论坛在俄罗斯联邦政府“北极发展问题国家委员会”支持下举办的。在论坛期间，还举办了第三届“北极—俄罗斯的创造”国际青年教育论坛、“北极—环保之地”研讨会、北极地区城市代表交流论坛等20场交流活动。

“北极—对话之地”国际论坛原定每2年举办一次。由于乌克兰危机后美欧对俄罗斯实施制裁等原因，第四届“北极—对话之地”国际论坛在中断4年后才得以重新启动。本届论坛规格之高，规模之大，参加人数之多，堪称北极开发成为全球热点以来影响最大的一次国际聚会。

本届论坛的宗旨是加强与相关国际组织，国家政府部门和科研、商业机构的合作，共同努力，保障北极地区的社会和经济的稳定发展，提高北极地区居民的生活水平，保护北极生态环境。

汪洋副总理在论坛开幕式上作了题为《共同开创北极美好新未来》的致辞，他表示，在北极变化的新形势下，中国秉承“尊重”“合作”“可持续”三大政策理念参与北极事务，倡议各北极利益相关方加强北极生态环境保护，深化对北极的科学探索，依法合理开发利用北极资源，完善北极治理机制，共同维护北极的和平与稳定。

普京在论坛上表示，“北极—对话之地”国际论坛将推动北极成为开展建设性对话、创新和平等交流的重要平台。俄罗斯占整个北极地区面积的近1/3，负有不可推卸的责任。俄罗斯将致力于北极的可持续发展，包括建设现代化基础设施、开发能源、发展工业基地和提升北极原住民生活水平等。他表示，在达到上述目标的同时必须保护好北极的生物多样性和脆弱的生态系统，为此，需要建立广泛的国际合作。“亚马尔液化气”项目就是最好的国际合作典范，有7个国家参与其中。普京强调，俄罗斯对那些具有建设性的参与北极合作的国家和组织持欢迎态度，并将为其创造一切有利条件。

除此之外，俄罗斯举办的有关北极问题的有一定影响力的国内外会议和论坛还有俄罗斯“极地人协会”主办的“北极—今天与未来”年度国际论坛、摩尔曼斯克的“国际北极经济论坛”“俄罗斯联邦北方、西伯利亚和远东土著少数民族代表大会”等。通过这些平台，俄

图 4—4 普京在第四届“北极—对话之地”国际论坛上的讲话

罗斯向国际社会充分展示了开发和发展北极地区的强烈意愿，也清晰、完整地将俄罗斯的北极政策向有关各国交了“底”，奠定了俄罗斯与环北极国家和北极域外国家在北极开发上开展国际合作的坚实基础。

第二节 俄罗斯与环北极国家

冷战时期，北极地区是美苏核对抗的前沿。如今，北极地区成为有关各国“共同治理，合作开发”的和平区域。这是一个具有重大历史意义的转折。

这一转变始于苏联领导人戈尔巴乔夫于 1987 年 10 月 1 日在视察北方军事重镇摩尔曼斯克时发表的讲话。在这篇讲话中，戈尔巴乔夫呼吁东西方开展多边或双边合作，把北极变成和平之地。其主要内容是：（1）建立北欧无核区。苏联准备率先将核潜艇撤出波罗的海舰队，拆除在科拉半岛的中程导弹。（2）建议北约和华约之间展开谈判，限制北欧附近海域的海空军活动。（3）苏联有兴趣邀请加拿大、挪威等国建立合资公司开发北冰洋大陆架上的油气资源。（4）苏联建议召开包括所有北极和亚北极国家的研究会议，讨论建立北极研究联合委员会。（5）苏联建议拟定一个北极环境保护合作计划，建立一套监控体系，监测该地区的环境状况和核辐射安全，开展北极地区环保合作。（6）国际关系正常化以后，苏联可以对外国船只开放“北方海航道”，并提供破冰服务。

戈尔巴乔夫的讲话得到西方阵营的欢迎，称之为“摩尔曼斯克倡议”。它表明苏联在涉北极问题上长期保持的强硬、排斥和不合作的态度发生变化。这是在东西方冷战正式结束前苏联向西方阵营释放的一个和解信号。

1991 年 6 月，包括苏联在内的环北极八国在芬兰的罗瓦涅米签署了《北极环境保护宣言》，正式启动“北极环境保护战略”（AEPS）。苏联解体后，俄罗斯在北极问题上基本延续戈尔巴乔夫在这篇讲话中所表明的立场。俄罗斯联邦先后加入了波罗的海国家委员会（1992 年）、北方论坛（1974 年）、巴伦支欧洲北极理事会（1993 年）、北极地区议员大会（1993 年）和北极理事会（1996 年）等国际组织。但是，由于冷战结束不久，加上一些现实的利益分歧难以调解，在 20 世纪 90 年代很长一段时期里，俄罗斯与其他环北极国家在海域划分、资源利用、环境治理等方面仍存在着尖锐的对立，在北极问题上与相关国家的合作举步维艰，进展缓慢。

普京任俄罗斯总统后，尤其是在普京总统第二任期内，随着俄罗斯国力的逐步恢复和增长，加上俄罗斯国内对北极开发重要性的共识不断扩大，一度被搁置的北极国际合作重新被提上了议事日程。2004 年 4 月，普京在联邦委员会主席团会议上郑重指出，北极地区对俄罗斯具有特殊的地缘政治、经济和国防意义，制定北极地区的国家政策已刻不容缓①。随后几年，俄罗斯相继提出和通过一系列有关北极的法律文件。俄罗斯为了表明自己对北极开发和治理的开放立场和态度，自 2010 年起频繁举办有关北极问题的国际会议，其中级别最高、影响

---

① Заседание президиума Государственного совета №36,《Основные направления государственной политики в отношении северных территорий России》http：//www. kremlin. ru/events/president/trips/45522（2017 年 9 月访问）

力最大的是由俄罗斯地理学会主办的“北极—对话之地”国际论坛和俄罗斯联邦国家安全委员会主办的“北极理事会成员国高层代表”国际会议。

与此同时，俄罗斯采取双边和多边渠道并举的方式积极扩大和深化与环北极国家的合作。

一、俄罗斯与北欧国家的北极合作

北欧5国包括挪威、丹麦、冰岛、芬兰和瑞典，是北极地区重要的组成部分，在北极事务上发挥着独特的和越来越重要的作用。北欧5国无论是幅员、人口还是经济实力都属于小国，影响力有限，但一旦组成一个统一行动体，便能引起国际社会的关注，形成维护其北极利益的国家合力。近年来，北欧5国的北极政策越来越呈现出协调一致的趋势，但由于各自的历史渊源、地缘政治利益存在一定差异，使得俄罗斯与这5个国家在北极问题上的合作各有侧重和特色。

（一）俄罗斯与挪威的北极合作

挪威是北冰洋沿岸国，是北极国家中最先出台北极战略和政策文件，也是更新其北极战略和政策文件最频繁的国家。它同时也是北极国家中最为关注北冰洋航道的国家之一。2006年12月，挪威正式颁布《挪威政府的北极战略》。2009年3月推出更新版的北极战略文件《北方地区新的建设领域：政府北方战略的下一步骤》。2011年11月，挪威政府发布《北方地区：愿景与战略》白皮书，这些文件构成了挪威政府的北极战略框架，其中北极资源和北冰洋航道是挪威北极战略和政策的重点部分。挪威的北极政策中将俄罗斯视为挪威在北极的关键伙伴之一，挪俄关系是其北极区域政策不可分割的组成部分。

挪威在石油开采、海域运输、海洋生物资源的利用和管理、环境保护、气候变化与北极熊的研究以及对土著民族的研究等方面拥有世界领先的水平。作为北冰洋沿岸国，挪威拥有众多优良的港湾和高水平的海上运输和物流公司，拥有世界上最先进的船舶和海上设施，并且特别适合于北部海域。这决定了挪威在未来北极航运中的优势地位，也成为挪威与俄罗斯在北极地区开展务实互利合作的基础。

挪威与俄罗斯不仅是邻国，而且两国共享巴伦支海。挪威北方地区的环境和资源管理，没有俄罗斯的参与和挪俄的“携手并进”无法有效地予以解决。挪威特别强调要在“务实、利益和合作”的基础上加强与俄罗斯的合作。

巴伦支海是靠近斯堪的纳维亚半岛东北部的一片北冰洋海域，总面积140多万平方千米。其中，挪威和俄罗斯有争议的17.5万平方千米海域不仅鱼类资源丰富，而且海底蕴藏着丰富的石油和天然气资源。挪威和苏联1970年开始海域划界谈判。1975年双方达成暂停勘探、开采争议地区油气资源的协议。但由于双方在海域划界问题上各不相让，以致谈判陷入僵局。

2010年9月15日，俄罗斯与挪威结束了长达40年的边界谈判，完成了争议海域的划界工作，两国签署了《关于在巴伦支海和北冰洋的海域划界与合作条约》。根据协议，挪威和俄罗斯同意把双方有争议的17.5万平方千米巴伦支海水域纵向分为大致相等的两个部分，西侧归挪威，东侧属俄罗斯。

2011年2月8日和3月25日，这项条约分别由挪威国会和俄罗斯国家杜马批准生效。根据这项条约，俄罗斯与挪威重启了冻结30年的涉及争议海域的北极大陆架油气田的开发，并同意继续执行1975年苏联与挪威间达成的渔业协定，让基于这一协定在1976年成立的俄挪混合渔业委员会继续发挥作用，执行两国渔业部门制定的有关捕鱼设施的统一技术规则。此外，这项条约还规定俄挪两国将共同保护巴伦支海的海洋环境。

俄挪海洋边界的划定是两国在对本国的战略、政治、经济、外交、交通等综合考虑后的结果。它为解决北冰洋国家之间的海洋争端树立了在国际法范畴内互谅互让、和平解决争端的范例。俄、挪划界的成功也使得俄罗斯的国际形象得到改善。

俄挪条约签署7年来，俄挪两国关系大大改善。两国在渔业和跨界油气资源领域的合作，为两国在北极的合作打开了广阔的前景。

俄挪两国在军事领域的合作也上了一个台阶。挪威高级军事领导访问莫斯科，达成加强双边军事联系的重要协议，其中包括军舰互访和开展海上军事演习，而且还确立了北极沿岸国家海岸警备队之间的相互协作机制。挪威建立的航海研究中心，为俄罗斯与挪威两国就航海安全和制定清理漏油问题的合作关系中扮演了重要的角色。俄挪两国还签订了建立船舶交通管理联合信息系统协议等。

（二）俄罗斯与丹麦的北极合作

丹麦本土并不与北冰洋直接相连，但通过其自治领地格陵兰岛成为北冰洋沿岸国家。格陵兰岛位于北美洲、北冰洋和大西洋之间，面积216万平方千米，人口约5.7万人。格陵兰于1841年成为丹麦的殖民地，1979年获得地方自治权。2008年11月举行居民公投，2009年5月经丹麦国会批准，正式改制成为一个内政独立但外交、国防与财政相关事务仍由丹麦代管的过渡政体。

2008年5月，丹麦政府与其属地格陵兰自治政府发表了一份联合文件，题为《转型时期的北极：北极地区活动的规划战略》，明确表示双方将制定统一的北极战略，确保丹麦－格陵兰成为北极一个主要行为体。2011年8月，丹麦颁布了新的北极战略文件《2011－2020年丹麦王国北极战略》。新战略规定：（1）北极开发的重点是要充分发掘该地区的商业和经济潜力，改善当地居民的生活水平。（2）要兼顾北极经济发展与环境保护。（3）重视北极国际合作，根据国际法处理有关北极的争端。新战略还鼓励私人投资北极地区的油气资源的开发。

丹麦在北极外大陆架问题上是俄罗斯的有力竞争者。2004年10月，丹麦科学研究部部长桑德（Helge Sander）提出一项最新的地理发现，主张北冰洋与丹麦所属的格陵兰岛与罗蒙诺索夫海岭相连接，这就与俄罗斯向联合国大陆架界限委员会提出的外大陆架涵盖区域发生了重叠。

丹麦无意在北极外大陆架问题上与俄罗斯持续对立，主张按照

《伊卢利萨特宣言》精神，在已有的国际法基础上解决彼此间的分歧①。这就为缓和俄丹两国间的紧张关系发挥了积极的作用。目前，两国在开发大陆架石油天然气资源及其他相关项目上开展双边合作，北极合作反过来又为彼此在政治、经济、社会、科学等多个领域的合作创造了良好的环境。

目前，俄罗斯和丹麦双边关系中悬而未决的一个问题是丹麦支持美国在北冰洋地区特别是格陵兰岛的军事计划。美国早在 1951 年就在格陵兰岛上设立了图勒空军基地，它是冷战期间美国针对苏联的战略前沿。1961 年，美国开始部署弹道导弹早期预警系统，使之成为北美防空司令部探测及追踪苏联洲际导弹发射的重要据点。2004 年 8 月，美国国务卿鲍威尔与丹麦外交部长莫勒签署一项雷达升级协议，为双方进一步洽谈战区导弹防御系统合作预作准备。丹麦希望通过与美国全方位的军事合作，可让其在推动北冰洋政策时获得更多的外交与军事筹码。丹麦将与美国的军事合作视为确保国家安全与利益的重要途径。俄罗斯却认为是针对自己的战略威胁。俄、丹两国间围绕这一问题的博弈恐将持续相当长一段时期。

（三）俄罗斯与冰岛的北极合作

冰岛是北欧五国中面积最小的国家，人口不足 30 万，但地理位置十分重要，位于北美洲与欧洲间的北大西洋之中。冰岛没有军队，冰岛在北极的国家利益是发展经济，主要是渔业、铝业和旅游业。

进入 21 世纪，位处北极圈的冰岛在国际政治中日趋活跃，成为一个有影响力的北方国家。冰岛既是北约、经合组织、欧安组织的创始成员国，也是欧洲自由贸易联盟、欧洲经济区的成员国；同时，它还是北欧理事会、北极理事会、巴伦支欧洲北极理事会、波罗的海国家委员会的成员国。此外，冰岛还与丹麦自治领的格陵兰及法罗群岛成

---

① 2008 年 5 月，丹麦联合加拿大、美国、俄罗斯和挪威等国在丹麦格陵兰岛的伊卢利萨特发布了《伊卢利萨特宣言》。《伊卢利萨特宣言》强调缔约国在外大陆架主张重叠的国家应按照已有的国际法基础上解决彼此间的分歧。

立西北欧联盟。2009 年 7 月，冰岛政府向欧盟轮值主席国瑞典正式递交加入欧盟的申请书。

冰岛在北极事务国际合作中一直比较积极。由于它是蕞尔小国，更注重多边合作。例如，1993 年第一届北极地区议员会议就是在冰岛首都雷克雅未克召开的。冰岛作为北极理事会轮值主席国期间（2003－2004），推动北极理事会发布了两个重要的报告，即《北极气候影响评估报告》和《北极人类发展报告》。

2009 年 4 月，冰岛外交部发布题为《冰岛的北极地区》的战略文件。2011 年 3 月，冰岛议会在这份文件的基础上通过了有关北极政策的决议，授权冰岛政府积极应对北极地区气候变化、环境治理、自然资源开发以及航运与社会发展等挑战。要求冰岛政府加强与其他国家及利益攸关方的合作，以确保冰岛的利益。

冰岛的北极战略在许多方面与俄罗斯 2008 年《北极政策》有共鸣，这奠定了俄罗斯与冰岛良好的合作基础。2011 年 11 月 29 日，两国外长在莫斯科发表了《北极合作宣言》。冰岛是俄罗斯第一个签署类似文件的国家。这份宣言没有停留在泛泛的原则表述上，而是非常注重实效性和可操作性。例如，这份宣言指出，俄罗斯和冰岛两国将分享在北极地区的各种利益和承担所有的挑战，推动双边在北极理事会和巴伦支欧洲北极理事会中的双边合作。两国主要的合作领域包括：搜救、海洋和航空运输、保护环境、科学研究、教育、信息技术等领域的合作。

冰岛总统格里姆松全力支持俄罗斯的北极政策。格里姆松在其总统任内（1996－2016）多次访问莫斯科，参加了俄罗斯举办的每一届“北极—对话之地”国际论坛（2010 年、2012 年、2013 年和 2017 年）。2013 年，在格里姆松总统的倡议下，在冰岛举行了“北极圈论坛”国际会议，促进了北极国家地区之间，学界、商界等合作关系。该论坛向域外国家开放。

克里米亚危机后，美欧对俄罗斯实行制裁，冰岛作为北约的一员不得不采取相同立场。这就导致两国渔业合作遭受重大挫折。冰岛经济对渔业依赖很大，其出口俄罗斯的水产品在俄罗斯与冰岛双边贸易总量中占80%以上。制裁对冰岛的不利影响远超对俄罗斯的影响。2016年8月，两国外长达成原则协议，同意继续积极扩大在非制裁领域和项目中的务实和互利合作。

俄罗斯和冰岛两国北极合作的优先方向是能源。冰岛是环北极国家中最早开发地热资源的国家，拥有比较成熟的技术，对俄罗斯有重大的借鉴价值。《2030俄罗斯能源战略》明确载明了俄罗斯要开发地热资源，提高俄罗斯能源消费结构中可再生能源的比重。2011年10月，俄罗斯和冰岛两国签署了《俄冰地热能源领域政府间合作协议》，冰岛承诺将向俄罗斯转移地热资源技术。地热资源可以用来解决降低俄罗斯国内生产总值中能耗高的难题，加大能源的结构平衡。同年11月，两国又签署了《北极合作宣言》，规定双方优先合作方向是扩建和完善“北方海航道”的基础设施、极地航运、科学研究、生态规划、应对北极地区污染、开采碳氢化合物矿藏，发展信息技术等领域。俄罗斯和冰岛两国一致同意加强在北极理事会、巴伦支欧洲北极理事会和“北方纬度”等框架内的协作。俄罗斯与冰岛还签署了《现代化合作宣言》，促进双方在北极搜救行动领域的合作潜力；签署了《旅游领域扩大合作协定》等。在可以预见的未来，两国在北极的合作有望不断加强。

（四）俄罗斯与瑞典的北极合作

瑞典位于斯堪的纳维亚半岛，西邻挪威，东北与芬兰接壤，东边为波罗的海，与丹麦、德国、波兰、俄罗斯、立陶宛、拉脱维亚和爱沙尼亚隔海相望。瑞典总面积约45万平方千米，人口968万人，是北欧最大的国家。

公元1100年前后，瑞典开始形成国家。在17－18世纪曾跻身欧洲列强之一，但在两次世界大战中都宣布中立，是一个永久中立国。瑞典不是北冰洋沿岸国家，但有15%的领土位于北极圈。它是北极理事会的创始会员国，但对北极的关注不如其他环北极国家。直到2011年5月，瑞典政府担任北极理事会轮值主席国期间，才颁布了题为《瑞典北极地区战略》的第一份涉北极文件。

瑞典北极战略的关键词是：“环境保护”“经济发展”和“人类视野”。《瑞典北极地区战略》中有这样的判断：“北极是一个紧张度较低的地区”。这一点，俄罗斯是非常认同的。

瑞典和俄罗斯在历史上曾经是宿敌。瑞典国王查理十二世是俄罗斯彼得一世一生最大的对手。俄瑞鏖战多年，俄军先败后胜，从瑞典手中夺得了大片土地，成为波罗的海的强国，瑞典则失去欧洲强国地位。

作为永久中立国，瑞典秉持与任何大国都不结盟的方针，与俄罗斯的关系虽有一些龃龉，但一直保持比较克制的态度。从《瑞典北极地区战略》可以看出，瑞典与俄罗斯在北极地区扩大双边合作的可能性比较有限，主要是环境保护、矿产开发、北方原住民利益保护等。2011 年 4 月，普京在访问瑞典时邀请当地企业参与“北方海航道”的开发①。到目前为止，俄罗斯与瑞典两国在这一领域的合作还没有明显的进展。

与其他环北极国家相比，瑞典没有北极海岸，在北极地区也没有直接的能源利益，俄罗斯与瑞典之间也不存在海域划界问题。但是，瑞典十分看重自身在北极理事会中的地位，是俄罗斯不可小觑的对象。

（五）俄罗斯与芬兰的北极合作

芬兰在北欧 5 国中属于中等规模。它西与瑞典、挪威接壤，东面同俄罗斯为邻，南临芬兰湾。境内 10% 是河流、湖泊等水域，有“千湖之国”之称。总面积约 33.8 万平方千米，人口 546.4 万人。最早的居民为拉普人，芬兰人迁入后，建立了芬兰大公国。芬兰在 12 世纪后半期被瑞典统治，1809 年俄瑞战争后并入俄罗斯帝国。1917 年 12 月，芬兰独立。

芬兰是北欧 5 国中唯一与苏联兵戎相见过的国家。在 1939 至 1940 年的苏芬战争中，苏联在付出重大伤亡代价后从芬兰版图中割去了卡

---

① Путин пригласил Швецию к сотрудничеству в освоении Северного морского пути. http://vz.ru/new/2011/4/27/487144/print.html（2017 年 9 月访问）

累利阿地峡。卡累利阿地峡位于俄罗斯的拉多加湖与芬兰湾之间，是列宁格勒（圣彼得堡）的战略屏障。第二次世界大战后，芬兰长期奉行中立政策，不介入大国之间的冲突，但一直同苏联保持特殊的友好关系。苏联解体后，芬兰获得更多的外交自主权，于 1995 年加入了欧盟。

芬兰和瑞典一样都不是北冰洋沿岸国家，但全国有 1/3 的土地在北极圈内。芬兰作为北极理事会成员国，对北极事务一直非常关注。20 世纪 90 年代初，芬兰提出过两项有关北极事务的提议：一是 1989 年 9 月芬兰政府提议北极理事会 8 国召开第一届“北极环境保护协商会议”，推动了 1991 年北极理事会前身《北极环境保护策略》的签署。二是 1997 年芬兰提出的北方政策倡议获得欧盟理事会批准，正式成为欧盟的北方政策。

2010 年 8 月，芬兰政府发布《芬兰北极战略》，确定了芬兰北极政策的主要目标：一是根据国际条约准则，开展北极地区的国际合作。二是在双边、地区和国际层面增强有关北极事务的国际合作。三是欧盟北极政策的进一步发展对芬兰至关重要。2013 年 8 月，芬兰推出题为《2013 芬兰北极战略》的新北极战略文件。芬兰北极战略的最优先领域包括海上运输、基础设施及包括专业知识、技能在内的经济利益考虑的内容。这一文件就整体而言是商业导向的，强调芬兰在经济活动及油气等自然资源利用上所拥有的专业技术与知识优势，目的是使芬兰保持在北极专业知识领域的国际领先地位。此外，芬兰新的北极战略也表明，在北欧五国中，芬兰是最关注与积极推动欧盟北极政策发展的国家。这与芬兰属于欧盟成员国有很大关系。

芬兰没有直接通往北极的港口，在北极地区的商务活动中受到诸多制约。芬兰在北极事务中表现出很高的积极性和务实态度，有同俄罗斯合作，参与俄北极项目的强烈意愿。芬兰掌握的“王牌”主要有：一是芬兰具有较强的科技研发和创新实力，特别是在造船、寒冷水域航行以及离岸基础建设等方面具有技术优势。二是可以在俄罗斯与欧盟之间充当协调人角色。芬兰未来在北极事务中可以发挥很大的作用。

芬兰始终将俄罗斯视为在北极事务的战略合作伙伴。2009 年芬兰制定的《对俄行动计划》中提出要在各经济领域与俄罗斯密切合作关系。芬兰是俄罗斯的传统商业伙伴，俄罗斯则是芬兰通往北极的门户。对俄罗斯而言，与芬兰合作有利于实现和发展俄罗斯与欧盟的关系。俄罗斯与芬兰的优先合作方向是保护北极环境、发展海上交通，以及石油天然气领域的合作。芬兰的造船业非常发达，它在船舶建造以及港口建设等方面的专业知识和丰富经验赢得世界的高度评价，是这一领域公认的“世界第一”。全世界目前正在运营的破冰船一半以上是由芬兰造船厂建造的。在俄罗斯“亚马尔液化气”项目中，俄芬两国联合建造运输液化气的抗冰船只，在这方面取得了有目共睹的进展。

二、俄罗斯与加拿大的北极合作

加拿大地处北美洲北部，国土总面积约 998 万平方千米，位居世界第二。人口却只有 3600 多万。

加拿大将其国土北纬 60°以北的地区称为北方地区，比地理学上的北极地区（即北极圈以北地区）更为辽阔，主要包括育空地区、西北地区和努纳武特地区，合计约占加拿大国土面积的 45%。加拿大北方领土西接美国阿拉斯加，东邻丹麦格陵兰岛，北与俄罗斯隔着北冰洋遥遥相对。连接大西洋和太平洋的“西北航道”穿越加拿大北极群岛中的海峡水路。作为仅次于俄罗斯的第二大北极国家，加拿大十分重视自己在北极地区的领土和海洋权益。维护和巩固其北方主权始终是加拿大外交政策的首要目标之一。

2009 年，加拿大政府颁布了题为《加拿大北方战略：我们的北方，我们的遗产，我们的未来》的政策文件，明确提出了加拿大北极政策的 4 大支柱，即行使国家主权、促进经济社会发展、保护环境遗产以及改善地区治理。

保障加拿大北极地区的领土和海洋权益是加拿大北极政策核心目标。这一政策目标一方面是要防范北极地区非国家行为体所带来的新的安全威胁，诸如非法移民、毒品走私以及恐怖主义等风险；另一方面是要解决海洋划界争端（汉斯岛、波佛特海以及西北航道等），为加拿大北极地区油气资源开发提供法律保障。

在《加拿大北方战略》中，加拿大政府希望依靠其占有北冰洋海岸线较长的地理优势，加上自身的技术优势，加大北极科考力度，确保加拿大成为北极科研和北极开发技术的全球领先者。加拿大政府还通过建立自然保护区保护其北方领土的生态环境。此外，加拿大政府在有关北极事务的决策过程中注重和扩大公民参与，以增强其北极政策的合法性，树立其在北极地区推行善治的良好国际形象。2010 年，加拿大政府出台了《北极外交政策声明》，强调北方地区是加拿大国家认同的基础，是加拿大历史、文化和灵魂的重要组成部分。该声明的出台标志着加拿大北极政策的正式成型。

加拿大重视北极理事会在地区治理中的核心作用。加拿大作为北极理事会首届轮值主席国（1996 - 1998），为确保这一区域性国际组织的平稳、顺利运行做出了不懈努力。例如，确定和批准理事会的议事规则和职权范围；将“北极环境保护战略”所属的 4 个工作组纳入北极理事会的管辖之下；鼓励北极原住民团体积极参与北极理事会相关议题的讨论；筹备设立可持续发展工作组等。这些举措对于北极理事会的正规化、机制化发展至关重要。加拿大还在北极理事会起草《北极人类发展报告》《北极石油和天然气评估报告》和《北极海运评估报告》等政策文件过程中发挥了主导作用。

加拿大善用立法手段加强对北极航道的管理。北冰洋有两条主要的航道。其中，“西北航道”是从北大西洋经过加拿大北极群岛进入北冰洋，再进入太平洋的捷径。它和“东北航道”并列为北极两大航道。加拿大将它视为国之命脉。1969 年 8 月 24 日至 9 月 14 日，美国“曼哈顿”号油轮在两艘破冰船陪护下首次穿越“西北航道”，将阿拉斯加开采的原油通过新航道运送到了美国东部海岸，开辟了该航道的商业航运史。此举引发了加拿大政府对海洋污染的担忧。1970 年，加拿大颁布了《北极水域污染防治法》。这项法律以保护海洋环境为由，在北冰洋沿岸水域设置了 100 海里的污染防治区，并赋予加拿大在必要时可禁止航道通行的权利。这项法律在国际法上具有重要的意义。由于美国拒绝承认加拿大对“西北航道”的管辖权，两国时断时续的争吵一直没有停止过。

俄罗斯与加拿大都是在北冰洋沿岸拥有较长海岸线的国家。加拿大和丹麦一样，都与俄罗斯在罗蒙诺索夫海岭的归属问题上存在分歧。加拿大强调罗蒙诺索夫海岭是加拿大大陆板块的延伸，属于加拿大的外大陆架一部分。俄罗斯 2007 年在北极海底的插旗举动引起加拿大方面的强烈反感。插旗事件不久加拿大就在北极地区举行了大规模的军事演习。时任总理斯蒂芬·哈珀亲临视察，并宣布将在加拿大北极地区新建两个军事设施，加强对北极的巡逻保卫能力。

近年来，加拿大政府在向联合国大陆架界限委员会提交有关罗蒙诺索夫海岭属于加拿大外大陆架申请的同时，在其北部地区频频举行军事演习，其中有的还是多国的联合军演。加拿大还向北极地区增派巡逻船，加强海岸警卫队的快速反应能力，建造新的破冰船以及能够在冰上执行巡逻任务的舰艇，摆出了一付绝不轻易让步的强硬姿态。

加拿大是北约成员国。反俄亲美一向是加拿大政客赢得选票，夺取政权的筹码。朝野两大阵营经常拿对方的北极政策说事，北方战略经常成为大选前朝野两大阵营的“人质”。加拿大的国内舆论更是在民粹主义思潮的支配下支持将北极主权作为加拿大外交的首要优先方向。尽管如此，加拿大在北极事务上还是做出了与俄罗斯实行有限合作而不是一味对抗的战略选择。

俄、加两国的北极合作有两个明显的特点：一是法律先行；二是注重实效。

近二十年来，俄加两国间签署了一系列有关经贸合作的协议，这是彼此在北极事务中进行深度合作的法律基础。这些协议主要有：《俄罗斯与加拿大协商与合作条约》（1992 年）、《鼓励和相互保护投资协议》（1992 年）、《经济合作协议》（1993 年）、《避免双重课税和防止逃税协议》（1995 年）、《空中运输协议》以及《关于俄罗斯联邦主体与加拿大省、地区之间的合作原则和合作基础协议》（2000 年）。此外，在苏联时代签署的《和平利用核能领域的合作协议》（1989 年）

目前依然发挥着效力①。有些协议直接涉及北极问题。如 2000 年 12 月 18 日俄加两国签署的《北极合作的联合声明》明确了双方在北极地区开展合作的基本方向。

目前，按照俄加两国有关“北方空中之桥”计划，两国已着手在北极高纬度地带建立一个综合通信系统，用以保障俄罗斯克拉斯诺亚尔斯克市与加拿大温尼伯航空港之间的空中交通。此外，俄加两国目前在俄罗斯北极地区已实施多项规模较大的联合投资项目。如两国矿业公司在雅库特开发曼加泽亚银矿，在楚科奇开采金矿以及在涅涅茨自治区开采石油等。在科研领域，俄加两国也有互利合作的项目。如 2011 年 6 月 2 日，两国签署了《关于科学、技术和创新领域合作的联合声明》，同意加强两国在能源、北极研究、校际交流等方面的合作项目。

俄罗斯与美国，加拿大与美国在北极海域划界和航道使用上都有矛盾。在共同应对美国问题上，两国有相近的主张和共同的利益。例如，俄加两国都强调在国际法准则的基础上通过谈判解决领土争议，两国都支持北极空间划分的扇形分割原则，也分别主张对北极的“东北航道”“西北航道”拥有无可争辩的管辖权，反对美国将这两大航道视为国际水域，主张“航行自由”的立场。

二、俄罗斯与美国的北极合作

美国本土位于北美洲大陆南部，夹在大西洋和太平洋之间。但美国自从 1867 年从俄国购得跨越北极圈，总面积 170 万平方千米的阿拉斯加州后，开始跻身环北极国家行列。

美国是当今世界唯一的超级大国。在全球事务和地区事务中有着举足轻重的影响，北极事务也不例外。在北极国家中，美国是最早，

① В. Сургунин Стратегия Канады в освоении Арктики《Арктический регион: проблемы международного сотрудничества》, Российский совет по международным делам, 1 – ый том, Москва, 2013, p. 148.

也是最系统地制定北极政策文件的国家。冷战前后的近40年间，美国5任总统，尼克松、里根、克林顿、小布什和奥巴马曾先后出台有关北极政策的国家安全备忘录，国家安全总统指令等①。

俄罗斯2007年北极海底插旗事件后，美国决策者的视线再次聚焦到北极问题上。2009年1月9日，小布什签署了由国家安全委员会制定的《美国北极地区政策》，指出美国在北极地区拥有广泛的利益，为了保护这些利益，美国随时准备单独或者与其他国家结盟共同采取措施。同年11月，美国海军发布《北极路线图》，提出了为捍卫美国在北极的利益，扩大在北极海上行动的五年计划。奥巴马继任总统后，更加快了制定和实施美国北极战略的步伐。2013年5月，奥巴马政府颁布了新的《美国北极地区战略》，其中列出了在北极地区努力的三个方向：进一步增强美国的安全利益，实现北极地区合理的治理管辖，加强与其他国家的合作②。紧接着，奥巴马政府又于2014年发布了《美国北极地区战略实施计划》。与此同时，美国国防部、海岸警卫队等涉北极事务的主管部门也先后推出自己的部门战略、路线图和行动计划。2014年美国国务卿克里任命前海岸警卫队司令罗伯特·帕普为美国北极事务特别代表，从而从组织和人事上对美国北极战略的实施予以必要保障。上述举措与美国于2015年5月接替加拿大成为北极理事会轮值主席国的时机相衔接。

美国的北极政策立场和战略目标可概括为：

（1）维护北极安全利益。一是保障北极地区的航海自由，确保船只和飞行器在该地区的运作符合国际法。美国主张根据既有国际法框架建立专门针对北极的海洋管理机制。尽管美国目前还不是《联合国海洋法公约》缔约国，但其将继续支持和遵守《联合国海洋法公约》的国际规则。二是提升海洋空间意识。强调北极地区的人类活动和环境变化趋势对于美国安全、环境及商业利益的长远影响。三是强化北

---

① 沈鹏：《美国的极地资源开发政策考察》，《国际政治研究》2012年第1期。

② 郭培清、孙凯：《美国北极战略分析》，载刘惠荣主编：《北极地区发展报告（2014）》，社会科学文献出版社，2015年版，第5页。

极基础设施建设。推动北极跨国搜救国际行动，包括提升北极气候和海冰预测及预警能力，加强对北极生态系统的科学研究等。四是为美国未来能源安全提供保障。北极地区的能源利益构成美国能源安全战略的核心内容，因此开发北极油气资源符合美国“全方位”加强国家能源安全的战略。美国除继续开发阿拉斯加油田外，近年来也加入北冰洋大陆架的争夺战，把目光瞄准了楚科奇海和波弗特海，并指派“希利”号破冰船进行海底地图绘制工作，同时为向联合国大陆架界限委员会登记边界信息做准备。

（2）强化北极地区的战略优势。在北极地区管理方面，保护北极独特而脆弱的环境是美国北极政策的中心目标之一，在资源开发过程中要综合考量经济发展、环境保护和文化价值等多重因素。在气候变化和生态保护问题上，美国重视利用科学研究和传统知识增进人们对北极自然和社会生态变化的理解，并致力于加强北极管理综合性架构的制度化建设。

（3）推动多边合作治理。美国重视在《联合国海洋法公约》、国际海事组织、世界气象组织等多边框架内寻求国际合作，强调通过加强与俄罗斯、加拿大等北极国家的双边关系以及强化北极理事会的治理功能，达到增进北极国家集体利益，提升地区整体安全的目的。美国不仅强调与北极国家和其他伙伴国的合作，同时也培育与阿拉斯加州以及私营企业的伙伴关系，以增进美国的战略利益。因此在合作渠道上，美国不仅强调国际层面的合作，也日益重视国内层面的协调与合作。

在北极事务上，俄罗斯与美国既竞争又合作，但竞争面大于合作面。俄美两国间的矛盾表现在 4 个方面：一是美国强调北极“东北航道”属于国际水域。如果美国的主张得以贯彻，俄罗斯不仅会失去因其他国家使用这一航道获得的可观收入，而且会使俄罗斯北部地区军事战略短板更为凸显。二是对北极理事会的定位不同。俄罗斯主张扩大北极理事会的权利，而美国则认为北极理事会只是发表意见的论坛，反对赋予它必须履行其决定的国际组织的地位。虽然在美国 2013 年新北极战略中这一极端立场有所缓和，但俄美间仍然认识各异。三是美国故意抬高北约地位，贬低北极理事会和巴伦支欧洲北极理事会的作用。四是美国至今尚未批准《联合国海洋法公约》。美国与俄罗斯在北极海域划界纠纷依然存在着激化的可能。美国对俄罗斯扩大外大陆架的提案持反对态度。

毋容置疑，俄美两国在北极地区也存在着开展合作的机遇。进入新世纪以后，俄美两国企业为开发北极油气资源已启动了若干大型项目。例如，俄罗斯石油公司与美国埃克森美孚公司签署了在喀拉海合作开展地质勘探和开采石油天然气的协议，并共同发现了“胜利”油田。美方拥有在深海和高寒地带开采油气的先进技术和设备，拥有强有力的资金支撑，而俄罗斯北极地区的油气资源极其丰富，美国的开采技术是俄罗斯最为需要的。克里米亚危机爆发后，由于西方对俄罗斯实行制裁，俄美两国企业暂时中止了这一领域的合作，何时重开现在还不可而知。不过，两国在极地科研和环境保护等领域依然开展一些有限的合作。

第三节　俄罗斯与北极域外国家

在北极域外国家中，亚洲地区的中国、印度、日本和韩国等国由于毗邻俄罗斯，或者经济增长势头强劲，又与俄罗斯有密切的交往，对俄罗斯北极开发一直非常关注。这些国家共同的特点是能源都依赖进口，且消费需求甚旺，对俄罗斯正在开发的北极油气资源特别青睐，而它们也拥有一定的财力和科技技术优势，能在北极开发中施展拳脚，做出相应的贡献。

长期以来，俄罗斯对北极域外国家参与北极开发始终持消极态度。俄罗斯主张，北极问题应该在北极理事会及其成员国之间通过双边和多边途径解决，域外国家无权参与北极事务。北极更不需要制定类似《南极条约》这样的文件。俄罗斯之所以采取这一立场，除了俄罗斯人固有的思维惯性所致外，很重要的原因就是美国为首的西方各国迄今为止一直以“北约”的名义在北极地区开展活动。这自然引起俄罗斯的反感并本能地提高了戒备心理。

近几年来，俄罗斯对北极域外国家一味排斥的态度发生了带有转折性的变化，尽管俄罗斯人内心深处仍然不愿意域外国家介入北极事务，担心美国会拉拢这些域外国家，削弱俄罗斯在北极事务中的影响力，但如果域外国家的参与只是局限于北极基础设施建设、资源开发、航道利用和环境治理等领域，俄罗斯就一反历来抵触和排斥的态度，转而表示欢迎。自2013年起，俄罗斯的这一变化逐渐明显起来。2013年的5月15日，北极理事会当日在瑞典北部城市基律纳召开第八次部长级会议，批准中国、日本、韩国、新加坡、印度5个亚洲国家和欧洲的意大利成为该组织正式观察员国。这在很大程度上是俄罗斯改变态度的结果。事实上，在2013年4月、9月和10月，日本首相安倍晋三、韩国前总统朴槿惠和印度前总理辛格先后访问俄罗斯。普京在与他们的会谈中，无一例外地谈及开展北极合作的问题，而且，在同这3位领导人会谈后发表的联合声明中也都提到了有关北极资源开发和北极航道、港口建设等领域的合作意向。

促使俄罗斯改变态度的原因主要是普京再次出任俄罗斯总统后加大了开发和发展北极地区的力度。但是，无论是开发北极的油气资源，还是启动“北方海航道”构想，都需要巨额的资金投入和一定的技术支撑。一味依赖美欧国家显然不是俄罗斯所愿意的。地处亚洲的中国、日本两国是世界第二、第三大经济体，外汇储备分别占世界第一和第二，印度在新兴经济体国家中的表现也十分靓丽，而韩国的经济实力也早已跃入世界15强之列。而且，中、日、印、韩四国都是能源进口大国，是足以维持俄罗斯能源供应稳定增长的大市场。另外，“北方海航道”的建设不仅需要巨额资金的投入，更需要足够的货运量的支撑，包括弥补俄罗斯北极地区“短板”的人力资源。亚洲国家在这些方面均占据优势地位。俄罗斯联邦政府对中、日、印、韩四国参与北极地区开发的期盼与日俱增。此外，俄罗斯北极地区各级地方政府还希望中、日、韩等亚洲邻国参与本地区社会经济的发展。

北极理事会成员中，挪威、冰岛等国一直对亚洲国家参与北极开发持支持态度。俄罗斯愿意接纳中、日、印、韩等国成为北极理事国的正式观察员国自然受到它们的欢迎。

近年来，俄罗斯究竟是如何让亚洲国家参与北极合作的呢？这些亚洲国家又是如何顺势而为、积极进取的呢？关于中俄北极合作问题，本书将在第五章详细展开。本章就日本、韩国和印度与俄罗斯的北极合作简述如下：

一、俄罗斯与日本的北极合作

日本是一个四面环海的国家，是一个完全依赖进口能源和资源的国家。它一向以海洋大国自诩。早在20世纪二三十年代，它就曾拥有过一支足以与英美等国并驾齐驱的庞大海军舰队。在日本一些迷恋昔日荣耀的右翼势力看来，那是日本最辉煌的一段历史。20世纪50年代，这个昔日的战败国从战争废墟中再度崛起，至60年代末就跃为世界第二大国，并保持这一地位达40余年。20世纪五六十年代，日本主流战略家提出“海洋立国”的口号，得到历届日本内阁的认同并付诸实施。

在亚洲国家中，日本是最早投入巨大资源对海洋和极地开展研究的国家。日本的北极研究起步很早。早在1973年7月，日本就成立了国立极地研究所，负责组织和统筹日本国内对南北两极的研究①。1882年首届“国际极地年”期间，日本就应邀参加了在中纬度地区对地球磁场的变化进行观测的研究工作。1932年第二届“国际极地年”活动期间，日本作为26个参加国之一，在萨哈林设立了地磁观测站，在北极海域的浮冰上开展相关的研究工作。20世纪80年代，苏联与日本在西伯利亚和萨哈林开始开展有关开辟北极航道的联合调研课题。1990年，日本成立了北极圈环境研究中心，由此全面启动涉北极问题的研究工作。1993－1999年，日本海洋政策财团与挪威的南森研究所、俄罗斯中央海洋船舶设计研究所共同实施“国际北极航道”的调研课题，

① 《研究所沿革》，国立极地研究所网站，http：//www. nipr. ac. jp/outline/summary/history. html（2017年9月访问）

于2000年发表题为《北极航道：连接欧洲与东亚的最短航道》的报告，凸显了它对北极航道的浓厚兴趣①。

2011年“3·11大地震”后，由于福岛核电站核泄露事故的影响，日本一度关闭其所有的核电站，不得不增加液化天然气进口用于火力发电站。日本对来自俄罗斯的能源进口特别是优质天然气进口的需求骤然上升。日本在苏联时期就入股参与萨哈林的天然气开发。俄罗斯独立后，尤其是在普京主政后，加大开发北极地区油气资源的力度。这就使得日本对北极的兴趣从原本只关心北极航道转而将航道建设与能源开采置于同等重要的地位。

2010年9月，日本外务省设立了一个超越原先行政架构的“北极任务小组”，负责制定政府层面的极地战略。2011年5月，日本成立北极环境研究联合会，统筹日本国内所有北极问题研究资源，开展北极研究和交流及培养北极研究人才等工作。2012年3月，日本海洋政策研究财团向日本政府提交了《日本北极海会议报告》。《报告》认为，基于全球气候变化和北极环境变化，北极问题不是北极沿岸国的问题，而是整个国际社会和全人类的问题。同年7月，国会内成立了超党派的“北极圈安全保障议员联盟”，探讨有关北极事务的立法问题。2013年3月，外务省任命负责文化交流的西林万寿夫出任新设的北极大使，为日本由北极理事会临时观察员国升格为正式观察员国进行游说和斡旋。7月，日本政府首次举行了跨部门的、有关北极事务的联席会议。与会的有内阁官房海洋政策本部事务局、外务省欧亚局和国际法局、文部科学省研究开发局、经济产业省能源厅资源燃料部、国土交通省综合政策局、海事局、环境省水和大气环境防卫省防卫政策局等。其职能包括利用北极航线、应对环境问题、促进资源开发等②。

同冷战时期的苏日关系相比，近20多年来的俄日关系有显著的进

① 陈鸿斌：《日本北极政策分析》，载刘惠荣主编：《北极地区发展报告（2014）》，社会科学文献出版社，2015年版，第202页、203页。

② 陈鸿斌：《日本北极政策分析》，载刘惠荣主编：《北极地区发展报告（2014）》，社会科学文献出版社，2015年版，第212页。

展。例如，俄日两国从 1993 年开始了防卫交流，军事上不再紧张对峙；北方四岛（俄称南千岛群岛）与日本北海道之间实现了免签证互访。此外，日本政府还通过世界银行等机构向俄罗斯提供了一定数额的美元贷款。即使在美欧等国由于乌克兰危机冻结了提供给俄罗斯的融资后，日本仍然保持这一渠道的畅通，与美欧等国拉开了一段距离。

横亘在俄日之间最大的悬案是南千岛群岛（日本称北方四岛）的归属问题。对日本来说，与俄罗斯解决北方四岛问题，进而缔结俄日和平条约，是摘掉战败国帽子，告别“战后”的最后一项课题。20 世纪 90 年代以来，日本历届内阁几乎无一例外地对改善俄日关系、解决北方四岛问题倾注了巨大的热情。但是，俄罗斯认为，南千岛群岛由俄罗斯管辖是第二次世界大战胜利的结果，无意将它交给日本而让美国取得觊觎鄂霍茨克海的基地，打破俄美间的军事平衡。日本历届内阁拒绝在领土问题没有得到解决的情况下同俄罗斯开展大规模的经济合作。俄罗斯没有拿到包括日元贷款在内的日本政府开发援助（ODA），日本企业也缺乏对俄罗斯投资的意愿，俄日双边贸易长期徘徊在较低水平上。这势必影响俄日双方在北极开发上的合作。

2012 年 12 月，安倍晋三再度出任日本首相后，一直试图与俄罗斯协商谈判领土问题并签订和平条约。他上任不到半年，就在 2013 年 4 月 28 日至 30 日飞赴莫斯科会见普京总统。会晤后发表的联合公报中强调：“两国领导人表达了充分利用双方的外交磋商机制，推动两国在北极问题上合作的意愿。”这是俄日双方第一次将北极合作载入政府的正式文件中。但两国要将这一意愿变成行动显然没有那么容易。事实上，在安倍复出的近 5 年里，俄日关系虽然较前有所松动，但普京并没有在领土问题上给安倍任何承诺。日本政府也没有根本放弃将经济合作与领土问题“捆绑”的一贯路线。2017 年 9 月，安倍在赴符拉迪沃斯托克出席东方经济论坛期间会晤普京总统，但这次日本媒体大肆张扬的高层会见，真正得到落实的就是双方同意在南千岛群岛（北方四岛）实施海产品养殖、观光、风力发电、温室蔬菜种植、垃圾回收等 5 项共同经济活动。

许多迹象表明，在两国的政治障碍难以突破的情况下，日本对北极事务的介入充其量只能以科考为主，重视收集有关对因气候变化而产生的北极地缘政治环境的变化。当然，这并不排除两国企业在油气资源和利用北极航道上进行有限的合作。

2012 年 11 月 7 日，俄罗斯天然气工业股份公司租赁希腊的一艘液化天然气油轮“鄂毕河”号，将日本公司购买的液化气从挪威，经“北方海航道”，运抵日本北九州的户畑（Тобата）。这是俄罗斯天然气工业股份公司买下的挪威产液化天然气，日本是俄罗斯天然气工业股份公司的首选客户。2011 年东日本大地震导致核电站弃用后，液化天然气在日本能源结构中的比重提升，成为不可或缺的重要能源。对俄罗斯而言，日本市场的魅力大于欧洲。此前，日本进口液化天然气主要来自印尼和马来西亚等东南亚国家。连通欧洲的北冰洋新航道无疑有利于日本实现进口多元化，分散风险，降低成本。参与北极资源和航道建设，对日本而言就是积极推动资源生产秩序的形成，是双赢或多赢局面。

二、俄罗斯与韩国的北极合作

韩国位于亚洲大陆东北部的朝鲜半岛南端。20 世纪 60 年代，韩国实施出口导向型战略，从一个贫穷的农业国家迅速崛起为中等发达国家。1997 年亚洲金融风暴重创了韩国经济。所幸韩国利用 IT 革命带来的机遇，大力发展互联网技术，最终导致它从原先在亚洲四小龙中垫底的位置一跃而高居榜首。韩国的 GDP 从 2008 年至 2012 年连续 5 年排名世界第十五位。

韩国经济发展的“瓶颈”是国土面积狭小，能源资源匮乏，其石油天然气的海外依赖度高达 96%。而且，由于朝鲜战争的结果，韩国与同一民族构成的朝鲜彼此隔着非军事分界线严重对峙，韩国无法经由朝鲜与亚洲大陆陆路相通。位处朝鲜半岛南端的韩国实际上变成了一个“岛国”，其对外贸易的 99.8% 依赖航运①。

① 国际货币基金组织：《世界经济展望》，2008 年 4 月版，第 236 页。

韩国政府对北极事务的关注始于2008年至2013年担任总统的李明博任内。李明博上任伊始，就遭遇了世界金融危机的冲击。在韩国经济风雨飘摇之际，李明博从俄罗斯刚刚兴起的北极“开发热”中看到韩国未来的希望所在。韩国的造船业和航运业长期以来一直位居世界领先地位，如能参与俄罗斯的北极开发，韩国一定能在俄罗斯北极油气资源运输和“北方海航道”建设中获得经济发展的新动力，促进产业创新，增加经济利益，提升国家的整体实力和国际地位。

李明博的这一判断与他本人的经历和近20多年俄韩关系的日渐密切不无关系。李明博本人在韩国现代集团麾下的建设公司任高管时，曾代表韩方与苏联的合作伙伴签署天然气管道项目合作谅解备忘录。俄韩两国于1990年9月建交以来，双方在各领域的交流与合作保持稳步发展的势头。1994年6月，两国将双边关系定位为“建设性互补伙伴关系”。10年后的2004年9月，升格为面向未来的“全面合作伙伴关系”。2008年9月，两国关系提升为“战略合作伙伴关系”。自1992年至2010年，俄韩双边贸易额增加92倍。2011年，突破200亿美元大关。2010年韩国从俄罗斯进口150万吨液化天然气，相当于天然气进口总量的5%。对俄罗斯的直接投资也相当可观。韩国现代汽车集团在俄罗斯圣彼得堡投资建厂，每年生产15万辆汽车，位居俄罗斯汽车销售第二位。

李明博在总统任内，于2008年10月、2010年9月、2011年11月和2012年9月4次访问俄罗斯。双方除讨论朝鲜半岛无核化问题外，有关韩国通过俄朝天然气管道进口西伯利亚天然气的项目始终是他最关心的议题之一。在最后一次访俄期间，俄韩两国领导人还谈及韩国申请成为北极理事会正式观察员国的问题。李明博结束访俄后立即飞赴北欧，与北极理事会另外两个成员国丹麦、挪威就加强北极交流合作问题进行磋商，为韩国参与北极事务，成为北极理事会正式观察员国打下了良好的基础。

2013年2月，朴槿惠出任韩国总统后，制定了140项国家施政课题，北极问题被列为第13项。这项课题被视为国家海洋创造性发展的新动力。朴槿惠任内访问釜山时指出，政府要积极应对北极航道开通的机遇，争取将釜山建成东北亚的“航运中心”，“海洋首都”，进一步带动韩国经济的发展[①]。2013 年 5 月 15 日，韩国与中国、日本、印度和意大利一起被批准为北极理事会正式观察员国。同年 7 月，韩国政府发布了由海洋水产部牵头、多部门协同制定的《北极综合政策推进计划》，对韩国北极政策的方向、目标和需要重点推进的事项作了明确的规定。同年 12 月，韩国政府又发表内容更为详实完整的《北极政策基本计划（案）》，足见韩国政府对北极开发的重视[②]。

近年来，俄韩两国高层就北极合作问题进行了一系列磋商。2013 年 11 月，普京总统对韩国进行国事访问。东道主让总部设在首尔的世界跆拳道联合会授予普京跆拳道荣誉黑带九段，这是跆拳道的最高荣誉。朴槿惠总统在与普京的会晤中，首次就俄韩两国政府间就开展北极合作的机遇与途径进行磋商，并达成共识。2014 年 2 月，俄罗斯外交部负责北极事务的特命全权大使安东·瓦西里耶夫赴首尔与韩国通商外交部官员就韩国为俄罗斯建造破冰船以及俄韩两国在北极开展联合科考活动等问题进行具体的磋商。同年 7 月，俄韩经济科技共同委员会在首尔聚首，专门讨论了围绕俄罗斯远东西伯利亚地区、北极航线、北极圈开发等合作方案。这是两国间涉及北极开发的首次高级别经济磋商。这一年，韩国大宇造船海洋株式会社接受了“亚马尔液化气”项目 15 艘冰级 LNG 船的建造合同。2016 年 9 月，朴槿惠总统应邀访问俄罗斯，与普京总统就共同开发北极航道、北极海沿岸港口等事宜交换了意见。双方商定在同年 11 月底在首尔举行第一届俄韩北极磋商会议，后因朴槿惠遭弹劾被搁置。

2017 年 3 月 30 日，由韩国大宇造船海洋株式会社巨济岛玉浦船厂建造的首艘 ARC7 冰级液化气（LNG）运输船驶入俄罗斯亚尔马半岛的萨别塔港。在港口举行了盛大的欢迎仪式。俄罗斯联邦政府高级官员，参与“亚马尔液化气”项目的各国驻俄罗斯大使等出席了欢迎仪

① 杨剑主编：《亚洲国家与北极未来》，时事出版社，2015 年 4 月版，第 212 页。

② 李宁、龚克瑜：《韩国北极政策分析》，载刘惠荣主编：《北极地区发展报告（2014）》，社会科学文献出版社，2015 年版，第 223 页。

式。这艘液化气运输船属于全球第一艘能在冰区航行的液化气运输船，它被命名为“克里斯托弗·德·马哲睿”号，为的是纪念已故道达尔集团前总裁马哲睿。这艘运输船可装载17.2万立方米液化天然气，可在零下52度的极端低温下航行，船首具有穿越厚2.1米冰层的破冰能力。韩国大宇造船海洋株式会社还将为“亚马尔液化天然气”项目建造14艘同类型的液化气运输船。所有液化气运输船将于未来4年交付完毕。这将是俄韩北极合作结出的第一批硕果①。

图4—5 “克里斯托弗·德·马哲睿”号，首艘ARC7冰级液化气运输船

2017年5月，文在寅接任韩国总统后，俄韩双方进一步加快了北极合作的步伐。9月6日，文在寅应邀访俄，与普京总统会晤，双方就建立北极协商机制达成了协议，并决定于11月在首尔举行第一届韩俄北极磋商会议，就北极航道、科学合作、北极地区开发、能源合作、通信合作等事宜广泛交换意见。韩国通商外交部官员表示，本次会议

① 《Ямал СПГ》принял первый танкер-газовоз https：//www. vedomosti. ru/business/articles/2017/03/30/683405 – port-sabetta（2017年9月访问）

有望开启俄韩两国北极合作的新篇章①。

三、俄罗斯与印度的北极合作

印度位于南亚次大陆，拥有13.38亿人口，仅次于中国。近年来，印度经济有长足的进步。2016年印度的GDP总额达2.56万亿美元，排名世界第八。

印度参与北极事务可以追溯到20世纪20年代。1920年，英国签署《斯匹兹卑尔根条约》（《斯瓦尔巴德条约》）时，印度还是英国的海外领地。1947年，印度独立后，依然享有按照这一条约自由进出挪威斯匹兹卑尔根群岛（斯瓦尔巴德群岛）和其他签字国公民平等经商的权利。

印度虽然与北极相隔万里，但一方面是受原宗主国英国的影响，一贯重视海洋和极地的研究，有丰富的知识积累；另一方面则出于现实利益的考虑，对北极地区的资源开发和航道建设保持密切的关注。具体而言，印度参与北极事务有三大现实的考虑：一是实现能源进口多元化的需要。印度的能源80%依赖进口，且主要来自中东。根据国际能源机构的预测，到2030年，印度将成为世界第三大能源消费国，能源消费量将占到全球能源消费总量的6%，比目前翻一番②。为满足日益增长的能源需要，并改变目前能源来源主要依赖中东的局面，印度迫切希望能从俄罗斯正在开发的北极地区获取石油和天然气。二是提升印度大国地位的需要。独立后的历届印度政府一直将提高参与世界事务的能力视为获得大国地位的标志，不愿意缺席任何有可能凸显印度大国地位的机会。北极开发成为国际社会关注的焦点，恰好给印度带来了这样的机会。印度谋求成为北极理事会正式观察员国就是例证。三是与中国竞争地缘政治的需要。印度在1962年与中国的边界冲

---

① 李婷婷：《韩俄11月将举行北极磋商会议 商讨北极合作事宜》，《环球时报》2017年9月11日，http://baijiahao.baidu.com/s?id=1578231302676898983&wfr=spider&for=pc。

② 郭培清、董利民：《印度北极政策分析》，载刘惠荣主编：《北极地区发展报告（2014）》，社会科学文献出版社，2015年版，第244页。

突中遭到惨败，这一结局始终是其精英阶层心中挥之不去的情结。印度领导人对中国海军近年来频繁进出印度洋非常担忧，更害怕北极东北航道开通后为中国提供绕开印度洋的海上贸易路线，削弱印度对华战略威慑能力。印度试图增强与北极国家的合作，对中国新的战略选择进行某种程度的牵制。

印度对参与北极事务还是比较有自信的。首先，它在海洋和极地研究上继承了英国的遗产，很早就有相当周到的布局。早在 1981 年，印度就在联邦政府内设立了海洋发展署，以促进印度的研究机构提高海洋研究的能力，统筹印度海洋开发和海洋领域的国际合作。2007 年 8 月，印度对北极进行了首次科学考察。翌年，又在挪威的斯瓦尔巴德群岛建立了首个科学考察站，每年派遣 3 至 5 人的科学家驻站监测和研究气候变化。其次，在北极圈拥有领土、海域最多的俄罗斯是印度传统的合作伙伴。这是日本、韩国和新加坡等其他亚洲国家所无法比拟的。从苏联时期开始，印度就是苏联武器装备的最大海外买家。作为苏联的继承者，俄罗斯联邦继续向印度提供包括航母、舰艇、坦克和苏 30 等第四代战斗机在内的先进武器装备。俄罗斯海军和印度海军的联合演习更是延续数十年。印度将俄罗斯视为帮助其制衡中国等外来威胁的重要力量。

俄印北极合作主要聚焦于北极资源、“北方海航道”和北冰洋沿岸港口建设等领域。近年来比较明显的进展是北极地区石油天然气的勘探、开采和供需对接。2010 年，俄罗斯西斯特能源公司与印度石油天然气公司签订框架合作协议，印度将作为俄方在涅涅茨自治区特列布斯特油田、季托夫油田的合作伙伴。2011 年，俄罗斯天然气工业股份公司新加坡分公司与印度 GAIL 公司、印度石油公司、古吉拉特邦石油公司和最大的液化天然气进口商 Petronet LNG 等公司签署备忘录，备忘录规定在未来 25 年内向其中每家印度公司每年供应 250 万吨液化天然气。2014 年 12 月，俄罗斯总统普京应邀访印，在与印度总理莫迪会谈后向记者透露，俄罗斯邀请印度参与北极地区的项目开发。他还宣布，俄罗斯天然气工业股份公司与印度 GAIL 公司合同框架内的对印首批液化天然气供应将于 2017 年开始，年供应量为 250 万吨。俄罗斯石油公司与印度第二大炼油公司 Essar 签署了 10 年内供应 1000 万吨石油的初步合同①。2016 年 9 月，俄印两国在印度首都新德里举行第 22 届俄印政府间经贸合作委员会例会。俄方主席、俄罗斯联邦副总理德米特里·罗戈津向记者表示俄方准备在拟定北极大陆架开发计划时，不仅邀请中国，还要邀请印度加入，并很快就会和印度就北极航路在内的议题展开讨论②。

特朗普就任美国总统后，美俄关系陷入低谷，双方都加紧对印度的争夺。这不能不对未来的俄印北极合作投下一定阴影。

① Россия и Индия обсудили сотрудничество от Арктики до космосаhttps：//www. vedomosti. ru/business/articles/2014/12/11/putin-soobschil-o-planah-sotrudnichestva-rossii-i-indii-v（2017 年 9 月访问）

② 《俄印拟共建核电站 并将联合开发北极大陆架》，俄罗斯卫星新闻，2016 年 9 月 14 日，澎湃新闻网转载，http：//ent. haiwainet. cn/n/2016/0914/c345677 – 30325993. html。

第五章

中俄共建“冰上丝绸之路”

中俄两国都是在世界上发挥重要影响的大国，也互为山水相邻的最大邻国，两国共同的边界线总长度达 4300 千米。中俄关系目前处于有史以来最好的时期。两国领导人频繁互访，彼此间的政治互信日益加深，经贸合作稳步提升。中俄两国不仅在世界和地区重大问题上协调立场、相互配合，而且双方都有意愿进一步推进双边经贸合作关系。中俄两国在北极问题上的合作，尤其是共商、共建、共享“冰上丝绸之路”有望成为 21 世纪中俄两国关系中的一个新领域和新亮点。

第一节　中俄北极合作的基础

中俄两国的北极合作有着深厚和扎实的基础。这就是彼此间的政治互信处于历史最好阶段，经贸交流在互利共赢基础上不断扩大，以及两国各自的“一带一路”战略和欧亚经济联盟战略的全面对接。

一、政治互信处于历史最好阶段

冷战结束以后，中俄关系发展比较顺畅。大致经历了 3 个阶段：就是建立睦邻友好关系、建立建设性的伙伴关系和建立战略协作伙伴关系。这是两国在面临错综复杂的国际形势时综合考量内外各种因素的战略选择，也是双边关系渐趋成熟的标志。

俄罗斯在苏联解体后一度重视与美欧各国发展关系。中俄关系在其对外战略中被定位为睦邻友好关系。在 1992 年 12 月俄罗斯总统鲍里斯·尼古拉耶维奇·叶利钦首次访华期间，两国签署了《关于中华人民共和国和俄罗斯联邦相互关系基础的联合声明》①，强调中俄双方相互把对方视为友好国家，发展睦邻友好和互利合作，双方自由选择其国内发展道路，以和平方式解决两国间的一切争端；双方不参加任何针对对方的军事政治联盟；不同第三国缔结任何损害另一方国家主权和安全利益的条约或协定。

1994 年 9 月，江泽民主席率团访问莫斯科，与叶利钦总统共同探讨进一步发展两国关系的途径。双方签署了指导两国关系进一步发展的《中俄联合声明》和双方采取措施不将各自控制的战略核武器瞄准对方的声明以及在中俄国界西段协定等文件②。《中俄联合声明》中宣布：“两国已具有新型的建设性伙伴关系，即建立在和平共处各项原则基础上的完全平等的睦邻友好、互利合作关系，既不结盟，也不针对第三国。”两国还建立起两国国家元首和政府首脑定期会晤机制。江泽民主席的这次访问标志着中俄建设性伙伴关系的确立，两国关系进入了一个崭新的发展阶段③。

1996 年 4 月，中俄两国共同发起建立了“上海五国”会晤机制，除中俄两国外还有哈萨克斯坦、吉尔吉斯斯坦和塔吉克斯坦参加。与会国家签署了边境地区的军事力量互不进攻、互不进行针对对方的军事演习并限制军事演习规模、范围和次数，相互通报边境 100 千米纵深地区的重大军事活动，预防危险性军事活动，加强边境地区军事力量和边防部队之间友好交往等内容的协定。这是以后成立的“上海合作组织”的雏形。与此同时，中俄领导人经过磋商，发表了 5 年来的第三份《中俄联合声明》，其中强调：“两国决心发展平等信任、面向

---

① 中华人民共和国外交部外交史研究室：《中国外交概览》，世界知识出版社，1993 年版，第 230 页。

② 1991 年 5 月，江泽民主席访问苏联期间，两国已签署了《中苏边界东段协定》。《中俄边界西段协定》的签署表明两国在历史上第一次以法律形式对所有边界的走向进行了确定。

③ 中华人民共和国外交部外交史研究室：《中国外交概览》，世界知识出版社，1995 年版，第 264 页。

21世纪的战略协作伙伴关系”。两国领导人强调，建立战略性协作伙伴关系是“正确的历史性选择，完全符合两国人民的长远利益，完全符合冷战结束后世界形势和国际关系的客观规律和要求”①。

2000年3月27日，弗拉基米尔·弗拉基米罗维奇·普京继任俄罗斯总统。他继承了叶利钦的对华外交路线，并致力于提升俄罗斯的国际地位。同年7月，普京访华，在与中国领导人磋商后发表《中华人民共和国和俄罗斯联邦北京宣言》，重申继续发展战略协作伙伴关系并使这一关系上升到新的水平。2001年7月，江泽民主席访问莫斯科期间，两国领导人签署了《中华人民共和国和俄罗斯联邦睦邻友好合作条约》，强调两国将“长期全面地发展两国睦邻、友好、合作和平等信任的战略协作伙伴关系”②。这一条约为两国关系发展奠定了法律基础，是中俄关系发展史上重要的标志性事件。2014年5月，中俄两国领导人在上海举行的“亚信会议”期间签署的《中华人民共和国和俄罗斯联邦全面战略协作伙伴关系新阶段的联合声明》③，将中俄全面、平等、互信的战略协作伙伴关系提升至更高水平。2017年7月，中俄两国领导人发表了《中华人民共和国和俄罗斯联邦关于进一步深化全面战略协作伙伴关系的联合声明》为中俄两国开创性建立新型国家关系指明了进一步蓬勃发展的广阔前景④。

截止2017年，中俄两国建立战略协作伙伴关系已逾16年。期间，普京在担任两届俄罗斯总统后，由曾担任俄罗斯总理的德米特里·阿纳托利耶维奇·梅德韦杰夫在2008年至2012年间继任总统，普京改任总理。2012年3月，普京再次当选俄罗斯总统，按照俄罗斯宪法修

---

① 中华人民共和国外交部政策研究室编：《中国外交概览》，世界知识出版社，1997年版，第327页。

② 中华人民共和国外交部政策研究室编：《中国外交概览》，世界知识出版社，2002年版，第232页；《中俄睦邻友好合作条约》，2001年7月6日，参见中华人民共和国外交部网站：http://www.fmprc.gov.cn/web/gjhdq676201/gj－676203/02－678770/1206－679110/1207－679122/t11111.shtml.

③ 中华人民共和国外交部政策规划司编：《中国外交》，世界知识出版社，2015年版，第188页。

④ 中华人民共和国外交部网站，2017年7月5日。

正案，其第三任总统任期将延续到 2018 年。2002 年 11 月，胡锦涛接替江泽民担任中共中央总书记，翌年 3 月当选为中国国家主席。2012 年 11 月，习近平当选中共中央总书记，翌年 3 月出任中国国家主席。最近 5 年来，中俄两国领导人定期互访并在国际会议期间举行双边会晤，其频繁程度不仅在两国交往史上屡创记录，在主要大国间也是非常引人注目的。

推动中俄战略协作关系不断深入发展的最大动因是双方广泛的共同利益需求。其中包括对各自地缘政治环境的研判和安全利益的需要以及中俄对处理国际关系基本准则尤其是在维护第二次世界大战后建立的国际秩序的共同认知。

第一，中俄两国互为对方最重要的邻国。对中国来说，与俄罗斯及中亚各国建立长期稳定可靠的信任关系，不仅可以根除中国北部和西部地区的安全威胁，而且可以为东部和南部边境营造睦邻友好的环境产生积极影响。俄罗斯也迫切希望中俄建立长期稳定、睦邻友好、互利合作的关系，以便腾出力量应付由于北约东扩和克里米亚危机等带来的战略纵深消失、地缘政治环境不断恶化的困难局面。双方只有结伴而不结盟，肩并肩，背靠背，才能维护自己的根本利益。

第二，中俄两国都需要通过发展与对方的关系增强与西方国家周旋的战略地位。中国由于坚持社会主义发展道路一直受到来自西方国家的压力。在可以预见的未来，以美国为首的西方各国将不断地在台湾、西藏和人权问题上对中国施加压力。来自联合国安理会常任理事国之一的俄罗斯的理解与支持对中国是十分宝贵的。从俄罗斯方面来说，尽管它在独立初期执行过向西方“一边倒”的政策，但美国出于防止苏联复活的目的，对俄罗斯依然是防范多于合作。北约东扩的结果，造成俄罗斯西部边界直接面临北约的压力。俄罗斯的南部边界以及与俄接壤的中亚各国则面临来自伊朗、阿富汗的伊斯兰原教旨主义的压力。俄罗斯迫切需要得到与它有同样安全威胁的中国的支持。

第三，中俄两国都重视二战后以联合国和《联合国宪章》为中心的国际秩序。两国都曾为世界反法西斯战争的胜利做出沉重的民族牺牲和巨大的国际贡献，在维护二战胜利成果和国际公平正义，推动建立以合作共赢为核心的新型国际关系，推动国际秩序向更加公正合理的方向发展等领域拥有共同的理念和立场。两国都不希望看到在冷战结束以后形成的新的国际秩序是由美国一家说了算的单边主义，也不愿意看到国际上出现否定二战历史、为二战罪魁祸首翻案的逆流。

中俄两国政治互信处于历史最好阶段的主要标志是：

一是两国在维护主权、领土、安全等涉及国家核心利益问题上相互支持。中俄双方均坚定捍卫联合国宪章的宗旨原则和国际法基本准则，主张尊重国家主权独立和领土完整，尊重别国自主选择发展道路和社会制度的权利，反对干涉别国内政。近年来，一些西方国家不断在涉台、涉藏、涉疆、民主、人权等问题上指责中国，特别是借南海仲裁案、钓鱼岛归属问题向中国发难，俄罗斯始终给予中国坚定、明确、有力的支持。譬如，2016 年 9 月 5 日，普京总统在杭州举行的二十国峰会期间明确表示，俄罗斯支持中国不承认海牙临时仲裁庭南海仲裁案的立场。这一表态在国际上产生了良好的示范作用。中方同样也坚定支持俄方为维护国家主权、安全和领土完整所做的努力，坚定支持俄罗斯走符合本国国情的发展道路。普京强调，任何仲裁程序应由争端各方提出，仲裁法庭应听取争端各方的立场和观点。“我们认为，非地区大国的干预只会给问题的解决造成损害”①。

二是两国政府高层会晤渐趋制度化，各种对话与合作机制有序运转。中俄两国间已形成了元首年度互访的惯例，建立了总理定期会晤的制度。此外，还有两国议会合作委员会以及政府间围绕能源、投资、人文、经贸、地方、执法安全、战略安全等 30 多种对话与合作机制。截至 2017 年 3 月底，双方已经建立 128 对友好城市及省州、数十对经贸结对省州，建立中国长江中上游地区和俄罗斯伏尔加河沿岸联邦区地方合作理事会，中国东北地区和俄罗斯远东及贝加尔地区政府间合作委员会②。

---

① 《普京：俄罗斯支持中国不承认南海仲裁案立场》，俄罗斯国际文传电讯社，转载《环球时报》，2016 年 9 月 6 日。

② 《中国同俄罗斯的关系（2017 年 8 月）》，中华人民共和国外交部网站，http：//www. fmprc. gov. cn/web/gjhdq_676201/gj_676203/oz_678770/1206_679110/sbgx_679114/。

三是两国在一系列重大国际和地区问题上保持密切沟通和合作。譬如，中俄两国共同推动成立了上海合作组织，建立了金砖国家以及中俄印、中俄蒙等合作机制。两国在联合国、二十国集团、亚太经合组织、亚洲相互协作与信任措施会议（“亚信会议”）等共同参与的多边机制框架内进行有效协调，就维护国际法和国际关系基本准则、联合国改革、打击恐怖主义、毒品走私等全球性问题保持密切沟通和协调。

四是两国联合军演日趋常态化，向世界展示共同维护地区稳定的坚定决心。从 2005 年中俄首次开展“和平使命—2005”军事演习以来，两国每年定期举行联合军事演习，规模不断扩大，影响与日俱增。最初轮流在两国举行，随后延伸到亚丁湾、地中海、波罗的海和日本海等地。2017 年的中俄“海上联合—2017”演习第一阶段在波罗的海东南部海域展开，第二阶段在日本海彼得大帝湾至鄂霍次克海南部海域举行。演习区域跨越俄罗斯国土东西两端，涉及中俄双方四大舰队，演习内容涵盖联合防空、联合反潜、援潜救生等，超出了一般国际军演所包括的人道、反海盗及反恐战术范围，标志着两国在海军协同作战方面迈出了关键的一步。

二、经贸合作潜力巨大

中俄两国在经贸领域的互利合作是两国睦邻友好的物质基础，是两国战略协作伙伴关系充满活力的保障。中俄经济具有较强的互补性。中国日用消费品丰富，轻纺、家电工业领先于俄罗斯，而俄罗斯资源丰富，工业基础雄厚，尤其以军工产业见长。两国的经贸合作大致包括双边贸易、能源合作、技术和投资合作和次区域经济合作等各个领域。

中俄双边贸易。25 年来，两国的双边贸易大体经历了四大阶段：一是初创阶段。苏联解体后，中俄双边贸易以政府协定贸易和企业间易货贸易为主，带有浓厚的计划经济痕迹。1992 年的双边贸易额为 58.6 亿美元。二是转型阶段。从 1994 年起，双边贸易方式逐渐向现汇贸易过渡，但因俄罗斯在经济转型过程中遭遇种种困难，中俄双边贸易额有所萎缩，从1993年的76.7亿美元下滑到1998年的54.8亿美元，比1992年还低。三是回升阶段。从1999起逐年回升，保持快速增长势头。2001年、2004年、2007年分别突破100亿美元、200亿美元和400亿美元大关。由于受全球金融危机影响，中俄双边贸易额在2008年、2009年徘徊了两年，2009年更下跌30.2%，但2011年便出现“井喷式”的增长，一跃突破700亿美元大关（719.5亿美元），2012年越过800亿美元关口（882.1亿美元），2013年892.1亿美元，2014年更达巅峰的952.7亿美元，与两国领导人预期的2015年中俄双边贸易额突破1000亿美元的目标只有咫尺之遥。四是盘整阶段。由于受全球资源性产品价格下跌的影响，加上俄罗斯由于克里米亚问题受西方制裁，在全球经济增长乏力和美欧制裁俄罗斯的大背景下，中俄双边贸易在2015年骤跌28.6%，降至680.7亿美元。在两国政府的共同努力下，2016年两国双边贸易额达到695.3亿美元，比2015年增长了2.2%①。其中机电产品和农产品贸易分别增长了17%和11%。2017年1至7月，中俄双边贸易额468.2亿美元，同比增长25.5%。目前，中国已成为俄罗斯第一大贸易伙伴，但俄罗斯在中国贸易伙伴中按国别排在第12位，存在着进一步扩大的广阔空间。

能源合作。中俄两国分别为最大的能源消费国和最大的能源生产国，两国在能源领域的合作是中俄全面战略协作伙伴关系的重要组成部分，也是备受世人瞩目的焦点。从20世纪90年代起，中俄两国就确立了一系列能源合作的机制和框架。2008年，在两国元首倡议下，成立了副总理级能源谈判机制（后更名为中俄能源合作委员会），统筹两国的能源合作，包括跨境管道建设、能源贷款和核电站建设等。

俄罗斯是中国原油进口的重要来源地。以往，俄罗斯向中国出口的原油主要通过铁路运输和海运。2009年，根据俄罗斯石油公司、俄罗斯石油管道运输公司和中国石油天然气集团公司（CNPC）签署的合

---

① 以上数据均引自中国海关统计《统计快讯》，见中国海关总署网站：http://www.customs.gov.cn。

同，俄罗斯自 2011 年 1 月起通过“斯科沃罗季诺—漠河”管道支线每年向中国出口 1500 万吨原油，为期 30 年。2013 年 6 月，中俄双方签署了增供原油的合同，俄罗斯将逐年增加供应量，到 2018 年达到每年 3000 万吨。从 2014 年 1 月起，俄罗斯石油借道哈萨克斯坦的“阿塔苏—阿拉山口”管道向中国出口原油，2015 年运送了 700 万吨。统计显示，2016 年，中国从俄罗斯进口石油 5230 万吨，同比增长 23.4%，俄罗斯已超过沙特阿拉伯，成为中国的第一大石油输入国。此外，在 2015 年上海“亚信会议”期间，俄罗斯天然气工业股份公司和中国石油天然气集团公司签署为期 30 年的《中俄东线供气购销合同》，双方商定俄罗斯从 2018 年起通过中俄天然气管道东线向中国供气，输气量最终将达到每年 380 亿立方米，合同总价值为 4000 亿美元。中俄天然气管道东线将于 2018 年开通。目前，两国正在磋商西线“阿尔泰”管道供气合同，西线管道的部分天然气将来自俄罗斯的北极地区。

中俄能源合作还包括合作兴建核电站以及俄罗斯向中国跨境出口电力等。1999 年 10 月，中俄合作建设的田湾核电站正式开工。2007 年 8 月，田湾核电站全面投入商业运行。它是中俄间迄今为止最大的技术经济合作项目，也是目前我国单机容量最大的核电站。2012 年 12 月，田湾核电站二期开工建设。此外，从 2012 年 4 月起，俄罗斯通过 500 千伏输电线路向中国东北地区输送电力。2015 年电力对华出口总量为 32.99 亿千瓦时。

近年来，中国通过贷款和预付款等多种方式向俄罗斯能源业注资约 700 亿美元。这一金额远超苏联解体后的 90 年代俄罗斯从西方金融机构获得的贷款总和。例如，作为俄罗斯通过“斯科沃罗季诺—漠河”管道支线每年向中国出口 1500 万吨石油的交换，中国国家开发银行向俄罗斯提供 250 亿美元的贷款，俄罗斯国家石油公司获得 150 亿美元，俄罗斯石油管道运输公司获得 100 亿美元。在 2014 年俄罗斯因克里米亚问题遭西方国家制裁后，中国几乎成为俄罗斯能源巨头的唯一资金来源。目前，中俄两国不断加大油气合作力度。中国企业积极进军俄罗斯能源领域，从上游的勘探、开采到下游的提炼、运输的各个环节，通过合资、互助、股权并购等多种形式参与，促进了中俄油气行业全面交融，能源战略得到稳步推进。

技术和投资合作。俄罗斯历来是中国引进技术的重要来源国之一。仅2005年中国就从俄罗斯引进技术31项，总金额为2911万美元，主要集中在核电、航空、航天、电子等领域。近年来，技术贸易开始逐渐由单边趋向双边。例如，中国的网络支付系统得到俄罗斯电商公司的青睐，中国的全球速卖通、京东和乐视等电商公司在竞争激烈的俄罗斯市场上已占有相当份额。2016年6月，中国商飞公司与俄罗斯联合航空制造集团签署了合作研制远程宽体客机的合同。这是两国企业在高科技领域开展务实合作的重大战略性合作项目。按预定计划，中俄联合研制的C929远程宽体客机将在2020年实现首飞。

中国对俄罗斯的直接投资增长也比较快。主要分布在能源、矿产资源开发、林业、贸易、轻纺、家电、通信、建筑、服务、房地产开发等领域。截止2016年底，中国企业对俄非金融类直接投资已经达到140.2亿美元，稳占俄罗斯第四大投资来源国地位。

劳务合作。由于俄罗斯人口出现负增长，劳动力不足十分突出。中俄政府间已就利用中国劳务在俄罗斯从事道路工程、农业开发等项目达成共识。目前，对俄劳务输出省份以黑龙江、吉林、辽宁三省为主，据俄罗斯21世纪移民基金会的统计，2009年中国在俄劳务规模约为27万人，2010年约为19万人，其中建筑业劳务人员占多数。按对俄劳务输出数量，中国在俄外来劳动力来源国中居第三位，第一位和第二位分别是乌兹别克斯坦和塔吉克斯坦。

次区域经济合作。俄罗斯远东地区和中国东北地区的次区域经济合作已持续20多年，已形成互信、互利、互惠的局面，对进一步拓展两国其他区域之间的合作发挥了重要的示范效应。连接中国东北地区和俄罗斯远东地区的跨境铁路桥建设、“滨海1号”、“滨海2号”大型交通走廊建设正稳步推进。随着中国从俄罗斯远东地区进口原木与日俱增，大批中俄大型林业企业齐聚“林业之都”绥芬河，成立了“中俄木材企业绿色发展联盟”，共同为两国林业绿色环保发展出谋划策。两国长江与伏尔加河沿岸地区的合作也已顺利起步。

三、“一带一路”倡议与欧亚经济联盟全面对接

进入21世纪第二个10年后，“一带一路”倡议与欧亚经济联盟的全面对接成为密切中俄全面战略协作伙伴关系的强劲动力。

这两大战略分别是中国国家主席习近平和俄罗斯总统普京倡议和推动的。2013年9月7日，习近平在哈萨克斯坦纳扎尔巴耶夫大学发表演讲时表示：为了使各国经济联系更加紧密，相互合作更加深入，发展空间更加广阔，我们可以用创新的合作模式，共同建设“丝绸之路经济带”，以点带面，从线到片，逐步形成区域大合作。同年10月3日，习近平主席在印尼国会发表演讲时提出：中国愿同东盟国家加强海上合作，使用好中国政府设立的中国－东盟海上合作基金，发展好海洋合作伙伴关系，共同建设“21世纪海上丝绸之路”。①

“丝绸之路经济带”和“21世纪海上丝绸之路”并称为“一带一路”倡议。它是中国在世界经济持续低迷，经济全球化进入再平衡时期后实行全方位对外开放的重大举措。它契合“一带一路”沿线国家的共同需求，为沿线国家优势互补、开放发展开启了新的机遇之窗，是沿线国家“共商、共建、共享”和平与发展之路的合作平台。

“一带一路”倡议出台4年多来，沿线国家的互联互通已初见成效。中国和相关国家共同推进的雅万高铁、中老铁路、亚吉铁路、匈塞铁路以及瓜达尔港、比雷埃夫斯港等项目的建设取得明显进展。连通中国成都、重庆、武汉、义乌等城市与德国杜伊斯堡、汉堡、华沙以及伦敦的欧亚列车已开出了5000多列。

这一倡议出台4年多来，中国与“一带一路”沿线国家的贸易总额超过3万亿美元。中国对“一带一路”沿线国家的直接投资累计超过500亿美元，在20多个国家设立了56个经贸合作区。为“一带一路”倡议提供资金支撑的亚洲基础设施投资银行成员也发展到80家，超过了美日主导的、已有50年历史的亚洲开发银行。

① 习近平在印度尼西亚国会的演讲，中华人民共和国网站，2013年10月3日。

欧亚经济联盟构想比“一带一路”倡议问世更早一些。它作为一个概念，最初是由哈萨克斯坦总统纳扎尔巴耶夫于1994年在莫斯科大学演讲期间提出来的。2011年10月，时任俄罗斯总理的普京正式向哈萨克斯坦、白俄罗斯发出了倡议。2012年3月，普京第二次入主克里姆林宫后，欧亚经济联盟构想得到有力的推动，很快变成现实。2014年5月29日，俄罗斯、白俄罗斯和哈萨克斯坦三国总统在阿斯塔纳签署了《欧亚经济联盟条约》，宣布欧亚经济联盟将于2015年1月1日正式启动。2015年1月2日，亚美尼亚也宣布加入欧亚经济联盟。同年8月12日，吉尔吉斯斯坦成为欧亚经济联盟的第五个成员国。

目前，欧亚经济联盟已覆盖约1.8亿人口，GDP总额超过4.5万亿美元。根据《欧亚经济联盟条约》，联盟成员国公民在任何一国就业均不需要获得专门的工作许可。2025年前将实现商品、服务、资本和劳动力在5国间的自由流动，在农业、工业、交通、能源等领域实施协调一致的经济政策。其最终目标是在实现统一经济空间的基础上，建立统一的中央银行，发行统一的货币，实行统一的宏观政策，形成类似于欧盟的统一市场。

欧亚经济联盟成立是普京主政后在独联体地区推进一体化的主要成果，是俄罗斯重新凝聚苏联国家的一种战略。但是，由于欧亚经济联盟成员国的工业化水平不高，与世界经济接轨的程度也不高，亟需注入来自外部的资金、技术，并得到较大的外部市场空间。“一带一路”倡议的问世恰恰成为凝聚欧亚经济联盟向心力的“引爆剂”。另一方面，“一带一路”倡议的推进也少不了俄罗斯和中亚各国的密切合作。正是在这一背景下，“一带一路”倡议和欧亚经济联盟开始了历史性的对接。

2014年5月，在上海召开的“亚信会议”期间，习近平主席同与会的普京总统举行会晤，两国领导人在共同签署的联合声明中强调，“双方将寻找丝绸之路经济带项目和将建立的欧亚经济联盟之间可行的契合点。为此，双方将继续深化两国主管部门的合作，包括在地区发展交通和基础设施方面实施共同项目。”这标志着两国互相支持“一带一路”倡议和欧亚经济联盟，实行紧密的全面对接，中俄战略协作伙伴关系进入了新阶段。

2015 年 5 月 9 日，习近平主席访俄期间，两国领导人签署了《关于丝绸之路经济带建设和欧亚经济联盟建设对接合作的联合声明》。这项声明从战略层面进一步确定了推动对接合作的“路线图”。[①] 具体来说，有以下 8 大举措：

一是扩大投资贸易合作，优化贸易结构，为经济增长和扩大就业培育新的增长点。

二是促进相互投资便利化和产能合作，实施大型投资合作项目，共同打造产业园区和跨境经济合作区。

三是在物流、交通基础设施、多式联运等领域加强互联互通，实施基础设施共同开发项目，以扩大并优化区域生产网络。

四是在条件成熟的领域建立贸易便利化机制，在有共同利益的领域制订共同措施，协调并兼容相关管理规定和标准，以及经贸等领域的政策。研究推动建立中国与欧亚经济联盟自贸区这一长期目标。

五是为在区域经济发展方面能够发挥重要作用的中小企业的发展创造良好环境。

六是促进扩大贸易、直接投资和贷款领域的本币结算，实现货币互换，深化在出口信贷、保险、项目和贸易融资、银行卡领域的合作。

七是通过丝路基金、亚洲基础设施投资银行、上海合作组织银联体等金融机构，加强金融合作。

八是推动区域和全球多边合作，以实现和谐发展，扩大国际贸易，在全球贸易和投资管理方面形成并推广符合时代要求的有效规则与实践。

根据两国领导人的要求，欧亚经济委员会与中国商务部建立了沟通交流机制，签署了《商务部和欧亚经济委员会关于启动中国与欧亚经济联盟经贸合作伙伴协定的联合声明》，明确了与欧亚经济联盟建立贸易便利化的制度性安排。

---

① 中华人民共和国外交部政策规划司编：《中国外交》，世界知识出版社，2016 年版，第 182 页。

两年多来，“一带一路”倡议与欧亚经济联盟的全面对接顺利展开。中俄两国在能源、交通、航空航天等领域大项目合作硕果累累，哈萨克斯坦成为“一带一路”产能合作的典范，中国与白俄罗斯间最大的经贸合作项目“巨石”工业园建设顺利推进，中国与吉尔吉斯斯坦、中国与亚美尼亚的发展战略对接也呈现出新面貌。俄罗斯、哈萨克斯坦、吉尔吉斯斯坦均成为亚投行的创始成员国。2017 年 5 月，俄白哈吉国家元首均出席了在北京举行的“一带一路”国际合作高端论坛，亚美尼亚也派代表与会，凸显欧亚经济联盟各成员国重视对接“一带一路”建设①。

“一带一路”倡议与欧亚经济联盟都是着眼于跨国互利合作、着眼长远发展的战略。目前，两者的对接合作刚刚起步，在观念上和制度上还存在一些未能尽如人意的遗憾，但只要有关各国不懈努力，持之以恒，必将为沟通欧亚两大经济圈，为促进各国的发展、合作、繁荣做出贡献。

四、开创互利共赢的新局面

从中国经济发展战略的角度看，拓展新的经济空间和开展新领域中的国际经济合作对培育国际竞争的新优势非常重要。中国领导人对未来一段时间世界经济发展的总体判断是：在国际环境总体上有利于中国和平发展的同时，“国际金融危机影响深远，世界经济增长速度减缓，全球需求结构出现明显变化，围绕市场、资源、人才、技术、标准等的竞争更加激烈，气候变化以及能源资源安全、粮食安全等全球性问题更加突出，各种形式的保护主义抬头，我国发展的外部环境更趋复杂。”② 有鉴于此，中国要努力实现经济结构的转型与升级，大力拓展新的发展领域和发展空间，扩大和深化同各方战略利益的共同交

---

① 郑楠：《欧亚经济联盟与“一带一路”战略未来合作与发展》，《人民日报》2017 年 03 月 28 日。

② 中华人民共和国国民经济和社会发展第十三个五年规划纲要，2016 年 3 月 17 日。

汇点。

2017 年 1 月 18 日，习近平主席在达沃斯论坛发表演讲，表示中国将在未来 5 年里进口 8 万亿美元商品、吸收 6000 亿美元的外来投资，对外投资总额将达到 7500 亿美元，出境旅游将达到 7 亿人次。这将为世界各国提供更广阔市场、更充足资本、更丰富产品、更宝贵合作契机①。这是中国对人类应尽的贡献。

与此同时，我们也要清晰地认识到，在未来相当长一段时间里，中国作为世界第一贸易大国和主要能源消耗国，对贸易、能源和航运的依赖也将与年俱增。目前，中国进出口贸易的 90% 是通过海运实现的。中国沿海港口的吞吐量已连续 9 年位居世界第一，海运船队规模位居世界第一、集装箱船队规模世界第四。中国也是世界最大的能源消费国和进口国。中国在 1993 年由石油出口国变成进口国，2012 年石油供应的对外依存度已经超过了 58%。据 2011 年国务院发展中心预测，未来 20 年里，随着城市化进程的推进，国内生产性能源消费和生活性能源消费将同时增长。到 2030 年，中国国内 70% 的石油供应依赖进口，40% 的天然气供应依靠进口。中国在确保境外油气资源长期稳定供给的同时，还要努力实现油气资源进口的多元化、便捷化。

从这个意义上说，积极参与俄罗斯正在推进的北极开发，与俄罗斯合作开辟“北方海航道”，开发和利用北极地区丰富的油气资源，促进中俄国家层面和次区域层面的社会经济发展是未来推动中国经济持续发展和确保经济综合安全不可或缺的战略选择。

中国作为《联合国海洋法公约》和《斯瓦尔巴德条约》成员国，拥有利用北冰洋的合法权利。但是，如果中国不能得到北极圈国家特别是其中占有海岸线最长、领土最多、资源最丰富的俄罗斯的理解与支持，就无法实现利用北冰洋油气资源和航道资源的机会。中国是俄罗斯北极地区开发的受惠国之一。中国利用北冰洋的海上航道和北极资源不可能也无法绕开俄罗斯。

---

① 《习近平在世界经济论坛开幕式上的主旨演讲》，人民网—人民日报，2017 年 1 月 18 日。http：//cpc. people. com. cn/n1/2017/0118/c64094 - 29032027. html。

另一方面，俄罗斯开发北极地区也需要广泛的国际合作，特别是与俄罗斯有良好政治互信、经贸合作潜力巨大、彼此战略全面对接的中国的参与和合作。

从俄罗斯经济发展战略的角度看，自从2000年普京主政后，一直致力于俄罗斯远东地区和北极的开发和发展。而北极地区更被其视为攸关俄罗斯未来国家发展战略的关键。普京希望将北极地区打造成集战略、能源、航运为一体的新的发展地区，在全球政治、经济中发挥重要作用，将北极地区的巨大潜力变成国家发展的新支柱，成为俄罗斯复兴的“发动机”。俄罗斯北极地区本来就因为人口稀少、自然条件严酷等制约导致基础设施薄弱，经济发展滞后。苏联解体后，俄罗斯好不容易才克服经济转型带来的一系列困难，开始在北极地区投入相当规模的财力，兴建运输网络，完善基础设施。然而，正值北极地区的开发和发展刚刚走上轨道并取得初步成效之际，2014年爆发了克里米亚危机，美欧对俄罗斯的制裁，加上世界经济减速导致的国际油价暴跌等骤然打乱了普京的战略部署。美欧企业纷纷中断与俄罗斯在北极地区已经开展的和将要开展的合作项目，停止向俄罗斯提供用于深海、北极资源开发的技术、设备和资金等。在这种情况下，俄罗斯不得不调整其在北极国际合作中“重西方轻东方”的传统思维，将眼光转向经济发展迅速的亚太地区，而中国自然成为其选择的主要对象。俄罗斯无论是主动提出将欧亚经济联盟与“一带一路”倡议对接；还是邀请中国参与俄罗斯“北方海航道”基础设施建设，共建“冰上丝绸之路”；参股亚马尔地区能源基地建设等，都是看中了中国的基础设施建设能力、能源市场需求和海外投资能力。

目前，中俄两国互为对方最重要的经贸伙伴。在可预见的未来，较强的经济互补性将始终是中俄两国经贸合作的主要特征和合作优势。两国经贸合作已从一般的货物贸易转向技术和投资合作，从国家层面的交流波及到次区域经济合作。俄罗斯北极开发战略任务艰巨，该地区与俄罗斯其他地区相比，道路、港口等基础设施建设严重滞后，近海大陆架的油气资源开发不仅需要先进技术，更需要巨额投资。中国的外汇储备总额雄踞世界第一，也是世界头号制造业大国，制造业生产能力是美国和日本的总和，而中国同时又是世界第一的海运大国，是油气资源的最大进口国。因此，中俄两国在开发北极的资金、基础设施和能源资源领域开展互补合作具有极大的拓展空间。

第二节　中俄共建“冰上丝绸之路”

2011 年 9 月，俄罗斯国防部长谢尔盖·绍伊古在出席阿尔汉格尔斯克举行的第二届“北极—对话之地”国际论坛期间首次提出“冰上丝绸之路”的概念。丝绸之路起源于中国西汉年间。汉武帝派张骞出使西域，开辟了以西汉首都长安为起点，经甘肃、新疆到中亚、西亚，并连接地中海各国的交通要道。它既是以丝绸为媒介的贸易通道，也是东西方文化交流的融合通道。1877 年，德国地质学家李希霍芬在其著作中将这条通道命名为“丝绸之路”，这一名称很快被学术界和大众所接受。绍伊古将北极开发喻为“冰上丝绸之路”，这一提法非常形象，内涵也极其丰富。俄罗斯联邦政府多次向中方提出，希望中国能参加“冰上丝绸之路”的建设。2017 年 5 月 26 日，中国外长王毅在与俄罗斯外长谢尔盖·拉夫罗夫会谈后，在共同会见记者时表示，中方欢迎并支持俄方提出的“冰上丝绸之路”倡议，愿同俄方及其他各方一道，共同开发北极航线①。同年 7 月 3 日，中国领导人习近平在访问俄罗斯期间接受俄罗斯媒体采访时表示，中国欢迎并愿意积极参与俄方提出的共同开发建设滨海国际运输走廊建议，希望双方共同开发和利用海上通道，特别是北极航道，打造“冰上丝绸之路”。这些互联互通领域的合作将为促进两国经贸合作深入发展提供新动能②。习近平主席的这段话是迄今为止中国最高层对中俄北极合作最积极的表态。

共建“冰上丝绸之路”表明，中俄两国在北极开发和发展领域的

---

① 《王毅：俄罗斯是共建“一带一路”的重要伙伴》，新华社莫斯科电，2017 年 5 月 26 日。

② 《习近平接受俄罗斯媒体采访》，新华社，2017 年 7 月 3 日，http：//news. xinhuanet. com/world/2017 - 07/03/c_1121255558. htm。

合作进入了务实合作的新发展阶段。中俄共建“冰上丝绸之路”主要包括以下几个领域：

一、能源领域的合作

中俄北极合作最容易见效、最有发展前景的是能源领域的合作。中国经济要实现可持续发展，必须解决能源安全和环境生态问题，因此，需要更多地从俄罗斯进口石油和清洁能源天然气。与俄罗斯建立长期稳定的油气供应关系符合中国的国家利益。俄罗斯北极地区的能源资源对中国的未来发展意义重大。

随着中国社会经济的迅速发展，中国对能源的需求与日俱增。自1993年起，中国成为能源进口国。根据英国BP公司的统计，2011年，中国已探明石油储量仅20亿吨，当年开采石油为2.036亿吨，而进口石油则达到了3.28亿吨，对外依赖度达到了56%。中国已探明天然气储量为3.1万亿立方米，当年生产1025亿立方米，消费则达到1307亿立方米①。到2020年，中国GDP总量、能源消费总量及能源进口总量很可能均为世界第一。根据2016年12月国家能源局发布的《能源发展“十三五”规划》（以下简称《规划》），中国将在“十三五”期间推进能源低碳转型，到2020年，中国的能源总消费中煤炭的比重将降低到58%以下，天然气消费比重升至10%，非化石能源消费比重则提高到15%以上。《规划》还明确提出，创新体制机制，扩大天然气的接收、储备和消费，积极推进以气代煤、以气代油，提高天然气消费比重②。

未来，中国能源发展战略的主要任务之一是寻求能源，特别是天然气的多元化供给渠道，以保障中国经济的可持续发展能够获得稳定的能源资源。迄今为止，在中俄两国经贸合作中能源领域的合作始终

① BP Statistical Review of World Energy 2012, http: //www. bp. com/content/dam/bp/pdf/Statistical-Review - 2012/statistical_review_of_world_energy_2012. pdf.

② 《能源局发布“能源发展十三五规划”等》，中央人民政府网站，2017年1月5日http: //www. gov. cn/xinwen/2017 - 01/05/content_5156795. htm#1。

占主导地位。过去十年，俄罗斯对华出口产品中60%以上是能源产品，未来中国对俄罗斯石油、天然气的需求还将进一步上升。

目前，中国能源企业已开始涉足俄罗斯北极地区油气田开发等项目。其中，最具代表性的是“亚马尔液化气”项目。“亚马尔液化气”项目是目前全球纬度最高、规模最大的天然气勘探、开发、液化、运输、销售一体化项目。该项目位于亚马尔半岛萨别塔村附近，濒临鄂毕湾，天然气勘探开发许可有效期至2045年。作业区已探明的天然气储量约1.3万亿立方米，其中富含的凝析油储量约6018万吨。该项目从一开始就得到普京总统的高度重视。

2013年6月，中国石油天然气集团公司在出席圣彼得堡国际经济论坛期间与俄罗斯诺瓦泰克公司签署战略合作协议，入股亚马尔液化天然气公司。诺瓦泰克作为大股东持股60%，中石油和法国道达尔公司各持股20%。这一合作项目得到俄罗斯政府的支持，特意为诺瓦泰克公司颁发出口天然气资质，打破了俄罗斯天然气工业公司一家垄断天然气出口的局面，也为亚马项目的实施奠定了坚实的基础。

2015年12月，在中国国务院总理李克强和俄罗斯联邦政府总理梅德韦杰夫的共同见证下，中国丝绸之路基金与诺瓦泰克公司签署股权转让协议，获得亚马尔项目9.9%的股权。中方掌握的股权达29.9%，仅次于俄方的50.1%。目前，亚马尔液化气项目已形成俄罗斯主导项目建设、法国提供技术和咨询、中国提供资金和设备的三方合作框架，也由此开创了中国使用北极天然气的新时代。

“亚马尔液化气”项目总投资为270亿美元，三条液化天然气生产线的投产时间分别为2017年、2018年及2019年。全部投产后每年可生产1650万吨液化天然气及100万吨凝析油。其中，至少有400万吨液化气销往中国市场（2017年12月8日，第一条液化天然气生产线正式投产）。

“亚马尔液化气”项目位于北极圈内，这一带的极端最低气温可达零下52度。这一严酷的自然环境导致“亚马尔液化气”项目必须采用模块化施工方式，在加固地基后将预先加工好的模块运来后进行组装。中石油海洋工程公司等7家中国企业，承担了约120个模块、总重逾

40万吨的建造任务。模块的平均重量达4000吨左右，最大的模块重达7500吨，相当于埃菲尔铁塔的总重。2016年6月28日，中国制造的首批2个亚马尔项目模块通关装船，启程驶往俄罗斯①。

目前，中国三大能源集团，中石油、中海油和中石化均参与了俄罗斯北极地区的能源勘探、开发，以及相关基础设施建设等项目。例如，中石油除“亚马尔天然气”项目外，还与俄罗斯石油公司签署了一系列有关地震研究、地质勘探和石油天然气开采的共同投资项目的合作文件。双方商定在俄罗斯北极大陆架巴伦支海和伯朝拉海相关地段进行合作。中石油还参与了俄罗斯亚马尔－涅涅茨自治区等地陆地地段的油气开发工作等。

从最近几年俄罗斯联邦政府出台的政策和制定的投资项目来看，北极大陆架地区自然资源的勘探和开发是俄罗斯未来能源发展领域的主要方向。因缺乏资金和开采技术，俄罗斯在短时间内尚无能力独立开发这些地区的自然资源，寻找海外合作者和投资者是俄罗斯目前最为现实的选择。虽然俄罗斯已经选择挪威、美国、英国、法国等国大型石油公司作为油气资源勘探和开采的合作伙伴，但是由于全球经济持续低迷，制裁、欧债危机等因素对西方合作者的影响程度难以预料，不确定因素很多，俄罗斯对经济实力强大的中日韩等北极圈外国家参与北极资源开发的排斥态度已经改变。中国的中石油、中海油和中石化等大型国有企业资金实力雄厚，也具备在海外开发油气资源的业绩，完全有能力竞标参与北极油气资源的投资与开发。另外，俄罗斯北极大陆地区的矿产资源开发也同步进行，俄罗斯北极地区的当地政府希望亚太强国参与当地资源的开发和社会经济的发展。

二、“北方海航道”的拓展

中俄北极航道合作是两国北极合作的又一重要领域。“北方海航

① 《亲身实探亚马尔：让中国用上北极气的超级工程》，第一财经网，2017年1月12日 http：//news. sina. com. cn/o/2017－01－12/doc-ifxzqhka2835314. shtml。

道”如能顺利开通，势将深化和拓展两国沿岸重要港口地区之间的合作，实现优势互补，共同发展意义重大。包括“亚马尔液化气”项目在内的北极地区丰富的油气资源将通过北冰洋和白令海峡运往中国等地，将确保中国经济可持续发展和环境生态保护，实现长期稳定、多渠道的油气供应。“北方海航道”的顺利开通，不仅助力中俄两国的经济发展，也将沟通欧亚两洲，造福全人类。

中国外贸主要依靠海运，由于中日关系和南海问题不断升级，传统商业航线又基本受制于美国，加之海盗猖獗，护航费用上升等因素，北冰洋航线的利用价值将随着北极油气资源开采和海运正常化而不断提升。北冰洋航线对于中国而言，无论从经济角度，还是从地缘政治安全角度看均具有重要的战略和经济意义。

最近几年，北冰洋进行了多次商船试航。试航结果表明，北冰洋航线未来的经济价值和安全性并不逊色于传统航线。2013 年 8 月 15 日至 9 月 10 日，中远海运集团旗下特运公司的“永盛”号货轮成功首航北极东北航道，成为中国第一艘穿越北极东北航道的商船。“永盛”号从太仓港启航，穿过白令海峡向西航行，经过楚科奇海、德朗海峡、东西伯利亚海、新西伯利亚群岛北部、拉普捷夫海、维利基茨基海峡、喀拉海、新地岛北部、巴伦支海，穿越俄罗斯的“北方海航道”到达挪威北角附近，最终抵达荷兰的鹿特丹港。这次航行时间比传统的经马六甲海峡、苏伊士运河的航线缩短 9 天，大大减少了船舶燃油消耗和二氧化碳排放。这是中国商船首次穿越北极东北航道之行。

2015 年 7 月 8 日，“永盛”号在大连港启航，实现了由中国到欧洲的首次双向通航。“永盛”号经过 55 天，近 2 万海里的航行后，两次穿越北极东北航道，从大连抵达德国汉堡，再从汉堡回航，于 10 月 3 日抵靠天津港，比计划提前半个月圆满完成双向通航的历史性任务，并开创了中国商船首次经过北极东北航道从欧洲到中国的先河。

“永盛”号试水成功后，中国商船在 2016 年、2017 年连续在北极东北航道“闯关”。2017 年是出航次数最多的一年。8 月 1 日，中远海运集团麾下的特运公司“莲花松”号货船装载着中国首次出口欧洲的 3 台地铁盾构机和 40 套风电设备自连云港启程经北极东北航道赴欧。8

月22日、31日，“大安”号货轮、“天健”号货轮分别从天津、连云港出发，取道北极东北航道前往欧洲。9月2日、9月5日，“天乐”号、“天福”号装载着纸浆、游艇、农产品等货物分别自挪威和丹麦启程东行经北极东北航道回国。据初步测算，这5艘船舶取道北极东北航道与经过马六甲海峡、苏伊士运河的传统航线相比，共计节省里程约25313海里，节省时间约80.6天，节省燃油约2018吨，节省过苏伊士运河费用至少50余万美元。这5艘商船在北极航道上还曾有三次相遇。这标志着中远海运集团北极东北航道的项目化、常态化航行任务基本完成，也彰显了“冰上丝绸之路”的战略地位和商业价值[①]。

在“永盛”号首航北极之前，中方作了大量细致、扎实的前期准备。2012年7月22日至8月3日，中国“雪龙”号极地科考船穿越北极东北航道（包括“北方海航道”），到达北冰洋大西洋扇区，完成了中国船舶对北极东北航道的首次穿越。“雪龙”号在北太平洋、北冰洋太平洋扇区、北冰洋中心区、北冰洋大西洋扇区和北大西洋海域完成了128个站位的多学科海洋环境综合调查，开创了中国极地地球物理学系统考察的先河。考察区域南北纵贯4350千米、东西横跨7490千米，首次实现了北极和亚北极五大水域的准同步海洋环境考察、获取了北极东北航道和高纬航线的基础海洋环境数据，并与北极国家冰岛在其周边海域合作开展了海洋学综合调查，开创了中国与环北冰洋国家深入合作的成功先例，极大地提升了国际影响力。“雪龙”号是2012年6月27日离开上海的，7月2日从青岛正式起航驶向北极。7月18日穿越白令海峡进入北冰洋，7月22日至8月3日穿越北极东北航道（包括“北方海航道”）从太平洋扇区到达大西洋扇区，8月16日至20日访问冰岛，8月24日至9月8日，穿越北极高纬航线从大西洋扇区回到太平洋扇区，9月9日，通过白令海峡离开北冰洋驶入太冰洋，9月27日返回上海。“雪龙”号本次航行驶抵的最高纬度是北纬87°39′39″处。“雪龙”号本次航行共历时93天，航行时间为1598小

---

① 《中远海运特运5艘船全部通过北极东北航道》，2017年9月22日，参见国际船舶网：http：//www. eworldship. com/html/2017/ShipOwner_0922/132131. html。

时，航行距离共18635海里，其中冰区航行距离为5370海里。“雪龙”号利用北极东北航道两度往返大西洋和太平洋，实现了我国船舶首次跨越北冰洋的航行①。

2017年7月，中国再次派遣“雪龙”号极地科考船搭载中国第八次北极极地科考队到北冰洋进行海洋调查。“雪龙”号首次沿北冰洋中央航道开展了全程科学调查，在白令海、楚科奇海、北欧海等海域开展了系统的业务化调查，还填补了我国在拉布拉多海、巴芬湾等海域的调查空白。在本次海洋调查中，科考队员们共实施了7个海冰站位和49个海洋站位作业，开展了以海洋基础环境、海冰、生物多样性、海洋塑料垃圾等要素为重点的多学科综合调查。科考队收集了丰富的冰芯、岩心及生物样品，获取了大量大气、海冰、海洋观测数据和影像资料，推进了我国北极业务化调查体系建设，为北极航道和生态环境的系统分析与评价积累了第一手珍贵资料，为助推“冰上丝绸之路”建设做出了重要探索②。

三、北极科考和生态领域的合作

北极地区属于极寒地带，是地球上最脆弱的生态系统地区，也是全球气候变化的敏感地区。北极地区的大气环流、冰山活动等对北半球乃至全球的气候与环境有重大影响。俄罗斯非常重视北极地区开发过程中的生态环境保护问题。普京在国内外举行的多次会议中强调，“俄罗斯北极开发的前提是保护自然，保障经济活动、人类生存和环境保护之间的平衡”。为此，俄罗斯积极组建集太空、海洋、陆地为一体的北极生态监测系统。

中国位于北半球，北极地区的气候变化对中国大陆有直接影响。随着气候变暖趋势的不断发展，北极永冻冰融化，海平面上升，对中

① 中国极地研究中心提供。

② 《我国完成首次环北冰洋考察，助建“冰上丝绸之路”》，新华社，2017年9月25日，http：//news. qq. com/a/20170925/023724. htm。

国发达的沿海地区构成极大的威胁。中国加强对俄罗斯北极地区气候环境、生态系统等各方面的科研投入合乎情理，顺理成章。

中俄同为极地科考大国，完全可以优势互补，实行互利合作。中国对北极的研究刚刚起步，但在南极已先后兴建了长城站、中山站、昆仑站和泰山站等科考站，有关南极的研究已经积累了丰富的经验和研究成果。而且，近年来中国发射了多颗气象和地球物理观测卫星，取得了不输于美欧发达国家的成就。此外，中国通过青藏铁路的修建，在冻土环境保护、野生动植物保护、自然保护区保护、水土保持等方面积累了宝贵技术和经验，可与俄罗斯实现技术优势共享。

俄罗斯北极科学研究历史悠久，积累了大量的科学数据和丰富的经验；俄罗斯还拥有庞大的北极问题研究群体，众多的专业研究机构以及极地研究和工作人员培训机构。苏联解体后俄罗斯科考事业曾陷入资金、设备维护和人员不足的困境。虽然最近几年联邦政府对北极科考加大投资力度，但是要恢复到苏联解体前的状况并非易事。

北极地域严寒，气候多变，突发事件易发，保持北极地区通畅的通讯联系对北极地区和北冰洋航运意义重大。目前俄罗斯在北冰洋高纬度航道沿线，缺乏准确的卫星定位系统。2014 年 8 月在俄罗斯举行的第四届“北极理事会成员国高层代表”国际会议上，俄罗斯通讯和大众媒体部副部长阿尔哈佐夫介绍了俄罗斯在北极地区的卫星通讯情况。他表示，目前俄罗斯的同步卫星只能保障北纬 80 度以南地区的卫星通讯联系，从长远看，北极地区需要更高纬度的通讯联系。2015 年 12 月，中俄两国总理举行第二十次定期会晤，就进一步加强两国在卫星导航领域的合作达成了共识。会晤后发表的《联合公报》中载明，“在中国北斗系统与俄罗斯格洛纳斯系统兼容与互操作、增强系统与建站、监测评估、联合应用等领域推动实施标志性合作项目。”①

目前，中俄合作培训北极专门人才已提上议事日程。一方面俄罗斯可以帮助中国培训北极科考人员，提供科研资料、装备乃至位于北

① 《中俄总理第二十次定期会晤联合公报》，新华社莫斯科电，2015 年 12 月 18 日，http：//news. xinhuanet. com/politics/2015 - 12/18/c_1117499329. htm。

极圈内的科考基地供中方有偿使用；与俄罗斯研究北极问题的大学和科研机构建立人员交流、培训合作机制，制定有效合作项目；力争参与俄罗斯北极科考项目，增进互信关系。另一方面，中国也可以向俄罗斯提供自己积累的海洋、极地和卫星观测资料。特别是在从高寒、温带到亚热带的广域范围内的气象、地质和植被数据等。

根据中俄领导人达成的共识，两国未来的合作重点是拓展在投资、深加工、高科技和创新领域的合作，在航空航天领域更多开展联合研制、联合生产等战略性大项目合作等。这一共识对加强和深化中俄两国在高科技领域和保护北极生态的合作提供了政策支持。

四、北极基础设施领域的合作

俄罗斯开发北极最艰巨的任务是基础设施的重建和现代化建设。苏联时期，北极地区曾经兴建过一些港口、铁路和矿区设施。但自20世纪90年代到21世纪伊始的10年时间内，由于缺乏后续投入和适当的维护管理，这些基础设施或者已经严重老化，不堪使用，或者其容量和设备能力已经不适应新的形势。

俄罗斯联邦政府发布的北极开发的145个项目中，基础设施建设占据的比重最大。目前，已经开工的项目主要是西北部地区的港口和道路建设。俄联邦八大北极地区都承接了相应的基础设施建设任务。例如，摩尔曼斯克将建造大型现代化新港口，并在该市建立港口经济特区。“北方海航道”沿线的主要港口的基础设施的扩建和修缮等大型工程项目不仅需要巨额资金和高端技术，而且需要大量的人力资源。为了扩大北冰洋航道的货物量，俄罗斯还启动了多项内河、陆地交通连接北冰洋的基础设施建设项目。这些项目同样需要巨额的资金投入，需要有足够的人力和物力投入。

中国基础设施建设能力在全球有目共睹。中国第一条高速公路诞生在1988年，全长仅20千米。但不到30年，中国高速公路通车总里程已达15.3万千米（2015年），超过美国居世界第一。其中，有不少是在高海拔、高寒地带兴建的。中国的高速铁路总里程约占全世界的

60%，比其他所有国家加起来的总和还要多。中国的港口建设能力也是世界驰名的。全球吞吐量最大的10个港口中中国占了一半。上海港集装箱吞吐量世界第一，每天有上百艘货轮进出。不仅如此，中国还在世界各地承接港口建设任务，从中国的港口建设已经实现了全产业链、全要素的比较优势，技术水平已经是当之无愧的全球第一，成为一张闪亮的“中国名片”。中国在公路、铁路和港口等基础设施的建设和运营上积累了丰富的经验。此外，中国外汇储备居世界第一，具有较高素质的基建工程劳动力，正好弥补了俄罗斯资金少、人力资源弱的缺憾。

目前，中俄两国在北极地区基础设施领域的合作尚未正式启动，但是从北极地区巨大的需求和中方巨大的供给能力而言，两国在这一领域的合作空间是极其广阔的。

第三节　“冰上丝绸之路”的前景

进入21世纪以后，中俄关系持续保持良好的上升趋势。正如习近平主席所指出的：“中俄两国是好邻居、好朋友、好伙伴。”“当前，中俄全面战略协作伙伴关系处于历史最好时期。双方在涉及对方核心利益问题上相互坚定支持，积极开展两国发展战略对接和“一带一路”建设同欧亚经济联盟对接。面对复杂多变的国际形势，中俄发挥大国作用和担当，树立了以合作共赢为核心的新型国际关系典范，为维护地区及世界和平稳定贡献了强大正能量。”①

一、中俄两国共同战略利益的最大交汇点

中俄两国的北极合作具有极其重要的经济意义和战略意义。两国

① 《习近平抵达莫斯科开始对俄罗斯联邦进行国事访问》，新华社莫斯科电，2017年7月3日，http：//cpc. people. com. cn/xuexi/n1/2017/0704/c385474 －29381058. html。

达成将“一带一路”倡议与欧亚经济联盟相互对接的共识，一致同意共建“冰上丝绸之路”，为彼此在北极地区的互利合作奠定了坚实的政治和政策基础。俄罗斯开发北极的油气资源和航道资源少不了中国在资金、设备和人力上的踊跃投入，离不开中国这个规模最大、最具发展潜力的消费市场，也离不开拥有巨大规模的船队和货运量的中国海运企业的积极参与。而中国未来最关切的议题是稳定可靠的油气资源供应和便捷安全的北极航行通道。从这个意义上可以说，中俄北极合作是两国共同战略利益的最大交汇点。

俄罗斯开发北极地区是21世纪俄罗斯伟大复兴的重要组成部分，是以普京总统、梅德维杰夫总理为首的俄罗斯执政团队近十多年来全力推进的国家战略。

从俄罗斯北极战略推进进程来看，俄罗斯开发北极地区的第一阶段任务已经按计划完成，任务的分解和时序安排工作已经结束。第二阶段任务的落实和实施工作正在有序进行之中。俄罗斯国内上下对开发和发展俄罗斯北极地区是有一致共识的，俄罗斯联邦从中央政府到各联邦主体对推进北极地区的开发和发展也是态度坚决，措施有力的。尽管俄罗斯北极地区经济和社会发展严重滞后，自然条件严酷，资金和劳动力匮乏，北极地区各地方政府角色偏弱，与中央政府的协调也存在一些问题，特别是近年来的国际形势瞬息多变，一些已开工的项目受西方制裁影响被迫延迟或被搁置，但是俄罗斯北极开发和发展的进程并没有停滞。

这十多年来俄罗斯开发和发展北极的努力可圈可点。首先是注重自主开发。俄罗斯石油企业在大陆架油气开发领域无论是技术还是设备都比不上国际能源大集团。尽管如此，俄罗斯仍坚持在极地高寒条件下运用本国技术和设备开发大陆架油气资源。最典型的例子是，2014年俄罗斯在伯朝拉海域建立起全球首座抗冰石油钻井平台“普里拉兹诺姆”，表明俄罗斯在北极大陆架油气资源开发领域已经具备一定的技术和能力。其次是实行开放政策。俄罗斯对本国私人企业和外商参与北极地区能源开发持欢迎态度。为吸引国外投资者，俄罗斯专门出台了针对北极和远东等条件艰巨的地区新开发的大型油气田实行免征出口税等优惠政策。普京总统几乎亲临每一次大型油气项目国际合作的签字和启动仪式。在“亚尔马液化气”项目上，联邦政府特意修改《出口法》，让主导这一项目的诺瓦泰克公司获得出口天然气的资质，让入股这一项目的中国企业和法国企业感到放心。

俄罗斯开发北极地区是一项规模空前的经济与社会的系统工程。俄罗斯北极地区开发国家政策的全面落实和执行将为俄罗斯经济发展寻找到新的增长点，有利于其改变单一依赖能源、资源的经济结构。俄罗斯北极地区的开发，加上普京主政以来一贯重视的远东地区开发将从根本上改变目前俄罗斯人口分布和经济增长过于偏重西部地区的失衡状态。从长远来看，整体提升俄罗斯北极地区的竞争优势，将有利于加强俄罗斯在北极地区的大国地位，进一步推动俄罗斯国际影响力的提升，最终有利于整个北极地区的和平与稳定。未来，“北方海航道”的地位将随着气候变暖不断提升。这一贸易航道不仅能加强俄罗斯欧洲部分对东部地区的支援，而且为东部地区融入东北亚地区的经济一体化，从东北亚国家持续而强劲的经济发展中汲取活力创造条件。

俄罗斯开发北极地区也是一项造福人类、普惠世界的系统工程。北极冰原和大陆架油气资源开发对人类而言是一个尚未完全掌控的领域，虽然人类已经在相关技术和领域取得了巨大的成就，但是北极地区的不解之谜仍需要我们不断地对其进行探索和研究。北极油气资源开发势必将推动极地海洋资源开发新技术和环保新技术的创新研究。北极地区丰富的油气资源既是资源所在国的财富，也是地球的财富。俄罗斯科学家认为，目前世界尚无一国拥有在永冻冰条件下进行油气勘探和开采的设备和技术，人类应该学会这一技术，因为，21 世纪下半叶，不仅俄罗斯，而且整个人类世界需要北极的油气资源①。

中国参与俄罗斯北极地区的开发，既能发挥自身的优势帮助俄罗斯克服资金、技术和劳动力等“瓶颈”问题，为北极开发注入强劲的动力，将中俄全面战略协作伙伴关系推向新的阶段，也能促进自身经

① Запасы нефти и газа в Арктике оценили в 286 млрд тоннhttp：//www. arctic-info. ru/news/17 – 12 – 2014/zapasi-nefti-i-gaza-v-arktike-ocenili-v – 286 – mlrd-tonn（2017 年 9 月访问）

济社会的稳定发展，为中国进一步融入全球经济一体化潮流找到新的切入点。

首先，俄罗斯北极开发为中国确保长期稳定安全的能源供应奠定了基础。中俄能源合作现阶段主要依靠俄罗斯西伯利亚和远东地区的油气资源。鉴于来源于北极极地的油气资源在俄罗斯能源生产格局中比重逐渐提升，中国如能在其早期开发，特别是勘探、开采和初级加工等“上游”领域占有一席之地，无疑将会进一步深化和扩大中俄能源合作，夯实未来一二十年内中国确保长期稳定安全的能源供应的基础。

其次，“北方海航道”为中国开辟了一条连接欧亚大陆的、便捷的海上贸易通道。北极新航道的开辟以及由此带来的运输成本下降将有助于中国企业保持现有出口竞争优势，有助于进一步推进拓展外需市场的战略和投资“走出去”战略。对北极航道利用的经济意义并不是简单地将北极航线与传统航线进行时间、成本、收益上的比较，更重要的是在北极航道开发过程中迎来欧亚两大经济圈对接和融合的有利契机。北极航道的开通将缩短欧洲和东北亚的航程，节约成本将有助于稳定欧洲在中国的投资，也有利于中国企业拓展在欧洲的业务。

第三，北极开发为中国企业走出去创造难得的机遇。中国是一个贸易大国、航运大国，也是一个制造业大国。中国制造业产出占世界比重由 1990 年的 2.7%，位居世界第九，上升为 2011 年的占世界的 19.8%，跃居第一。在 500 余种主要工业产品中，中国有 220 多种产量位居世界第一。但是，中国虽然是制造业大国却不是制造业强国，在全球化格局中的国际分工地位仍然比较低。而参与俄罗斯的北极开发，给中国带来制造业由低端向高端迈进的难得机遇。例如，中石油入股“亚尔马液化气”项目后，由中石油麾下的海洋工程公司等中资企业承建液化气生产装置的约 120 个模块。2016 年 7 月起这些模块陆续完工并运往亚尔马半岛。这是中国企业第一次承揽 LNG 核心模块建造，此举促使中国成功掌握了 LNG 核心供应模块的建造技术，完成了海洋工程由低端加工向核心工艺的提升。同样是来自“亚尔马液化气”项目的订单，广东造船国际股份有限公司承建 ARC7 冰级液化气运输船，计划于2018年下半年交付运营。另一方面，开通北极东北航道亟需大吨位，高破冰能力的破冰船。中国仅有的一艘科考用的破冰船“雪龙”号购自乌克兰。2016年12月20日，中国自主建造的第一艘极地科考破冰船在位于上海长兴岛的江南造船（集团）有限公司开工建造。新船设计排水量1.4万吨，能以3节的航速连续冲破1.5米厚的冰，船首船尾均可破冰，续航力2万海里。可以肯定，未来中国将建造更多的、用于极地科考和航运的大型破冰船。这将使中国企业走出去迈出关键的一步。

二、“冰上丝绸之路”面临的挑战和对策

毋庸置疑，建设“冰上丝绸之路”不可能是一蹴而就，一帆风顺的，势必会遭遇各种严峻的挑战。这些挑战有来自外部的，也有中俄两国自身的问题。概括起来，主要有这几个方面：

第一，俄罗斯联邦政府内部各部门间的相互掣肘。俄罗斯北极政策内容极其广泛，涵盖了经济发展（如航运、能源、渔业、矿业、陆路交通网、社会发展），安全和国防以及包括环境保护、科研考察、原住民、双边的和多边的国际合作等等。这就导致涉及北极事务的部门很多，在北极事务的决策过程中存在众多行为体，有立法的、行政的，有中央的、地方的，还有次国家行为体等等，彼此交织在一起，各行为体出于自身不同的利益考量，有时会将政策推向相反的方向。此外，最高决策层与官僚体系之间，行政部门和立法机构之间存在一定的认识上的落差。俄罗斯已经意识到这一问题的严重性，不仅出台法律将北极地区划入一个统一的管辖区域，而且在政府中成立了由副总理领衔的专门的北极问题协调机构进行统一管理，但是在具体操作中难免还会发生上述问题，需要逐渐改善。

第二，俄罗斯企业对北极长期投资的风险存有顾虑。俄罗斯北极开发的主力军是俄罗斯大型企业。政府为促使它们投身北极开发可谓施加了巨大的压力，但企业出于自身的利益考虑，并不积极地投入开发北极之中，其中最主要的问题是收益回报周期太长，企业害怕承担

较大风险，对持续不断地投入资本存有顾虑。

第三，世界经济复苏缓慢导致初级产品价格持续疲软。从金融危机以来，世界经济持续减速，虽然在2011年后有所回升，但复苏步伐缓慢，拖累了石油天然气价格一直在低位徘徊。由于油价下挫和重大的资产减值亏损，各国的石油天然气的生产商相继蒙受重大损失。俄罗斯北极开发亟需国际资本、国际市场、国际技术的有效配合，需要全球性的对北极经济发展的预期。这个时间点似乎还没有到来。全球石油价格的下跌，俄罗斯政府财政的紧缩，都会影响到俄罗斯北极开发的速度和效率。北极开发的回报周期可能因此拉长。而且，市场行情低迷也导致俄罗斯北极地区的油气开发蒙上阴影。

第四，俄美关系周期性的起落导致北极地区的国际合作前景暗淡。美欧等国在克里米亚危机后对俄罗斯实行的制裁已经延续近4年。制裁令下达后，美国埃克森美孚公司、英国石油公司等西方跨国企业已撤回在北极地区与俄罗斯企业在石油勘探、深水石油开发、页岩油勘探和生产领域的合作。俄罗斯开发油气资源亟需的高硬度钻头等高科技石油开采设备也遭到禁运。这将严重影响俄罗斯企业后续生产能力。

第五，中俄关系中依然存在着一些不确定因素。随着中国的进一步崛起，中俄两国在经济上的差距逐渐拉大，俄罗斯对中国的戒心将会上升。特别是在俄罗斯政界和精英中经常出现类似“中国威胁论”的言论。俄罗斯有不少人把非法移民问题说成是中国对俄罗斯的“有组织地扩张”，中国企业参与俄企业私有化过程是“资本入侵”，等等。俄罗斯对中国的这种忧虑往往导致它在处理对华关系时存有戒心而故意“留一手”。这就需要在维护与扩大共同利益的基础上构筑两国间的信任框架，促进中俄关系的长期稳定发展。

鉴于上述问题，建设“冰上丝绸之路”对中国而言既是大机遇，也存在一定的挑战。没有挑战的机会不能称之为机会。中国应该抓住有利机遇，顺势而为，迎难而上：

第一，从国家战略层面筹谋、规划和协调中俄北极合作。要调动中央和地方、政府和民间等各方面的积极性，有计划有目的地整合国内各项资源，在推进国家级合作项目的同时，鼓励地方政府，主要是沿海经济发达地区和民间大资本参与俄北极地区对外公开竞标项目的竞标工作。要发挥高校、科研机构特别是各级智库的智力支撑作用，密切关注和把握俄北极发展战略的相关政策变化。

第二，兼顾“北方海航道”运行和北极资源开发两大重点，推动双方交通海运管理部门、能源公司之间的接触和协商，将北极航运和能源运输放在两国整个运输贸易计划之中进行商谈。利用我资金优势和基础建设能力，有选择地对俄罗斯北极地区的基础设施进行投资。前期资金投入宜以布局为主，要突出重点，量力而行。一些日韩和欧洲公司经过前期调研，因对俄经济制裁而不得不放弃的项目，应当是我考察、投资和运作的重点。北极自然条件严酷，只有实力雄厚的公司有能力参与其中，应积极有效地整合国企、私企等中方各方面的资源，在国家管理和统筹安排基础上与俄联邦政府、北极地区和公司等机构建立可持续的合作关系。

第三，以中国“一带一路”与俄罗斯欧亚经济联盟发展战略相对接为契机，稳步推进中国东海和黄海沿岸地区与俄罗斯北冰洋沿岸地区的地区合作。迄今为止，中俄两国已先后启动“东北—远东”“长江—伏尔加河”两大区域性合作机制并初见成效。但考虑到“北方海航道”的全方位商业运行还需要假以时日，投资的经济效益不容易在短期内收回的因素，战略“对接”应当将中长期战略布局与短期收益结合起来考虑。目前，投资面不易太广，重点投资那些与能源相关的港口运输项目，与重要城市节点相关的铁路项目，比如说阿尔汉格尔斯克到莫斯科的铁路升级改造，亚马尔地区的港口建设，沿北冰洋诸港口和航道的通讯设备、船舶制造项目等等。积极鼓励中国东部沿海港口城市与俄北冰洋沿岸重要港口和资源产地缔结友好城市关系，推动实质性的对口合作，实现优势互补，共同发展的局面。

第四，加强中俄有关北极开发相关人才的合作培养。可考虑以北极科考合作为先导，以资金和保障优势为支撑，与俄罗斯研究北极问题的大学和科研机构建立人员交流、培训合作机制，大量培养和储备有关北极地区气象、冰区航行和有关金融、法律等领域的人才。北极航道涉及诸多国际法及沿岸国地方法律法规，未来该航道的诸多事务均离不开一支相关的专业法律队伍。因冰区航行有其特殊性，需进一步完善冰上航行技术的培训和交流，逐步壮大具有北极航道驾驶能力的人才队伍。建议中国的海洋大学、北极问题研究机构与俄罗斯研究北极问题的大学、科研机构签署北极科考和学员培训等合作协议，鼓励学生前往学习，参与俄罗斯“北极漂流大学”的夏季航行考察活动，培养极地工作者，储备极地航运人才，应对中国的未来之需。中国应加强以北极长期监测为目标的科考活动，参与俄北极科考项目合作，为北极航道的通航提供保障；研制并发射北极海冰遥感卫星，加强北极海冰变化的检测和研究；以卫星通讯为基础，建立覆盖北冰洋的锚定浮标、潜标、冰浮标等的实时检测体系，对北冰洋的洋流、温度、盐度、气候、海冰物性等进行长期不间断的实时监测；通过和北冰洋沿岸国合作，进行北冰洋周边陆表径流（流量、温度等）的长期不间断的实时监测。长期的实时监测体系的建立，不但能为北极航道提供数据保障，而且对分析北极环境变化及其对全球环境的影响具有重要的意义。

第五，实行双边合作与多边合作的有机结合。在与俄加强北极合作的同时，宜同步推进北极事务的多边合作。首先，是与美加挪等北极圈国家加强沟通，平等合作。其次，是与日韩印等亚洲国家加强合作，协调立场。“冰上丝绸之路”应该是开放的、可持续的。中俄两国义不容辞地应该发挥主导作用，同时也应该而且有可能吸引亚洲其他国家参与。目前，日韩印等国已与俄罗斯明确开展北极合作的意向，甚至越南也不甘人后。越南国家石油公司早在2008年就开始参与俄罗斯北极地区的油气开发项目。中俄共建“冰上丝绸之路”取得进展，能增加双方在多边框架内的话语权，推动北极开发的国际合作；而多边合作一旦形成气候，也能化解俄罗斯对中国参与北极事务可能设置的障碍。

建设“冰上丝绸之路”是一项全球瞩目的大规模系统工程。涉及到资金筹措、技术配套、后勤保障、人才培训等各个领域，绝不是一两个国家能够完全承揽下来的，需要有关国家、地区和跨国公司间的通力合作。目前，包括俄罗斯政界和学界在内，国际社会普遍认同在开发北极问题上开展国际合作的必要性。中国在与俄罗斯共建“冰上丝绸之路”的同时，宜注意同多边合作有机地结合起来。首先，是要与美国、加拿大、挪威等北极圈内国家加强沟通，平等合作。其次，是要与日韩等东北亚国家加强合作，协调立场，共同发力。中俄在北极地区的双边合作如能取得明显进展，自然就能增加双方在多边框架内的话语权和主导权，推动北极地区开发的国际合作；而多边合作一旦形成气候，也能增加中国与俄罗斯交涉的筹码，有效化解俄罗斯对中国参与北极事务可能设置的障碍。

附件一

《俄罗斯联邦北极地区国家政策原则》

Основы государственной политики Российской
Федерации в Арктике на период до 2020 года
и дальнейшую перспективу

（2008 年 9 月 18 日第 1969 号俄罗斯联邦
总统令批准，2009 年 3 月 30 日对外公布）

一、总则

1. 本原则确定俄罗斯联邦在北极地区国家政策的主要目标、基本任务、战略重点和执行机制，制定俄罗斯联邦北极地区社会经济发展战略规划和保障俄罗斯国家安全的措施体系。

2. 本原则中俄罗斯联邦北极地区系指：1989 年 4 月 22 日苏联部长会议北极事务国家委员会决议确定的萨哈共和国（雅库特）、摩尔曼斯克和阿尔汉格尔斯克州、克拉斯诺亚尔斯克边疆区，以及涅涅茨、亚马尔－涅涅茨和楚科奇自治区的全部或部分领土；1926 年 4 月 15 日苏联中央执行委员会主席团《关于苏联北冰洋的土地和岛屿领土公告》所确定的土地和岛屿，以及根据国际法，俄罗斯拥有主权和司法管辖权的毗邻上述领土、土地和岛屿的内海水域、领海、专属经济区和大陆架。

俄罗斯联邦北极地区的边界可根据俄罗斯法律法规文件和俄罗斯参与的国际条约和协定的准则来确定。

3. 俄罗斯联邦北极地区的特点及其对制定北极地区国家政策的影响：

（1）极端恶劣的自然气候条件，包括北极海域的永久冰层和活动浮冰；

（2）北极地区工业经济开发难度大、人口密度低；

（3）远离主要工业中心，从事经济活动和保障居民生活所需的资源消耗量大，燃料、食品和日用品基本依靠俄罗斯其他地区的供应；

（4）生态系统脆弱，微小的人类活动都可能对地球的生物平衡和气候产生影响。

二、俄罗斯联邦在北极地区的国家利益

4. 俄罗斯联邦在北极地区的主要国家利益：

（1）利用俄罗斯联邦北极地区作为保障国家社会经济发展的战略资源基地；

（2）保持北极地区作为和平与合作的区域；

（3）保持北极地区独特的生态系统；

（4）使用北冰洋航道，将之作为俄罗斯联邦在北极地区统一的国家交通运输干线（以下简称“北方海航道”）。

5. 国家利益决定了俄罗斯联邦北极地区国家政策的主要目标、基本任务和战略重点。

在严格遵守俄罗斯联邦法律及其参与的国际条约的基础上，国家权力机关和民间机构密切配合，是实现俄罗斯联邦在北极地区国家利益的重要保障。

三、俄罗斯联邦北极地区国家政策的主要目标和战略重点

6. 俄罗斯联邦北极地区国家政策的主要目标

（1）在社会经济发展领域，扩大俄罗斯联邦北极地区的资源基地，以最大程度地满足俄罗斯对碳氢化合物、水生物资源和其他战略原料

的需求；

（2）在军事安全领域，捍卫和维护俄罗斯在北极的国家边界，保障俄罗斯联邦北极地区的良好作战态势，保持俄罗斯联邦武装力量常规集团军（力量）、其他军队、军事组织和机构在北极地区所必需的作战潜力；

（3）在生态安全领域，保护北极地区的自然环境，消除因人类日益增长的经济活动和全球气候变化造成的生态危害；

（4）在信息技术和通信领域，根据北极的自然特点，在俄罗斯联邦北极地区建立统一的信息空间；

（5）在科学和技术领域，保障足够数量的基础性和应用性科学研究，为北极的现代化管理积累所需的现代科学知识和地理信息，研发在北极自然气候条件下解决国防和安全问题，以及维护生活保障系统和生产经营活动正常运转的方法和手段；

（6）在国际合作领域，在俄罗斯联邦参与的国际条约和协议的基础上，建立俄罗斯与其他北极沿岸国家双边或多边的互利合作机制。

7. 俄罗斯联邦北极地区国家政策的战略重点：

（1）在国际法准则和双边协议的基础上，充分考虑俄罗斯的国家利益，与北极沿岸国家积极互动划定海洋界线，以解决俄罗斯联邦北极地区外部边界的国际法论证问题；

（2）加强与北极沿岸国家的合作，共同建立统一的地区搜救系统，预防技术性灾难并消除其后果，包括协调救援力量的工作；

（3）在双边基础上，以及在北极理事会、巴伦支欧洲北极理事会等地区组织框架内，巩固俄罗斯与北极沿岸国家之间的睦邻友好关系，促进俄罗斯与北极沿岸国家的经济、科学技术、文化协作和跨边界合作，包括有效开发北极资源和保护北极环境；

（4）根据俄罗斯法律和俄罗斯参与的国际条约，在俄罗斯联邦司法管辖范围内，对穿越北极空中航线的飞机和利用“北方海航道”开展国际航运的船只实行有效的组织和管理；

（5）鼓励俄罗斯政府机构和社会团体积极参加与北极问题有关的国际论坛，包括俄罗斯议会与欧盟伙伴关系框架下的议会间协作；

（6）完成北冰洋海洋空间的划分，保障俄罗斯同挪威在斯匹次卑尔根群岛实现互利共存；

（7）完善俄罗斯联邦北极地区社会经济发展的国家管理体系，扩大北极地区的基础性和应用性科学研究；

（8）提高俄罗斯联邦北极地区原住民的生活水平和生产经营条件；

（9）利用先进的科学技术，发展俄罗斯联邦北极地区的资源基地；

（10）发展俄罗斯联邦北极地区的运输系统和渔业综合体的基础设施，并对其进行现代化建设。

四、执行俄罗斯联邦北极地区国家政策的基本任务与措施

8. 为达成俄罗斯联邦北极地区国家政策的主要目标，必须完成下列基本任务：

（1）在社会经济发展领域：

完成北极地区地质、地理、水文和测绘等工作，为论证俄罗斯联邦北极地区外部边界准备资料；

通过研究和开发俄罗斯北极大陆架和北极地区油气资源的国家纲要的实施，保障俄罗斯北极海洋矿产资源产地的储量得以均衡增长；

研发和运用新型技术和工艺，用来开发北极冰封区域的海洋矿产和生物资源，建立航空技术和捕鱼船队基地，完善极地条件下工作所必需的基础设施；

使用再生能源和替代能源，包括当地能源，对超期能源设备进行技术更新和现代化改造，并采用节能材料和工艺等方式，优化“北方运送”经济机制；

通过向破冰船队、救生船队和辅助船队以及沿岸基础设施建设提供国家扶持等方式，保障“北方海航道”货运量的结构性调整；

通过实施俄罗斯联邦北极地区水文气象和导航保障综合措施，建立监管体系，管理和疏导繁忙水域船只的航行，保障船只的航行安全；

建立综合安全体系，防止自然和技术性突发事件的危害，保护俄罗斯联邦北极地区的领土、居民和重要国家设施的安全。

执行俄罗斯联邦北极地区社会经济发展国家政策的基本措施是：

通过技术创新，发展交通和能源基础设施，完善关税和税收调节机制等方式，国家对那些在俄罗斯联邦北极地区，特别是在碳氢化合物资源、矿产资源和水生物资源领域从事生产经营活动的经济实体提供支持；

通过俄罗斯联邦预算体系各级预算和预算外资金共同拨款的方式，刺激北极地区经济开发新项目的落实，保障提供有国家担保的劳动报酬，包括轮班探险方式的工作报酬；

现代化改造教育和医疗机构等社会基础设施，以及发展国家优先项目包括在内的住房建设；

在中、高等专业教育系统内对极地工作条件下所需专业人才进行培训和再培训，明确国家向在俄罗斯联邦北极地区生活和工作的人员提供的社会保障和补偿；

扩大医疗和急救体系，向在俄罗斯联邦北极地区居住和工作的所有人员提供高质量的医疗服务；

通过为教育机构和偏僻居民点提供远程教育器材等方法，完善针对俄罗斯联邦北极地区原住民的教育计划，尤其是重视培养儿童掌握极端自然条件下的生存技能和适应现代社会的能力；

合理利用自然资源和适度开发原住民少数民族聚居区和传统的经济活动场所的环保型旅游业，保护当地的文化、语言和民间工艺等遗产。

（2）在军事安全、捍卫和保护俄罗斯联邦北极地区国家边界领域：

在俄罗斯联邦北极地区建立能够在各种军事政治形势下保障军事安全的常规武装力量常规集团军（力量）、其他部队、军事组织和机构（首先是边检机关）；

优化对北极局势的综合监督体系，包括：在国家边境口岸进行边防检查，在俄罗斯联邦北极地区实行行政区划边区制度，对“北方海航道”沿途的海峡、河口和三角洲流域组织技术检查等；

使边防机构有能力应对俄罗斯在北极地区所面临的威胁和挑战。

执行军事安全，捍卫和保护俄罗斯联邦北极地区国家边界国家政策的基本措施是：

在俄罗斯联邦北极地区建立积极有效的俄罗斯联邦安全局岸防体系，提高与邻国边防部门（海岸警卫队）在打击海上恐怖主义、走私活动、非法移民及保护海洋生物资源等方面的合作效率；

发展俄罗斯联邦北极地区的边防基础设施，更新边防机构的技术装备；

建立水面综合监督体系，加强对俄罗斯联邦北极地区渔猎活动的国家监控。

（3）在生态安全领域：

在经济活动日益扩大和全球气候变化条件下，为了保护俄罗斯的国家利益和环境，通过扩大自然保护区和保护水域等方式，保护北极地区动植物种群的生态多样性；

有计划地对超期服役的核动力船只进行再利用。

执行俄罗斯联邦北极地区生态安全国家政策的基本措施是：

在俄罗斯联邦北极地区建立自然资源利用和环境保护的特殊制度，加强对环境污染的监测；

恢复自然景观，对有毒工业废料进行再利用，保障化学品安全，尤其是居民聚居区的化学品安全。

（4）在信息技术和通信领域：

采用现代信息通信技术和产品（包括移动通信）、广播电视、船舶航行和航空飞行管理系统、地球遥测、冰盖航测、水文气象和水文地理保障系统和科学考察研究保障体系，建立可靠的导航、水文气象和信息服务系统，确保对北极地区的经济、军事和生态活动的有效监督，通过利用“格洛纳斯”全球卫星导航系统和多用途航天系统等，加强对北极地区紧急情况的预报和预防，减少事件发生时造成的损失。

执行俄罗斯联邦北极地区信息技术和通信国家政策的基本措施是：

应致力于研究和广泛使用最新技术，特别是多用途航天器材和通用的多功能信息网络。

（5）在科学和技术领域：

采用新技术，清理北极海域因人类活动而遭受污染的岛屿、海岸和水域，研制适应北极自然和气候条件的各种材料；

落实俄罗斯联邦科考船队的国家发展计划，采用适用于极地科考的技术器材和仪表基数，对深水作业和深水潜航进行研究。

执行俄罗斯联邦北极地区科学和技术国家政策的基本措施是：

论证在北极地区开展各种形式活动的长期规划和主要发展方向；

研究危害和危险性自然现象，研制并采用多变气候条件下对自然灾害进行预报的现代技术和方法；

对俄罗斯联邦北极地区受自然和人为因素影响而产生的全球气候变化后果进行中长期预报和评估，提高基础设施的稳定性；

调查和研究北极地区的历史、文化、经济和行政管理情况；

研究危害居民身体健康的环境因素，制定保护北极居民和极地工作人员健康的标准，论证旨在改善居民生存环境和预防疾病的综合措施。

9. 通过制定俄罗斯联邦北极地区社会经济发展和国家安全保障战略纲要，实现俄罗斯联邦北极地区国家政策基本任务，主要途径是：

（1）制定并落实俄罗斯联邦北极地区发展战略，实现国家安全保障任务；

（2）建立综合监控系统，完善对俄罗斯联邦北极地区国家安全指标的信息统计监测系统；

（3）准备好有关明确俄罗斯联邦北极地区的地理边界，包括南部边界的法律文件，并附上划入上述区域的市政机构名册及其地位；

（4）提高俄罗斯联邦北极地区的管理效率。

五、俄罗斯联邦北极地区国家政策的主要执行机制

10. 俄罗斯联邦北极地区国家政策由相关联邦执行权力机关、联邦主体国家权力机关、地方自治机关、商业和非商业组织依据各自的权限和活动领域，遵循国家－私人伙伴关系原则，在俄罗斯联邦与外国和国际组织合作的框架内，通过采取目标明确和协调一致的行动来执行。具体包括：

（1）根据俄罗斯的国家利益和地区特点，在国际法准则和俄罗斯承担的国际义务基础上，完善俄罗斯联邦在北极地区社会经济发展、环境保护、军事安全、保卫国家边界、科学研究和国际合作等领域的立法；

（2）制定并落实联邦预算体系各级预算和预算外专项拨款计划；

（3）俄罗斯联邦主体制定本联邦主体社会经济发展战略、领土规划方案和社会经济发展纲要；

（4）通过组织研讨会、“圆桌会议”和展览会等方式，在大众传媒宣传俄罗斯联邦在北极地区的国家利益，介绍俄罗斯科研人员开发北极地区的历史，树立俄罗斯的正面形象；

（5）系统监测和分析俄罗斯联邦北极地区国家政策的执行情况。

六、俄罗斯联邦北极地区国家政策的执行

11. 本原则分阶段执行：

（1）第一阶段（2008 – 2010）应保障：

开展地质地理、水文地理、地理制图等各项工作，为论证俄罗斯联邦北极地区的外部边界准备材料；

扩大国际合作力度，有效开发俄罗斯联邦北极地区的自然资源；

落实联邦预算体系各级预算和预算外专项拨款计划，包括制定2020年前俄罗斯联邦北极地区国家发展纲要，建立高技术能源生产基地、渔业生产基地和经济特区；

落实与俄罗斯联邦北极地区发展战略相关的、有投资前景的国家 – 私人伙伴关系项目；

（2）第二阶段（2011 – 2015）应保障：

划定具国际法效力的俄罗斯联邦北极地区外部边界，并在此基础上确立俄罗斯在能源、资源开采和运输领域的竞争优势；

在开发俄罗斯联邦北极地区的矿产和海洋生物资源基础上，完成俄罗斯联邦北极地区的经济结构改革任务；

建立并发展“北方海航道”基础设施及交通管理体系，完成欧亚

运输保障任务；

建立俄罗斯联邦北极地区的统一信息空间。

（3）第三阶段（2016－2020）保障将俄罗斯联邦北极地区发展成为俄罗斯的主要资源战略基地。

总之，从中期角度看，实现俄罗斯联邦北极地区国家政策能够使俄罗斯保持在北极地区的主要大国地位；而从未来发展趋势来看，俄罗斯必须整体提升其北极地区的竞争优势，以巩固俄罗斯在北极地区的地位、加强国际安全、保持北极地区的和平和稳定。

（钱宗旗译，杨伟民校）

附件二

《俄罗斯联邦北极地区发展和国家安全保障战略》

Стратегия развития Арктической зоны Российской
Федерации и обеспечения национальной
безопасности на период до 2020 года
（2013 年 2 月 8 日第 232 号俄罗斯联邦总统令批准）

一、总则

1.《俄罗斯联邦北极地区发展和国家安全保障战略》（以下简称《北极战略》）是为了执行 2008 年 9 月 18 日俄罗斯总统批准的《俄罗斯联邦北极地区国家政策原则》（以下简称《北极政策》）而制定的，还参考了其他俄罗斯联邦战略规划系统文件的主要规则。

2.《北极战略》确定了实现俄罗斯联邦北极地区稳定发展的战略目标、优先方向和保障国家安全的主要机制、方法和手段。《北极战略》目标旨在实现俄罗斯联邦在北极的主权和国家利益，促进解决《北极政策》中规定的俄罗斯联邦北极国家政策的主要任务。

3. 在《北极战略》实施框架内，整合俄罗斯联邦北极国家政策的所有相关主体（联邦国家政府机关、全部和部分领土划入俄罗斯联邦北极地区的俄罗斯联邦主体的政府机关、地方自治机关和组织）的资源和努力，以解决俄罗斯联邦北极地区发展和保障北极地区国家安全的核心问题。

二、《北极战略》的主要风险、威胁和目标

4. 影响俄罗斯联邦北极地区社会经济发展的关键因素是：

（1）严酷的自然气候条件，包括低温、强风和北极海域的冰盖；

（2）地区工业经济开发的两重性和人口密度低；

（3）远离主要工业中心，资源密集度高，居民的经济活动和生活保障高度依赖于俄罗斯其他地区提供的燃料、粮食和日用必需品；

（4）生态系统脆弱，甚至微小的人类活动都可能对地球的生物平衡和气候产生影响。

5. 俄罗斯联邦北极地区社会经济发展现状存在以下风险和威胁：

（1）社会领域

俄罗斯联邦大多数近北极地区的人口呈负增长，劳动力资源（尤其是业务熟练的劳动力）流向俄罗斯南部地区或国外；

社会服务网络与分迁的特点和发展动态不符，包括教育、卫生保健、文化、体育和运动领域；

住房和公共设施处于临界状况，居民清洁饮用水保障不足；

缺乏有效的人员培训制度，地区和职业领域劳动力资源供求关系失衡（工人和工程职业人员不足，无人问津的专家和未受过职业教育的人员过剩）；

居住在俄罗斯联邦北极地区的俄罗斯联邦北方、西伯利亚和远东土著少数民族的生活质量低下。

（2）经济领域

缺乏在北极条件下勘查、勘探和开发海洋碳氢化合物矿床的俄罗斯现代化技术设备和工艺；

固定资产损耗，尤其是在交通、工业和能源基础设施方面；

基本的海洋和陆地交通基础设施不发达，破冰船老化，小型飞机缺乏；

在缺少有效补偿机制的情况下，自然资源开采能耗高、效率低，北方生产费用高，劳动生产率低下；

个别近北极区域与地区之间的经济发展不平衡，经济发达地区和经济落后地区之间的发展水平存在巨大差距；

保障海运的水文地理和水文气象发展迟缓；

缺乏针对北极领土和海域的长期和综合的航天监控系统，北极地区的所有活动（包括与飞机和海上船舶的协作）都依赖于外国的信息保证手段和资料；

缺少向俄罗斯联邦北极地区的居民和经济实体提供通讯服务的现代远程信息通讯基础设施；

能源系统不发达，发电设备结构不合理，发电和输电成本高；

（3）在科学技术领域，缺乏研究、开发和利用北极资源的技术手段和工艺，俄罗斯联邦北极地区创新发展道路转型准备不足。

（4）在自然资源利用和环境保护领域，技术和人为因素对环境造成的超负荷利用在增加，在俄罗斯联邦北冰洋海域和俄罗斯联邦北极地区的个别地段环境恶化，潜在的放射性污染源和生态破坏日积月累。

6. 战略目标是实现国家利益，以及通过解决《北极政策》中规定的战略优先任务，保障俄罗斯联邦北极地区国家安全和社会经济稳定发展，实现俄罗斯联邦国家北极政策的最终宗旨。

三、优先发展方向和主要措施

7. 俄罗斯联邦北极地区发展和保障国家安全的优先方向是：

（1）俄罗斯联邦北极地区社会经济的综合发展；

（2）发展科学与技术；

（3）建设现代化信息远程通讯基础设施；

（4）保护生态安全；

（5）开展北极国际合作；

（6）保障军事安全，捍卫和维护俄罗斯联邦在北极地区的国境线。

8. 根据《北极政策》规定，综合发展俄罗斯联邦北极地区的社会经济，完善俄罗斯联邦北极地区社会经济发展的国家管理制度，提高北极地区原住民的生活质量和生产经营的社会条件，利用先进技术开发俄罗斯联邦北极地区的资源产地，现代化改造和发展北极运输网络的基础设施，建设现代化信息远程通讯基础设施和发展渔业综合体。

9. 为完善俄罗斯联邦北极地区社会经济发展的国家管理制度，规定如下：

（1）制定和实施一系列国家支持和刺激俄罗斯联邦北极地区主体开展经济活动的措施，首先是通过运用创新技术开发碳氢化合物资源，水生物资源和其他类别矿产资源，发展交通和动力基础设施，建设现代信息远程通讯基础设施，完善海关关税和税收管理；

（2）通过俄罗斯联邦预算和预算外资金，推动北极地区经济开发新项目的实施。

（3）通过使用可再生和可替代能源，包括当地的可再生和可替代能源，对超期使用的能源装置进行技术更新和现代化改造，采用节能材料和工艺等手段优化“北方运送”经济机制；

（4）制定和批准北极沿岸地区的综合管理模式；

（5）发展北极地区的旅游业，扩大北极地区生态安全旅游类别，完善旅游业的法律保障问题。在国家－私人伙伴关系原则基础上建立财政扶持制度，协助地方形成区域性旅游集群，将北极旅游业推向全国和国际市场；

（6）区分供电系统图，包括区分核电站和浮动核电站设施；

（7）提高能源使用效率，扩大利用可再生能源，保障遥远地区小型居民点的能源自足，制定和实施在国际合作框架内的节能和能效项目；

（8）建立和发展俄罗斯联邦北极地区生产和消费废弃物的有效处理机制，最大限度地将其纳入经营流通中。限制在经济和技术上无法保证可回收再利用的产品、包装箱和包装盒运入俄罗斯联邦北极地区；

（9）建立综合安全制度，保护俄罗斯联邦北极地区的领土、居民和重要设施。制定和实施开发北极大陆架和沿海地区，以及俄罗斯北极地区的其他大型基础设施项目，防止发生自然和技术性灾难；

（10）鉴于建设碳氢化合物开采基地的必要性，通过完善国家采购和国家参与公司、自然垄断者的采购制度等方式，刺激对俄罗斯联邦北极地区高技术产品、创新工艺、材料和服务有支付能力的稳定需求；

（11）发展俄罗斯联邦北极地区地质物理状况监控系统，将极端地质发展进程（自然和人为的）对人类居住环境、通讯、航运、交通、电力设施，以及“北方海航道”航运、中转和跨极飞行航线安全的影响降至最小。

10. 改善在俄罗斯联邦北极地区生活和工作的居民，包括土著少数民族的生活质量，提高他们的社会和文化服务水平，以及保障人口正增长和社会生产活动的必要条件，规定如下：

（1）对教育机构、保健和文化组织等社会基础设施项目进行现代化改造，发展住房建设，包括国家优先项目实施框架内的住房建设；

（2）在现代节能技术基础上，对住房基金和住宅公共事业的主要基金进行更新和现代化改造；

（3）保障俄罗斯联邦北极地区的居民获得现代信息和远程通讯服务；

（4）通过完善俄罗斯联邦北极地区居民传统居住地和传统生产经营活动地的急救和初级治疗，利用高性能的交通工具和飞机运送病患，发展医生远程会诊技术等方式，保障居民获得优质的医疗救助；

（5）发展医疗救护类别，保护和增强居民健康，消除居住环境有害因素的影响，预防疾病突发和扩散，早期查明疾病原因及其发展条件，形成和实施健康生活方式计划；

（6）发展教育，保障对在北极条件下工作的专家进行中、高等专业教育系统的培训、再培训和提高专业技能。应考虑现有和预估的对海洋地质学、碳氢化合物开采和加工、海洋生物技术、信息通讯技术等其他专业技术领域专家的需求情况；

（7）通过为教育机构和偏远居民点配备远程教育器材等方法，完善针对俄罗斯联邦北极地区原住民的教育大纲，尤其是培养儿童适应现代社会生活，以及掌握极端自然条件下的生存技能；

（8）保证劳动力市场的平衡，核定国家对工作和生活在俄罗斯联邦北极地区人员提供的社会保障金和补偿金；

（9）在对具备劳动能力的失业公民进行再培训的基础上，保证居民就业，尤其在俄罗斯联邦北极地区的独立城镇和土著少数民族居民众，对居民和企业不同形式的自主就业形式提供国家支持；

（10）根据移民的年龄和专业技能，有区别地调整迁移制度。加强业务熟练骨干的适应性，降低对外定期轮换迁移的社会费用；

（11）在城市、村镇中，建设所有居民都能享受到的新型多功能流动文化设施（社会文化中心、文化体育综合体、信息中心、流动图书馆）；

（12）通过发展资助体系、赞助机构、作者权益、文化赞助、保险、特殊税和社会文化项目其他财政拨款来源的方式，包括在特许经营实践下，完善法律基础，以促使文化领域的财产关系合理化，并鼓励经济活力，在文化领域建立区域性慈善基金，投资基金和风险基金体系；

（13）发展土著少数民族的民族文化，保持其自古以来的生活环境和传统生活方式；

（14）保障合理利用自然资源和发展土著少数民族传统居住和传统经营活动地区的生态环保旅游项目；

（15）制定一系列发展传统经济行业的措施，在动员家庭作坊和村社资源的基础上，保障土著少数民族的就业和自主就业，国家、商业和非商业组织对此积极扶持，包括利用土著少数民族传统产品的国家采购系统。

11. 为了有效利用和发展俄罗斯联邦北极地区的资源基地，能够在很大程度上保障俄罗斯对碳氢化合物、水生物资源和其他战略原料的需求，规定如下：

（1）制定方案组织对大陆架及其沿岸地区的综合研究工作，在北极大陆架勘探和矿产资源开发国家纲要基础上，做好对这些地区油气资源的开发准备工作，保障北极海洋矿床矿产储备有实质性的增长；

（2）建立俄罗斯联邦北极地区资源储备基地，保障国家能源安全和能源综合体长期稳定发展，以应对2020年后传统开采地产量的下降局面；

（3）在大型投资项目基础上，采用现代化技术和服务组织对位于北冰洋岛屿、科拉半岛、极地乌拉尔山岭的铬、锰、锡、铝矾土、铀、钛、锌矿床，以及俄罗斯联邦北极东部地区当地主要金矿矿床进行有效开采，以保障俄罗斯联邦对有色金属、贵金属和稀缺矿物种类的中、长期国内和出口需求；

（4）实现大型基础设施项目，将俄罗斯联邦北极地区与其他开发地区连成一体，开发季马诺－伯朝拉油气田和巴伦支海、伯朝拉海和喀拉海大陆架，亚马尔半岛和格达半岛上的碳氢化合物产地；

（5）发展知识密集型海洋服务综合体，其中包括海洋地质勘探，利用光纤和卫星通信监测系统，可移动无线电话通信和信息远程通信“互联网”，水文气象和生态安全保障设施等，以保障俄罗斯联邦大陆架碳氢化合物矿床开发项目的实施；

（6）扩大产品品种，提高采矿工业集团产品的质量和竞争力，在综合利用矿产资源和采用现代化节能技术原则基础上，开发有前途的新矿床，创建新的加工产品；

（7）在开发俄罗斯联邦北极大陆架碳氢化合物原料矿床时，捍卫和维护国家利益；

（8）确保向大陆架界线委员会提交有关论证俄罗斯联邦北极大陆架外部界限资料的准备工作；

12. 现代化建设和发展北极地区交通运输系统的基础设施，确保“北方海航道”作为俄罗斯联邦国家统一的交通干线，规定如下：

（1）发展俄罗斯联邦北极统一交通系统，将其作为全年通航的国家海上交通干线，其中包括“北方海航道”，子午线河运、铁路交通以及航空港网络；

（2）完善北极大陆架开发地区的交通基础设施，实现俄罗斯碳氢化合物出口国际市场通道的多样化；

（3）通过向破冰船、救生和辅助船，以及岸上基础设施建设提供国家扶持等方式，保障“北方海航道”货运量的增加和结构性调整；

（4）完善俄罗斯联邦对“北方海航道”行使国家管理的法律基础，保障航行安全，调整破冰和其他类别的服务费用，加强保险机制，包括强制保险机制；

（5）通过发展俄罗斯联邦北极地区海运和其他运输形式，加强北极综合运输网络，完善航运组织管理和安全保障机制；

（6）建立和发展北极航运综合安全系统，管理交通繁忙地区的船舶运输，包括航行水文地理、水文气象、破冰和其他保障设施，建立综合救助中心；

（7）在实现建造破冰船，包括核动力破冰船的国家计划框架内，采用现代化技术发展俄罗斯破冰船队；

（8）实现俄罗斯联邦北极港口现代化，建设新型港口生产综合体，在北极河流主干线上实施河道疏浚工作；

（9）国家支持“北方运送”和经由“河流－海洋”线路运输产品，以及为保障“北方运送”建造运输船只的计划；

（10）发展俄罗斯联邦北极地区的铁路网，增加现有铁路运能，铺设新铁路；

（11）发展符合国际要求的俄罗斯联邦北极地区公路网，使其成为国际运输走廊的组成部分，实现欧亚运输网的连接；

（12）发展北极地区航空服务系统，重建和现代化改建“北方海航道”沿途的航空港网络；

（13）发展小型飞机，满足俄罗斯联邦北极地区的空运需求；

（14）建立现代化交通和物流枢纽，保障联邦机场和地区机场的国内和国际中转需求；

（15）为俄罗斯联邦北极地区边境检查站提供技术装备和设备；

（16）制定和实施适用于北极条件下使用的现代化运输手段；

13. 为了实现俄罗斯联邦北极地区渔业综合体的现代化，规定如下：

（1）保持和发展渔业资源潜力，并采取措施实现技术更新，引入水生物资源深加工新设备，发展海洋生物技术；

（2）有效利用水生物资源的主要捕捞种类，将非传统种类引入捕鱼业；

（3）预防和制止非法捕捞和贩运水生物资源。

14. 为了发展科学和技术，规定如下：

（1）整合国家、商业、科学和教育的资源和潜力，建立有竞争力的科技部门，制定和实施先进技术，包括制定新的或者使现有技术适应北极地区的条件；

（2）开发适应北极自然气候条件的材料，引进技术手段和设备开展极地科学研究；

（3）研究和采用新型技术和工艺，合理利用自然资源，开发海洋矿床和水生物资源，预防和清除冰区石油外泄事故；

（4）实现俄罗斯联邦科研考察船队的发展计划，包括利用深海机器人系统进行深海研究；

（5）科学论证北极地区长期愿景和各种活动的主要发展方向；

（6）对自然灾害现象进行综合性的科学研究，制定和实施气候变化条件下预测自然灾害现象的现代化技术和方法；

（7）预测和评估俄罗斯联邦北极地区因自然和人为因素对全球气候变化的中、长期影响，以及提高基础设施工程项目的稳定性；

（8）研究北极地区的历史、文化和经济，并对北极地区的经济和其他活动开展法律调研，以文件形式证明俄罗斯联邦对北极某些海域的历史权益；

（9）研究环境有害因素对居民健康的影响，科学论证旨在改善居民居住环境和预防疾病的措施；

（10）发展科学考察活动，完成北极地区大型和综合性科研项目，包括国际合作项目；

（11）利用国际学术和科技合作潜力，保障俄罗斯科学和科研教育组织参与全球和地区的北极技术和研究项目。

15. 为了发展俄罗斯联邦北极地区信息通讯技术和建立统一的信息空间，规定如下：

（1）运用现代化信息远程通信技术和通信、电视广播、船舶航行和航空器飞行管理、地球遥感探测、冰盖面积测绘系统（包括移动系统），以及水文气象和水文地理和科学考察研究保障系统；

（2）通过使用格洛纳斯（GLONASS）全球卫星导航系统和建立“北极”多用途航天系统，升级远程无线电导航系统“РСДН－20”（“航线”）等方式，建立可靠的通信服务、导航、水文气象和信息服务系统，对冰清活动进行监控，预报和预防自然和技术性突发事件，消除由此产生的后果，有效监督北极地区的经济和其他活动；

（3）通过沿“北方海航道”铺设海底光缆和连接其他国家通信网络等方式，建立现代化信息远程通信基础设施，向俄罗斯联邦北极地区的居民和生产经营主体提供通信服务。

16. 为了保护环境和保障俄罗斯联邦北极地区的生态安全，规定如下：

（1）在扩大经济活动和全球气候变化条件下，保护北极地区的植物群和动物群的生物多样化，包括：

发展和扩大北极地区联邦级特别自然保护区的土地和水域；

发展和扩大北极地区地区级特别自然保护区；

监测植物世界的生态系统和物种状况；

（2）发展和扩大联邦级和地区级特别自然保护区的土地和水域；

（3）消除俄罗斯联邦北极地区过去遗留的经济、军事和其他活动引起的生态损失，包括评估这种生态损失，并采取措施清除北极海域和地区内的污染物；

（4）将现有经济和其他活动对俄罗斯联邦北极地区环境造成的人为负面影响降至最低限度，包括：

研究、论证和采取措施降低北极地区和大陆架区域因扩大经济活动对环境造成的威胁（考虑有必要提高自然资源利用企业对环境污染所承担的责任，激励研究和运用新技术降低对环境的负面影响，减少危情发生，将技术性突发事件造成的危害降至最低限度）；

采取措施提高联邦国家对俄罗斯联邦北极地区的经济和其他活动的生态监督效率；

（5）完善俄罗斯联邦北极地区的国家生态监督系统，利用客观和可测量的环境状况评估指标，构建利用地面、空中和太空设施的现代化观测手段，监控环境污染状况，采用现有和正在建立的国际环境监控系统，发现和分析俄罗斯联邦北极地区极端自然现象和负面气候变化现象，以及及时发现和分析自然和技术性突发事件；

（6）制定和运用经济机制，刺激矿物原料和生物资源的再生产和合理利用，石油产地的油气伴生气体的回收再利用，节约能源和资源。

17. 为了发展国际合作和维护北极地区的和平，规定如下：

（1）在俄罗斯联邦签署的国际条约和协议基础上，保障俄罗斯联邦与环北极国家开展双边和多边互利合作，提高对外经济活动效率；

（2）俄罗斯联邦与北极国家相互协作，捍卫俄罗斯在北极的国家利益和行使国际法规定的北极沿岸国权益，包括勘探和开发大陆架资源，以及确定其外部边界问题；

（3）联合环北极国家，致力于建立统一的地区搜救系统，预防技术性灾难和消除其后果，包括协调救援工作；

（4）在双边和地区组织框架下，加强俄罗斯联邦与环北极国家的睦邻关系，积极开展经济、科技、文化和边境领域的互利合作，有效开发自然资源，保护北极环境；

（5）保障俄罗斯在挪威斯匹次卑尔根群岛的存在，开展互利的经济和科学活动；

（6）根据俄罗斯联邦签署的国际条约，在俄罗斯联邦司法管辖范围内，利用“北方海航道”进行国际航运，协助组织和有效利用北极地区过境运输和跨极地空中航线；

（7）俄罗斯联邦国家组织和社会团体积极参与探讨北极问题的国际论坛；

（8）定期交换有关环境状况的信息，北极地区气候及其变化数据，通过国际合作完善北极地区气候水文气象监控系统；

（9）组织综合性国际科考活动，研究环境（冰情、海水污染、海洋生态系统），观测和分析气候变化对环境的影响；

（10）发展北方国家、地区和城市之间的对话活动，交流气候研究和能源政策等方面的经验；

（11）发展国际旅游业，包括休闲娱乐、科研、文化认知和生态旅游；

18. 为了保证军事安全，捍卫和维护俄罗斯联邦国家边界，规定如下：

（1）保障俄罗斯联邦北极地区有利的作战机制，包括保持俄罗斯联邦武装力量常规军队（力量）集团、其他军队、军事组织和机构具备与北极地区现有的和潜在的军事危险和威胁相符的必要作战能力；

（2）全面做好必要的战斗和征兵准备工作，回击针对俄罗斯联邦及其盟友的军事欺压和挑衅，保护俄罗斯北极主权和俄罗斯联邦在北极专属经济区和大陆架所有活动的顺利进行。消除和平时期对内和对外军事危险和威胁，保持战略遏制。在发生武装冲突的情况下，击退侵略并在符合俄罗斯联邦利益的条件下终止军事行动；

（3）完善俄罗斯联邦武装力量常规军队（力量）集团、其他军队、军事组织和机构的机制、人员组成、军事经济和技术，发展俄罗斯联邦北极地区驻军基地的基础设施，以及为完成北极任务而部署在此的军队的作战装备；

（4）完善对空中和水面状况的监控系统；

（5）利用军民两用技术综合解决国防和安全任务，保障俄罗斯联邦北极地区社会经济的稳定发展；

（6）开展水文地理作业，对北极地理坐标清单内的领海、专属经济区和大陆架宽度坐标进行必要的修改。

四、《北极战略》的实施机制

19. 俄罗斯联邦北极地区社会经济稳定发展的基础是国家、商业和非商业组织、民间社会的系统性协作。实施重点投资项目时，利用国家－私人合作伙伴机制；国家参与解决制约经济发展的基础设施限制、解决社会问题，建立刺激生产经济活动的经济机制。

20. 实施《北极战略》的主要机制是：

（1）2020 年前俄罗斯联邦北极地区社会经济发展国家纲要；

（2）其他旨在综合开发俄罗斯联邦北极地区的联邦国家纲要，联邦和部委专项规划，以及行业战略、地区和市政方案，大企业的计划。

21. 军事安全、捍卫和维护俄罗斯联邦国家边境安全领域的优先方向，是在国家国防订单框架内完成 2011 年至 2020 年国家军备计划，为实现俄罗斯联邦北极国家政策制定联邦国家纲要、联邦和部委专项规划和计划。

22. 在制定俄罗斯联邦国家纲要、联邦和部委专项规划，以及筹集保障《北极战略》实施非计划措施时，确定其工作内容和联邦预算资金向其的拨款额度，不超过相关联邦执行权力机关在相应财政年度和计划期内的联邦预算额度。

23. 在国家－私人伙伴原则基础上，筹集实施《北极战略》所需的预算外财政支持。依靠发展基金、国际财团和外国投资建设基础设施，完成社会、创新、环保等其他项目的实施。

24. 完善俄罗斯联邦北极地区的国家管理法律基础。从法律上明确俄罗斯联邦北极地区作为国家调控对象的特殊地位，确定市政边界和领土范围，以及制定利用自然资源和保护环境的专门规则，确定调解“北方海航道”航行的国家特殊机制。

25. 在俄罗斯联邦政府批准的《俄罗斯联邦北方、西伯利亚和远东土著少数民族稳定发展纲要》基础上，解决保护北极土著少数民族传统生活方式和保障原住民文化发展任务。采取措施完善传统渔业制度，完善原住民社团的建设与运作，完善其传统居住地和传统经济活动区域土地的利用和保护。

26. 提高俄罗斯联邦北极地区的国家管理效率，加强各层面国家权力机关的协作能力，将俄罗斯联邦北极地区的社会发展问题纳入俄罗斯联邦区和主体的社会经济长期发展战略、部门规划和计划中。

27. 执行战略措施，建立俄罗斯联邦北极地区国家安全和社会经济发展水平状况的监测和分析系统，并将其作为独立的国家统计观测对象区分开来。

五、《北极战略》的执行阶段

28. 《北极战略》的实施分为两个阶段。

29. 《北极战略》实施的第一阶段（2015 年前）是：

（1）通过综合发展俄罗斯联邦北极地区，建立必要的条件以巩固国家安全，包括完善法律基础和提高国家管理效率，协调俄罗斯联邦北极国家政策中所有相关主体的工作，制定和实施经济刺激措施，积极引进国家发展机制；

（2）制定和实施2020年前俄罗斯联邦北极地区社会经济发展国家纲要；

（3）完成水文地理工作，并在其成果的基础上提出对领海、专属经济区和大陆架宽度地理坐标目录必须进行修改或重新审议的建议；

（4）保障按国际法解决俄罗斯联邦北冰洋大陆架外部界限问题，不允许出现俄罗斯在北极地区有空间损失以及比其他环北极沿岸国家的法律环境更差；

（5）建立和发展俄罗斯联邦北极地区俄联邦安全局的海岸警卫队；

（6）建立综合性信息远程通信基础设施（数据的处理、传输和保存中心，移动、无线和卫星通信和数据传输网络），以向国家权力机关、自然人和法人提供服务（“互联网”网络、电视、通信等）；

（7）发展救助准备系统，包括建立综合性的救助中心；

（8）制定国家统一的监测系统，与国际类似系统同步监测俄罗斯联邦北极地区的环境污染状况；

（9）保障在俄罗斯联邦北极地区开展具有基础性、针对性和应用性的科学研究。在成型技术平台基础上，建立管理北极地区的现代化科学和地球信息基础，制定解决国防和安全任务的手段，以及在极地气候条件下，保障生活和经营活动的有效运作方式。

（10）实施俄罗斯联邦北极地区生态安全保障措施，包括优先实施旨在消除过去遗留的经济和其他活动所导致的不良生态后果的项目，修复北极海域环境，使其远离核污染和放射性污染物；

（11）确定国家扶持措施，发展北极地区土著少数民族的传统经济行业。

30. 第二阶段（2020年前）的任务是俄罗斯联邦北极地区过渡到稳定、创新的社会经济发展阶段。

31. 第二阶段保障：

（1）实现俄罗斯联邦在开发俄罗斯联邦北极大陆架地区矿产资源领域的竞争优势；

（2）发展俄罗斯联邦北极地区的边境基础设施，对联邦安全局边防机关进行技术更新；

（3）建立和发展由俄罗斯联邦执行权力机关参与的统一的综合监督水面状态系统，履行其保障俄罗斯联邦在北极地区的国家安全领域的职权；

（4）发展综合安全系统，保护俄罗斯联邦北极地区的领土、居民和重要设施避免遭受自然和技术性突发事件的威胁；

（5）建立和发展“北极”多用途航天系统，对远程无线电导航系统“РСДН－20”进行现代化更新；

（6）发展“北方海航道”基础设施和船队，包括破冰船队，完成北极地区运输和欧亚过境运输的保障任务；

（7）实施一系列措施，保障俄罗斯联邦北极地区水生物资源的长期可持续利用，提高北极海域水生物资源的利用效能；

（8）预防和减少对俄罗斯联邦北极地区环境的负面影响；

（9）完成现代化的信息远程通信基础设施的建设，形成俄罗斯联邦统一的信息空间。

32.《北极战略》的实现将提高俄罗斯联邦北极地区的综合竞争优势，巩固俄罗斯在北极的地位，加强国际安全，维护和平与稳定，促进国际合作；

33.《北极战略》实施的每个阶段都应采取措施，合理利用俄罗斯联邦北极地区的自然资源和保护环境。这些措施应建立在系统、综合科学研究的基础之上。

六、俄罗斯联邦北极地区社会经济发展和国家安全保障的基本特征

34.俄罗斯联邦北极地区社会经济发展和国家安全保障的基本特征包括：

（1）通过发展国家－私人伙伴关系，加强国际合作和加大联邦预算对俄罗斯联邦北极地区项目的拨款总额，引入财政补充资金（考虑国外投资）实施这些项目的规模比例；

（2）俄罗斯联邦北极地区10%收入保障最多的居民和10%收入保障最低的居民之间的比例（以十位数计算的区域系数）；

（3）俄罗斯联邦北极地区再生产资源基地（包括电能）的可再生能源占资源基地总量（包括能量平衡和能量消费）的比重；

（4）“北方海航道”的货物运输量；

（5）俄罗斯联邦北极地区航空运输有效系数；

（6）俄罗斯联邦北极地区居民的自然增长系数（以1000人为基数）；

（7）能长期获得符合卫生防疫标准的饮用水供应的俄罗斯联邦北极地区居民占俄罗斯联邦北极地区总人数的比例；

（8）被污染（未净化）的和未彻底净化的污水占排放到物体表面的污水总量的比例；

（9）俄罗斯联邦北极地区恢复生产力的土地占被破坏土地总面积的比例，包括遭受放射性和化学污染的土地；

（10）《俄罗斯濒危动物红皮书》所记载的俄罗斯联邦北极地区稀有和濒临灭绝的动物种类的数量；

（11）俄罗斯联邦北极地区使用“互联网”的居民比例；

（12）因搜救活动避免经济损失的规模；

（13）俄罗斯联邦北极地区高技术和知识密集型经济行业产品占俄罗斯联邦国民生产总值的比例；

（14）俄罗斯联邦北极地区海洋科学研究、海洋资源研究考察（生物和非生物）的数量；

（15）俄罗斯联邦北极地区现代化武器、军事技术和特殊技术装备占俄罗斯联邦北极地区武器、军事技术和特殊技术装备总量的比例。

35. 在制定2020年前俄罗斯联邦北极地区社会经济发展国家纲要时就确定了上述基本特征数值，并考虑在俄罗斯联邦北极地区划分出来后，将其作为独立的国家统计对象。

36. 俄罗斯联邦北极地区社会经济发展水平和国家安全状况宏观经济指标具有以下特点：

（1）加大俄罗斯联邦北极地区在俄罗斯联邦国内生产总值和国家出口结构中的比例；

（2）增加北极地区知识密集型创新产品（和服务）在俄罗斯联邦国内销售总规模和在出口中的比重；

（3）加快俄罗斯联邦北极地区企业劳动生产率的增长速度；

（4）通过在俄罗斯联邦北极地区进行地质勘探作业增加矿产的平衡储量；

（5）延长居住在俄罗斯联邦北极地区的北方、西伯利亚和远东土著少数民族原住民的平均预期寿命。

七、监督《北极战略》的实施

37. 俄罗斯联邦政府负责监督《北极战略》的实施。

38. 俄罗斯联邦政府、联邦执行权力机关和俄罗斯联邦主体地方执行权力机关负责监督和考察俄罗斯联邦北极国家政策的实施情况。根据俄罗斯联邦政府决议，联邦执行权力机关全权委托工作组或者俄罗斯联邦政府组建的工作机构协调监督《北极战略》的实施工作。

39. 俄罗斯联邦政府每年应向俄罗斯联邦总统提交《北极战略》实施进程及结果的年度报告。

（钱宗旗译，杨伟民校）

附件三

《俄罗斯联邦北极地区陆地领土》总统令

Сухопутные территории Арктической зоны
Российской Федерации

俄罗斯联邦北极地区陆地疆域总统令
2014 年 5 月 2 日
第 296 号

1. 摩尔曼斯克州
2. 涅涅茨自治区
3. 楚科奇自治区
4. 亚马尔 - 涅涅茨自治区
5. 科米共和国所属的“沃尔库塔”市辖区
6. 萨哈共和国（雅库特）所属的阿莱伊霍夫区、阿纳巴尔（多尔干 - 埃文基）民族区，布伦区、下科雷姆斯克区、乌斯季扬斯克区。
7. 克拉斯诺亚尔斯克边疆区所属的诺里尔斯克市辖区、泰梅尔多尔干 - 涅涅茨地区、图鲁汉斯克区。
8. 阿尔汉格尔斯克州所属的“阿尔汉格尔斯克市”“梅津地区”“新地岛”“新德文斯克市”“奥涅加地区”“滨海地区”“北德文斯克”。
9. 1926 年 4 月 15 日苏联中央执行委员会主席团《关于苏联北冰洋的土地和岛屿领土公告》决议，以及苏联其他文件中确定的位于北冰洋的土地和岛屿。

注：本附件第5－8条款中指出的辖区领土在2014年4月1日的边界地位中已指明。

（杨伟民译，钱宗旗校）

附件四

《俄罗斯联邦北极地区发展联邦法》草案

Федеральный закон О развитии Арктической
зоны Российской Федерации
(проект)

一、总则

1. 本联邦法调整对象

(1) 本联邦法调整各权力主体在俄罗斯联邦北极地区实现旨在为俄罗斯联邦北极地区的社会经济综合发展创造条件的国家政策主要目标和主要方向过程中形成的相互关系。

(2) 俄罗斯联邦北极地区发展国家政策实施的关联方是：联邦执行权力机关，俄罗斯联邦主体国家权力机关，地方自治机关，在俄罗斯联邦北极地区居住和工作的公民，其中包括生活在俄罗斯联邦北方、西伯利亚和远东地区的土著少数民族，以及在俄罗斯联邦北极地区从事经济和其他活动的法人和社会团体。

2. “俄罗斯联邦北极地区”概念

(1) 俄罗斯联邦北极地区（以下简称北极地区）应理解为俄罗斯拥有主权权力和司法管辖权的北极地区领土，本联邦法的组成部分包括：

A. 俄罗斯联邦主体的领土（部分领土）；

B. 发现和未来可能发现的位于北冰洋的从俄罗斯联邦沿岸地区向

北至北极点之间的领土和岛屿，范围西起东经32°04′35″子午线（沿东经35°子午线从北纬74°至81°），东至北纬168°58′37″子午线；

C. 毗邻本节（1）和（2）所指领土的俄罗斯联邦的内水和领海；

D. 毗邻本节（1）和（2）所指领土的俄罗斯联邦主权权力和管辖权范围内的俄罗斯联邦专属经济区和大陆架。

E. 本节（1）到（4）中列举的领土和海域之上的空中区域。

（2）俄罗斯联邦总统令中确定的北极地区陆地领土组成部分，本法律不再做详细规定。

（3）俄罗斯联邦政府有权对列入北极地区的陆地领土制定标准，并准备有关界定北极地区陆地领土组成的提案。

（4）北极地区，作为国家管理的特殊对象，不是俄罗斯联邦行政领土划分的一部分。

3. 本联邦法中使用的主要概念

本联邦法在实现面向为北极地区社会经济综合发展创造条件的国家政策框架内使用的概念和专门术语规定如下：

（1）“北极”是指地球的北部区域，包括北极深海、环绕岛屿和毗邻欧洲、亚洲和北美陆地的浅水海域，中心点是北极点，外围边界是北极圈（北纬66°33′线）。

（2）“俄罗斯联邦北极主体”是指俄罗斯联邦主体全部或部分地区划入北极地区。

（3）“俄罗斯联邦北极地区国家政策”（以下简称国家政策）是指基于北极地区的地理位置和对俄罗斯联邦地缘政治利益的意义，俄罗斯联邦国家权力机关目标明确的综合性行动，包括法律、经济、行政和其他有影响的方法，旨在保障北极地区社会经济综合发展的制度、组织和法规条件。

（4）“俄罗斯联邦北极地区的发展”是指北极地区合理、持续、合法的变化过程，这一变化过程的特点是北极地区的社会发展，经济，自然资源利用和环境保护，以及国际合作等其他领域过渡到全新和更好的状态。

（5）“被授权联邦执行权力机关”是指俄罗斯联邦政府指定联邦执

行权力机关负责拟定北极地区社会经济综合发展领域的国家政策和法律法规，以及为此目的赋予其必要的权力和资源。

（6）“北极发展支柱区”（以下简称支柱区）是指规划和保障北极地区社会经济发展的综合性项目，旨在实现北极的战略利益和保障国家安全，规定同时应用现行的地区和行业发展模式和投资方案的实施机制，包括国家－私人伙伴关系原则。

（7）“北极发展支柱区规划办公室”（以下简称规划办公室）是指联邦执行权力机关，或者在俄罗斯联邦领土上造册登记的组织，其功能是保障专业分析和协调北极发展支柱区的建立和运作。

（8）“北方海航道”是指位于俄罗斯联邦北部沿岸水域的统一的国家交通运输干线，其中包括俄罗斯联邦内水、领海、毗连区和专属经济区，东起与美国的海上划界线和白令海峡的杰日尼奥夫角平行线，西至热拉尼耶角子午线至新地岛群岛，新地岛群岛东海岸线和马托奇金沙尔海峡、喀拉门海峡和尤戈尔金沙尔海峡的西部边界。

（9）“北极运输系统”是指全年运营的国家运输系统，包括“北方海航道”及其海河船队、航空、管道、铁路和公路运输系统，以及保障北极地区运输的沿岸基础设施。

（10）“经济实体”是指根据国家注册和许可证联邦法，从事盈利性经营活动的商业组织和非商业组织，企业家，其他未注册私人企业主，但从事盈利性职业活动的自然人，以及行业协会成员。

（11）“环境影响评估”是指检查、分析和统计计划内经济和其他活动对环境造成的直接、间接和其他后果的工作，并通过有关解决这些后果的可能性或不可能性的决定。

（12）“零投放”是指在建立、使用、利用和清理人工岛、设备和设施，以及在进行地质研究、勘测和开采矿物资源钻探工作时，不允许有害物质进入海域。

（13）“俄罗斯联邦北极地区领土现状和问题的国家监测系统”（以下简称国家监测系统）是指专门组织收集、总结、分析和评估实施北极地区发展和国家安全保障国家决议的信息和统计数据的系统性和有计划的活动，并在此基础上准备相关建议提交俄罗斯联邦总统，俄罗斯联邦政府、联邦执行权力机关、俄罗斯联邦主体国家权力机关和自治机关。

4. 俄罗斯联邦北极地区发展关系的法律基础

（1）俄罗斯联邦北极地区发展关系的法律基础是针对俄罗斯联邦北极地区社会经济综合发展的法律法规，具体如下：

A. 俄罗斯联邦宪法；

B. 公认的国际法原则和准则，俄罗斯联邦国际条约；

C. 联邦宪法法律；

D. 本联邦法；

E. 其他联邦法律、法律文件和其他联邦法律法规，俄罗斯联邦北极主体的法律法规、地方自治机关的法律法规。

二、俄罗斯联邦北极地区发展国家管理

5. 俄罗斯联邦北极地区发展国家政策

（1）北极地区发展国家政策是俄罗斯联邦内外政策的组成部分。

（2）俄罗斯联邦总统、俄罗斯联邦政府、被授权的联邦执行权力机关、其他俄罗斯联邦执行权力机关、俄罗斯联邦北极主体国家权力机关在其职权范围内实施北极地区发展国家政策。

（3）北极地区发展国家政策的实施，考虑到北极地区居民生活的极端自然气候条件和特别脆弱的自然环境的特点；考虑到北极极端环境中生活和经营的额外费用的特点和考虑到长期居住在北极地区的北方、西伯利亚和远东土著少数民族代表的特点。

6. 俄罗斯联邦总统的权力

俄罗斯联邦总统有权：

（1）决定俄罗斯联邦北极国家政策的优先方向；

（2）决定和批准北极地区陆地版图的组成；

（3）决定设立协调机构，保障俄罗斯联邦执行权力机关、俄罗斯联邦主体国家权力机关、其他国家机关、地方自治机关和组织在解决涉及俄罗斯联邦北极地区发展和保障国家安全的社会经济和其他任务

时协同合作；

（4）行使北极地区发展的其他权力。

7. 俄罗斯联邦政府的权力

俄罗斯联邦政府有权：

（1）根据总统批准的优先方向，实施俄罗斯联邦北极国家政策；

（2）根据被授权联邦执行权力机关的呈文，决定建立和停止发展支柱区存在的决议；

（3）向总统提交有关建立、运行和停止北极地区发展国家财政机制存在的建议；

（4）有权制定列入北极地区陆地疆域的界定标准；

（5）行使北极地区发展的其他权力。

8. 被授权联邦执行权力机关的权限

根据本联邦法相关条款，俄罗斯联邦政府规定被授权联邦执行权力机关的权限。

9. 俄罗斯联邦其他联邦执行权力机关的权限

根据俄罗斯联邦宪法、国际法公认原则和法规、俄罗斯联邦国际条约、联邦宪法法律、联邦法律、俄罗斯联邦总统令、俄罗斯联邦政府法令和俄罗斯联邦其他法律法规文件，俄罗斯联邦其他联邦执行权力机关履行涉及北极地区社会经济综合发展的权限。

10. 俄罗斯联邦北极主体国家权力机关的权力

（1）俄罗斯联邦在主体国家权力机关北极在北极地区的权力按照俄罗斯联邦法实施，本联邦法列入的被授权联邦执行权力机关的权限除外。

（2）俄罗斯联邦北极主体国家权力机关有权：

A. 参加俄罗斯联邦北极国家政策的制定和实施；

B. 保护生活在俄罗斯联邦北极地区的北方、西伯利亚和远东土著少数民族的居住环境和传统生活方式，以及他们的传统、文化和习俗；

C. 行使在北极地区发展中的其他权力。

11. 俄罗斯联邦地方自治机关的权力

俄罗斯联邦在地方自治机关北极的权力应遵循俄罗斯联邦法，本联邦法赋予被授权联邦执行权力机关的权限除外。

12. 在北极地区从事经营和其他活动的公民和组织参与俄罗斯联邦北极地区国家政策的制定和实施。

根据俄罗斯联邦宪法和俄罗斯联邦其他法律法规，居住在北极地区的公民和在北极地区从事经营和其他活动的组织，有权参与俄罗斯联邦在北极地区国家政策的制定和实施。

13. 北极地区的战略规划

（1）北极地区战略规划的实施建立在战略规划参与者意见一致和战略规划原则基础之上。根据2014年6月28日第172号《俄罗斯联邦战略规划》联邦法规定，运用法律、信息、科学、财政和其他保障方式，制定和实施目标明确的战略规划文件，以及监督和检查战略规划文件的实施。

（2）北极地区战略规划的目标是俄罗斯联邦北极主体的社会经济发展，遵循的是俄罗斯联邦空间发展战略和地区（包括俄罗斯联邦北极主体）社会经济发展战略规定的条例。

（3）北极支柱区的建立和发展建立在综合评估和分析空间发展的条件和趋势之上。

14. 俄罗斯联邦北极地区国家监督系统

（1）被授权联邦执行权力机关依据职权实施国家监督，通过整合现有的和补充的监督网络和信息资源进行监督。

（2）国家监督系统的目的是采取措施提高北极地区社会经济发展的效率。

（3）俄罗斯联邦政府负责国家监督系统。

三、俄罗斯联邦北极地区经济发展领域的国家管理

15. 建立或终止北极发展支柱区

（1）俄罗斯联邦政府通过决议设立支柱区。被授权联邦执行机关在对北极地区社会经济综合发展计划进行科学论证和对国家扶持措施提供提案的基础上提出设立支柱区的建议。

（2）支柱区以综合性项目方式形成，通过建立北极交通系统，发展能源基础设施、资源开采和加工工业基地等措施，发展北极地区的社会经济和保障国家安全，分为规划、目标设定、财政拨款和实施四个阶段。

（3）俄罗斯联邦政府通过决议建立支柱区。决议规定了支柱区建立和发展的措施和优先项目清单，包括北极地区的生产和工业项目，交通、能源、社会、市政基础设施项目和其他项目等。明确责任人，措施和优先项目实施的期限和阶段（以下简称措施和优先项目清单）。

（4）措施和优先项目清单允许列入俄罗斯联邦北极单一主体或几个主体共同实施的措施和项目内。

（5）俄罗斯联邦政府批准列入措施和优先项目清单的项目选择程序和标准。

（6）如果出现必须将某些涉及国家安全的组织和工程列入支柱区组成部分的情况，俄罗斯联邦政府应通过相应的独立法令明确这些工程的领土边界，并制定这些工程安全运作的特殊规则。

（7）被授权联邦执行权力机关向俄罗斯联邦政府提交有关建立支柱区的提案，并附如下资料：

A. 支柱区建立的社会经济影响预测分析报告，包括预测评估因建立支柱区而进入俄罗斯联邦预算系统的额外收入的增长变化情况；

B. 支柱区经济特性；

C. 根据俄罗斯联邦主体或者支柱区建设设定区域内劳动力市场的现状，评估吸引工作人员，包括专业技术人员的需求情况；

D. 评估货流量和货流方向的变化；

E. 评估建立和保障支柱区运作所需的工艺和技术手段；

F. 俄罗斯联邦预算和预算外资金负担的支柱区基础设施工程的修建、重建和使用的程序、数量和资金来源。

G. 俄罗斯联邦预算和预算外资金负担的支柱区基础设施的使用程序。

（8）本条第3款规定的措施和优先项目清单中生产、工业、交通、能源、社会、市政基础设施工程项目完成后，俄罗斯联邦政府颁布命令终止支柱区。

16. 北极发展支柱区的管理

（1）被授权联邦执行权力机关的职能是：

A. 向俄罗斯联邦政府提交措施和优先项目清单；

B. 在项目规划、目标认定、资金筹措和实施阶段，协调北极地区社会经济综合发展部门措施的实施，包括联邦项目；

C. 研究并采取措施发展支柱区，改善投资和经营环境，保护居住在支柱区的公民和经营者的利益平衡，监督上述措施的执行；

D. 协商制定在北极单一主体或几个主体内建立支柱区或具有支柱区功能的土地规划蓝图；

E. 协商制定具有支柱区功能的北极地区的市政组成土地规划图；

F. 明确生产和工业项目布局图，以及措施和优先项目清单规定的支柱区基础设施项目；

G. 综合监督支柱区经济发展进程；

H. 批准规划办公室条例和编制表，并监督其运作；

I. 任命规划办公室领导人及其副手；

J. 通过有关为支柱区基础设施项目布局，国家所需土地保留和强制征用的决议；

K. 制定用于支柱区基础设施项目布局相关土地的地役权；

L. 履行俄罗斯联邦现行法律规定的其他职权。

17. 北极发展支柱区规划办公室

（1）根据俄罗斯联邦法和本法案，被授权联邦执行权力机关负责设立规划办公室及其运作。

（2）规划办公室的职责：

A. 实施措施和优先项目清单中包括的，经专家分析后的措施和项目；

B. 将措施和优先项目清单的修改意见提交被授权联邦执行权力机关；

C. 监督措施和优先项目清单中的措施和项目的实施进程；

D. 检查措施和优先项目清单中的项目实施所需的规划文件与土地

规划方案和土地测定边界方案是否相符；

E. 预测和监督北极地区社会经济综合发展情况；

F. 每年向被授权联邦执行权力机关提交有关本财政年度和规划阶段的活动计划和执行情况的总结报告；

G. 促进联邦执行权力机关和北极主体国家权力机关之间在涉及支柱区作用和发展问题上的相互协作关系；

H. 在自己的官网上，通过互联网发布支柱区发展情况，包括年度总结报告；

I. 履行不违背俄罗斯联邦法的其他职权。

（3）规划办公室独立或根据俄罗斯联邦法吸引第三方共同履行本条第2款中的所有职能。

（4）联邦预算资金，以及根据俄罗斯联邦法吸引的其他资金是规划办公室活动经费的保障。

18. 支柱区建立和发展优先项目的财政保障

（1）措施和优先项目清单的财政保障依靠俄罗斯联邦预算，以及符合俄罗斯联邦法的预算外资金。

（2）措施和优先项目清单的财政保障原则是：联邦预算拨款有保障、资金足、拨付准时。

（3）俄罗斯联邦政府在年度联邦预算计划中规定措施和优先项目清单实施的费用，被列入联邦预算全额拨款保护条例中。

19. 支柱区城市建设特点

（1）根据俄罗斯联邦政府有关建立和发展支柱区的决定，研制俄罗斯联邦土地规划图，俄罗斯联邦北极主体土地规划图和居民点总方案图，其他土地规划文件示意图。

四、俄罗斯联邦北极地区自然资源利用、自然和生态保护国家管理

20. 北极地区自然资源利用、自然和生态保护

（1）俄罗斯联邦政府规定，俄罗斯联邦北极主体国家权力机关有权简化用于修建、重建、改建、维护公路目的而进行开采的地方级矿

产地的使用权程序（开采的矿物数量必须与合同相符）。

（2）为了保护北极地区的环境，俄罗斯联邦政府有权就经济和其他活动制定特别标准、准则和生态要求。

（3）本联邦法授权俄罗斯联邦政府有权制定对俄罗斯联邦北极主体进行地质勘探和评估的国家许可证的有效期为10年。

（4）北极地区基础设施项目国家生态保护鉴定指标是环境保护必须履行的标准。

（5）根据公认的国际法原则和准则、俄罗斯联邦国际条约和俄罗斯联邦法，北极地区的经营者必须全额赔偿因其活动破坏环境导致的损失，包括环境污染，土壤贫瘠、损坏、毁坏，自然资源的不合理使用，自然生态系统功能递减和遭破坏。

（6）根据俄罗斯联邦法的要求，项目对环境造成消极影响的经营者要研究、制定和执行生态生产检查计划，并且要记录和保存生态生产检查的结果。

（7）北极地区的经营者在开发利用地下资源时，必须遵循“零投放”原则。

（8）由于北极地区自然界的高度脆弱性和生态系统遭破坏后恢复的长久性，要关注北极地区的生产和消费废弃物，清除污水和净化空气。

（9）为了预防土壤贫瘠、土质递减、破坏、对土地的其他不利作用，俄罗斯联邦北极主体国家权力机关有权在评估环境影响的基础上通过决议，采取措施临时限制一些机械交通工具在北极个别地区从事经营活动。

五、俄罗斯联邦北极地区科学、科技和创新领域的国家管理

21. 俄罗斯联邦北极地区科学、科技和创新领域的国家政策

（1）俄罗斯联邦北极地区科学、科技和创新领域的国家政策是在俄罗斯联邦政府批准的解决北极地区社会经济综合发展任务，国家科学研究规划基础上制定的（以下简称国家科研规划）。

（2）国家科研规划是联邦执行权力机关与相关联邦执行权力机关、俄罗斯联邦北极主体国家权力机关、自治机关和北极地区组织共同制定的，研究和执行教育、科学、科技和创新领域的国家政策和法律法规。

（3）国家科研规划必须得到被授权联邦执行权力机关的同意。

（4）国家科研规划中的科学研究选题应符合支柱区建立、发展和运作的目标和任务，立场要一致。

（5）负责研究和执行教育、科学、科技和创新领域的国家政策和法律法规的联邦执行权力机关负责人选国家科研规划的主题选择和准备取消选题的决定工作。

（6）国家科研规划经费由俄罗斯联邦预算和预算外资金负担。

（7）联邦执行权力机关负责国家科研规划的执行，研究和执行教育、科学、科技和创新领域的国家政策和法律法规。

六、俄罗斯联邦北极地区社会发展领域的国家管理

22. 发展教育系统

（1）北极地区教育领域的国家政策的主要措施是：

A. 支持各级教育机构对在北极条件下工作的专业人员进行中、高等教育系统的培训、再培训和提高专业技能。应考虑现有和预估专业人员的需求情况；

B. 完善针对北极地区原住民的教育大纲，尤其是培养儿童适应现代社会生活；

C. 研究和建立预估北极地区经济领域人力资源需求模型，包括建立北极教育监督中心；

D. 保障北极边远地区居民点用上现代化远程教育技术和手段；

E. 发展教育国际合作；

F. 不违背俄罗斯联邦法的其他措施。

（2）本联邦法规定，俄罗斯联邦政府有权对位于北极地区人口稀少和难以接近居民点的教育机构给予不同的要求。

（3）本联邦法规定，俄罗斯联邦政府有权为国家高等教育机构培训北极所需专业人才增加必要份额的权力。俄罗斯联邦政府一些法律文件和本联邦法确定的北极所需干部培养纲要中提出的上述所指专业清单和国家高等教育机构清单中没有详细规定。

（4）注册资本中没有国家或市政参与，而在北极地区注册，并在支柱区执行投资项目的经营者，有权与俄罗斯联邦高等院校和公民签署关于北极所需专业教育的合同，并根据本条第 3 款，保证北极地区公民接受一定的教育。

23. 发展卫生保健系统

（1）为执行北极地区卫生保健国家政策，规定如下：

A. 制定法律法规，推行医疗预防保健措施，预防北极地区有害环境因素风险增加对居民健康的伤害；

B. 现代化改造医疗基础设施，包括加强农村医疗组织的物质技术基础；

C. 发展地区卫生保健的预检医学，基层医疗诊所，专业化和其他高科技医学救护和信息化；

D. 发展医疗救助，利用高性能的交通工具和飞机进行紧急医疗救助；

E. 发展和运用远程通信、远程医疗、咨询和教育技术系统，包括发展远程治疗；

F. 发展国家支持的北极地区卫生保健所需人才系统，包括发展当地医生和医士机制，提高医务工作者专业水平和吸引年轻专家；

G. 允许持有药品许可证药店，在非常偏远的居民点组织流动药品站；

H. 完善向居民提供收费医疗服务的收费政策，基本医疗保险系统中不考虑劳动支付系统；

I. 研究环境有害因素对北极地区当地居民和短期工作人员的身体健康产生不利影响的问题；

J. 保障医疗组织使用流动医疗器具（流动产妇医士点，医生实践办公室，X 射线和其他成套设备）外出就诊；

K. 不违背俄罗斯联邦法的其他措施。

（2）保障国家向北极地区的居民提供基本医疗保险总纲中规定的全面免费医疗救助，包括门诊急救，白日制和昼夜制诊所提供初步医疗救助。当居住地出现无法提供急救医疗服务时，利用救护撤离机制提供快速医疗救助。

24. 文化和文化遗产领域的管理

（1）为执行北极地区文化和文化遗产国家政策，俄罗斯联邦政府有权采取措施对北极历史文化遗产和北极开发历史研究的设施进行系统性保护。

七、最后

25. 本联邦法生效

（1）本联邦法正式公布之日起生效。

俄罗斯联邦总统

弗拉基米尔·普京

（钱宗旗译）

附件五

《俄罗斯联邦“北方海航道”水域商业航运法律修正案》

Федеральный закон от 28 июля 2012 г. N 132 – ФЗ
" О внесении изменений в отдельные законодательные акты Российской Федерации в части государственного регулирования торгового мореплавания в акватории Северного морского пути"
（2012 年 7 月 3 日国家杜马审议，2012 年 7 月 18 日联邦会议通过，2012 年 7 月 28 日总统签署，2013 年 1 月 28 日生效）

第 1 条　1995 年 8 月 17 日颁布的《俄罗斯联邦自然垄断法》第 4 条第 1 段的内容补充如下：

向“北方海航道”水域中航行的船舶提供破冰船服务和冰区引航。

第 2 条　1998 年 7 月 31 日颁布的第 155 号联邦法《俄罗斯联邦内海水、领海和毗连区法》第 14 条内容修改如下：

第 14 条　“北方海航道”水域的航行

根据国际法公认的原则和准则、俄罗斯联邦参加的国际协定、本联邦法、俄罗斯联邦的其他法律以及已颁布的相关法令，“北方海航道”是历史上形成的俄罗斯联邦国家交通干线。

（译者注：1998 年版 14 条内容是：根据俄罗斯联邦参加的国际条约、本法典、俄罗斯联邦其他法律和联邦政府批准并在“航行通知单”上公布的“北方海航道”航行规则，“北方海航道”是历史形成的俄罗斯联邦在北极的统一国家交通干线，其中包括维利基茨基海峡、绍卡利斯基海峡、德米特里·拉普捷夫海峡、桑尼科夫海峡。）

第3条 1999年4月30日颁布的第81号联邦法《俄罗斯联邦商船航运法典》修改如下：

1. 第2条第5段，“引航”一词的后面再补充“冰区引航”；

2. 第5条第4项：

（1）第1段中“航线”替换为“水域”；

（2）第2段中“在航线上”替换为“在水域中”；

3. 增加第5.1条，内容如下：

第5.1条“北方海航道”水域的航行

1. “北方海航道”水域的概念是指毗连俄罗斯北部海岸的水域，包括内海水、领海、毗连区和专属经济区，东起俄罗斯与美国的海上分界线和杰日尼奥夫角到白令海峡中的纬线，西至新地岛热拉尼耶角的经线，以及新地岛东部的海岸线和马托奇金沙尔海峡、喀拉门海峡和尤戈尔沙尔海峡的西部边界。

2. 经俄罗斯联邦政府授权的行政机关批准的适用于“北方海航道”水域的航行规则，应保障航行安全，防止、减少和控制船舶造成的海洋污染。规则包括：

（1）“北方海航道”水域中船舶航行的组织程序；

（2）“北方海航道”水域中船舶航行提供破冰船服务的规则；

（3）“北方海航道”水域中船舶航行提供冰区引航服务的规则；

（4）“北方海航道”水域中船舶航行的引航规则；

（5）“北方海航道”水域中船舶航行提供导航、水文和水文气象服务的条例；

（6）“北方海航道”水域中船舶航行时的无线电通讯的规则；

（7）“北方海航道”水域涉及到航行组织的其他条例。

3. 设立一个国家联邦机构“北方海航道”管理局，在其职责范围内负责管理“北方海航道”水域中船舶航行的组织工作，并履行如下主要职责：

（1）受理、审查和发放“北方海航道”水域中船舶航行的许可证申请；

（2）监测“北方海航道”水域中的水文气象、冰情和航行条件；

（3）批准“北方海航道”水域中船舶的导航设备安装和水道测量作业的区域；

（4）提供（适用于“北方海航道”水域）船舶航行组织、航行安全要求、导航与水文服务、冰区引航等方面的信息服务；

（5）根据指定水域的水文气象、冰情和航行情况，提出在“北方海航道”水域中船舶航行的线路和使用破冰船的建议；

（6）在“北方海航道”水域中协助搜救组织行动；

（7）给负责冰区引航的引航员颁发证书，授权其在“北方海航道”水域中从事冰区引航工作；

（8）协助清除船舶造成的危险或有害物质、污水或垃圾的污染。

4. 如果船舶遵守（适用于“北方海航道”水域）航行安全、保护海洋环境防止船舶污染的标准；遵守俄罗斯联邦参加的国际协定和俄罗斯联邦法律规定的“北方海航道”水域航行规则；遵守本条第 2 项规定的“北方海航道”水域航行规则；并且提交了俄罗斯联邦参加的国际协定和俄罗斯联邦法律要求的确认保险的文件，或者提交因船舶污染造成损失承担民事责任的经济担保的文件，则根据本条第 3 项第 1 子项之规定，颁发在“北方海航道”水域中航行的航行许可证。

5. 在“北方海航道”水域的破冰船服务和船舶冰区引航所需的费用总额是按照《俄联邦自然垄断法》，根据船舶的吨位、破冰级别、船舶航运距离和通航期来确定的。

以实际提供的服务量为依据，支付“北方海航道”水域的破冰船服务和船舶冰区引航的费用。

（4）第 79 条第 1 项补充内容如下：

“，包括持有俄罗斯联邦参加的国际协定、俄联邦法律要求提供保险的文件，或者因为船舶污染造成的损害或造成的其他损害而承担民事责任的经济担保文件。”

（5）第 107 条第 1 项 本条规定适用于在俄罗斯联邦内海或领海沉

物的打捞、移动和消除后补充内容如下：

“，以及在“北方海航道”水域中沉物的打捞、移动和消除。”

（6）第 247 条规定如下：

第 247 条　本条制定规则的适用

1. 如果当事人没有制定其他规则，则应适用本条规定的规则。如果当事人之间的协定与本条制定的规则不符时，则规则视为无效。

2. 本条规定的规则也应当适用于在“北方海航道”水域航行中的相关船舶。

（7）第 249 条第 3 项“国际船舶注册”后补充“和外国船舶”。

第 4 条

本联邦法自正式公布之日起 180 天届满时生效。

俄联邦总统普京

莫斯科，克里姆林宫

2012 年 7 月 28 日　　N132 – Φ3

（钱宗旗　译）

附件六

《普京在第一届“北极—对话之地”国际论坛上的讲话》

尊敬的女士们、先生们！亲爱的来宾们！

首先，我要感谢国际北极论坛所有与会者对俄罗斯地理学会主办方的真诚支持。坦率地说，我们没有想到我们的合作伙伴会如此关注北极，我们已经做好准备回应和探讨有关北极地区的热点问题。我想说，我们曾打算今年 4 月在莫斯科相聚，但是我们的计划后来因冰岛火山（作者注：“埃亚菲亚德拉”火山）喷发而进行了改动。这个名称对俄罗斯人来说发音很难，我还是不提了吧。

在那些日子里，我们在此感受到文明依赖于自然的重要性。尽管所有现代人都知道，但是我们仍然要重新看待许多全球性问题。当火山喷发时，我敢肯定，每个人都会觉得，大自然是多么的伟大，人类依赖大自然，即便是有今天能耐的人类在它面前依然显得有多么的渺小。

北极是地球上拥有最独特的自然环境和脆弱的生态系统的地区。在这里人类对环境影响的所有潜在风险都能清晰可见。这些有争议问题有待我们共同解决。那些在北极地区已经拥有丰富经验的国家将承担起巨大的责任，毫无疑问，俄罗斯包括在内。

早在 11 世纪，俄罗斯的探险家们就已经来到北冰洋，在随后的每个世纪，地图上都会出现新的航路图，新的研究内容。

俄罗斯的大部分领土位于北极地区。俄罗斯完全是一个北方国家，70% 的领土在北方，70% 啊！无论从历史角度，还是地理角度，改造这片土地的任务就摆在我国人民的面前。俄罗斯为“北方海航道”的航运建设发挥了重要的作用，开创了破冰舰队、极地航空，在北极地区建立起完整的固定和浮动站网络。最后，正是我们国家积累了在北极圈内建设大型城市和工业综合体的丰富经验。从生态和经济角度看，它们不一定总是正确的，或者合理的。

当然，在这方面的经验远不止这些。有时对北极的公然要求占主导地位。我们记住这些教训，在制订俄罗斯北方未来发展计划时会考虑这些因素。

我来谈谈我们的优先方向，首先是为人民的生活创造有质量、舒适的条件，其中包括珍视北方少数民族、原住民的传统习惯和经营方式。我们在发展社会领域、教育和健康保健体系，以及建立环境信息时应该考虑他们的特点。

其次是支持新的经济增长点，吸引大规模的国内和国外投资。我想强调的是：俄罗斯北极地区所有的工业项目都必须按照最严格的环保要求予以实施。这是俄罗斯联邦政府的原则立场。我们在开发亚马尔半岛和巴伦支海什托克曼凝析气田，在发展克拉斯诺亚尔斯克边疆区北部和雅库特，以及其他数以百计的国家或者商业行为的生产和基础设施项目时，都严格坚守这一原则。

据专家预测，50 年内北极可能成为全世界能源的主要来源地、重要的交通枢纽站，而北极问题与诸如亿万桶石油或天然气相比，更为重要。我们可以开采这些如今各国都在谈论的石油和天然气，但是无论是今天还是明天，只要我们报以不负责任的态度对待北极，那么获得的将不是全球性优势，而是全球性问题。所以，当前所有北极国家的基本任务应该是广泛运用资源节约型、智慧型、突破性的开发技术，确保与自然环境的和谐共处。俄罗斯建议加强相互之间关于创新思路和实践经验的交流，有利于帮助我们寻找最适用于北极地区的技术和工程解决方案。

再次，我们对科学和环境保护基础设施进行了大量的投入。我们计划对我国的北极地区进行真正意义上的“大扫除”，就是对北极地区的城市、村落、军事基地、港口、机场以及在冻土带、群岛上和北冰洋水域中积累了几十年来的垃圾进行清理。

我们还将增加国家公园和保护区的数量，例如去年我们在新地岛开设了新国家公园“俄罗斯的北极”。昨天，我们的客人摩纳哥亲王问我面积有多大。我现在在此宣布：“俄罗斯的北极”国家公园面积超过150万公顷，也许相当于摩纳哥国家本土面积。我们可以与美国的同行们一起研究在楚科奇和阿拉斯加建立“白令海峡”公园的问题。

俄罗斯计划重振并加强自身在北极的科研实力，支持包括科学家和专家组成的国际团队在内的基础研究。今年不久前，我曾到过俄罗斯和德国专家共同工作的某个平台上，他们对科学的热爱让我感到惊讶。他们生活的地方条件非常艰苦，但是他们却不以为然，我们一定会帮助他们。他们从事的工作非常重要。

我们要利用好那些拥有较强科研实力，且具备研究北极历史悠久传统的俄罗斯大学的潜能。为了推动北极地区的科学合作，俄罗斯发起了国际十年极地年活动，该项目的中心主题是研究全球气候变化问题，以及与北极直接或间接相关问题的研究。

尊敬的同事们：

有一句古老的，经过验证的真理是：独自一人难以在北极生存。这里的自然环境本身要求各民族、所有国家相互帮助。

2008年，俄罗斯通过了《俄罗斯联邦北极国家政策原则》。我想强调的是，这份文件明确、公开地确定了我们的国家利益。为了俄罗斯北部地区的可持续均衡发展，我们要努力加强与北极邻国的联系，北极成为一个和平与合作的区域至关重要。我们相信，北极地区能成为在经济、安全、科学、教育以及保护北方文化财富等领域形成合力的合作平台。令人欣慰的是，我们的合作伙伴同样抱有这一心愿。关于这一点在北极主要国际组织的工作中可以看到，例如巴伦支欧洲北极理事会的工作。俄罗斯最近完成了这个组织为期两年的主席职务。我们努力工作，完成了所有的申请计划。

北极理事会潜力巨大。它是一个致力于解决环境保护和北极地区可持续发展的核心组织。

我们感谢各位同仁在北极理事会框架内对俄罗斯的倡议给予了建设性的支持。我首先是指，在航空和海上搜救领域，签订第一份北极搜救协议，该文件的制定工作已进入实际操作阶段。它体现了北极地区的创造性睦邻政策。

但不幸的是，必须要去面对其他的一些事实，包括有关各种北极争夺即将到来的预测和言论。我们密切关注北极地区的发展形势，做好负责任的评估。我们知道，其中大部分的可怕场景在北极地区没有实现的基础，只是一些人不负责任的浑水摸鱼。

北极地区拥有重要的地缘政治和经济利益。但是我们对北极，包括大陆架的所有问题绝对没有任何疑义。这些问题完全可以在现行国际法基础上，根据伙伴关系原则，通过谈判予以解决。

例如，俄罗斯和挪威最近签署关于在巴伦支海和北冰洋海洋划界以及合作的条约，谈判进行得很艰难，持续了几十年，有时还陷入僵局，但是最终找到了解决问题的方案，合同随之签订。所以，我认为这是经过双方协商和妥协，达成一致意见的好例子。

北极是一个特殊地区，需要一个能掌控平衡的解决方案，当然更需要相互信任。人文合作将起重要作用。同时，我们寻求新的互利合作模式，扩大文化和创意领域的各国精英、大学生、社会组织、国家博物馆和图书馆之间的国际性交往。

俄罗斯地理学会、俄罗斯国家图书馆和总统图书馆共同研究“北极电子记忆”项目，目的是为了让人们可以获取完整的北极开发史、人种学遗产、地区当代生活等知识信息资源。我们希望，所有的北极国家共同参与，实现这一项目。

我还想指出，我们在北部地区竭力推广和宣传北极形象、积极工作的情况。如今年 5 月在俄罗斯北极地区的摩尔曼斯克，成功举办了“北极光”国际电影节。在亚马尔－涅涅茨自治区的支持下，11 月，在莫斯科举办了“北极”国际纪录片电影节。

尊敬的同事们：

在这个大厅里聚集着来自世界许多国家的专家和见证人，他们充分认识到北极在现代文明发展进程中的重要性，将其视为合作与对话的地区。

你们的观点，问题的解决方案都将成为北极未来发展中北极国家相互支持的基础。最后，北极的未来取决于我们建设性的对话，共同应对挑战和寻求解决方案的决心。

我要再次感谢各位积极参与本届论坛活动，希望你们在我们的共同工作中取得成绩。感谢您的光临，谢谢！

普京的结束语：

请允许我再次感谢各位嘉宾，不言而喻，更要感谢冰岛总统，因为冰岛总统是北方国家的领袖，他对北方问题投入了很多精力。他非常积极地与俄罗斯各机构开展合作，对我们来说非常珍贵，为此再次对他表示感谢。

摩纳哥亲王是一位旅行家，他继承了家族传统：他的曾祖父曾是一位杰出的研究员，曾研究过北方问题。

我认为，刚才冰岛总统的演讲充满感情，内涵丰富，非常有意义。我想说，世界各地都在关注北方问题的研究。当然，这儿坐着的都是专家，我无法为他们提供美国的情况，但对那些了解今天气候变化问题，熟悉北方、南极地带的人们来说，毕竟，他们的一些信息，要与公众共享，不管怎么说，都非同寻常。昨晚我与摩纳哥亲王谈了很久，他对我说：“在摩纳哥，我们已经发现，今天被称之为永久冻土的痕迹”。而我前不久去过河水流入北冰洋的勒拿河。顺便说一句，它是世界第二大三角洲（宽度为290千米），那里有永久冻土带。专家证明，一千多年前在同样的纬度，当时是热带海洋，这意味着这个星球上的气候在不断地发生改变。气候变化的原因是什么？从人类角度看，由于人为因素或由于自然的、不可避免的、星球发展阶段形成的无法预知的变化？如果这些阶段不可避免，我们不管怎样，无论如何还是要致力于人类气候变化的工作：气候影响的程度有多大？对地球会产生多大的不利影响？这并不意味着在对抗全球变暖的斗争中，我们什么都不用做，有可能发生的一切与我们有关呢？不管怎么，问题在于我们如何影响这些过程的变化速度。

这就产生了一些实际问题，使用替代能源能不能拯救我们？碳氢化合物原料就那么有害吗？我们应该共同采取措施减缓气候变暖过程，也许我们能做些什么。

我过去、现在和将来都支持要尽一切努力，最大限度地减少人类对气候、自然变化产生负面影响的活动。我，以及俄罗斯政府、俄罗斯的各位领导同样都会支持我们所有为自然保护做出的努力。但我们仍然需要从实际出发，需要依靠专家的意见，因此我们最近十分关注从事相关研究工作的专家们，并对他们的研究工作提供支持，这是俄罗斯制定国家政策的基础。我们也关注到报刊媒体发表的有关资料，但是这些情况需要落实在实践研究的客观数据之上。

大厅里坐满从事研究工作的科学家，我祝你们成功。我们今天聚集在这里，一起寻找问题的解决方法，谢谢你们为此所做的一切。非常感谢。

（钱宗旗译，杨伟民校）

附件七

《普京在第二届“北极—对话之地”国际论坛上的讲话》

尊敬的女士们、先生们！尊敬的来宾们！

首先感谢我们的客人抽时间出席今天的会议，与我们共同讨论北极问题。我很高兴能在这一平台上欢迎参加“北极—对话之地”论坛今天活动的全体与会者。俄罗斯地理学会是论坛的发起者，该学会的历史与其对北极进行的科学研究密不可分。1845 年，地理学会成立后，立即将北极列入其主要优先研究方向。

我们记得俄罗斯地理学会成员谢多夫、波鲁希洛夫、卢萨诺夫等成员领导的无数次北极科考的往事。1881 年，地理学会在第一届国际极地年期间，建立起历史上第一个极地气象站网络。俄罗斯地理学会的一位出色成员马卡洛夫海军上将提出了建造破冰船舰队的设想。

我很高兴俄罗斯地理学会在北极的好传统得到传承。我们今天的相聚、今天的论坛就是最好的证明。一年前，第一届论坛在莫斯科召开，它引起所有关注北极地区人们的极大兴趣。对他们来说，如何研究和开发北极地区；北极的生态、民族、历史遗产，加强在这一地区的信任与合作等议题都很有意义。因此，我们决定每年举行一次会议。

我发现，论坛使我们更靠近了北极。今天我们相聚在阿尔汉格尔斯克，本次会议的举办地是由这届论坛议程决定的。主要议题是：交通基础设施是北极地区和谐稳定发展，北极国家开展合作最重要的基础。阿尔汉格尔斯克是俄罗斯北方古老的首都，是最先到达高纬度地区人们的故乡，因此选择在这里举行会议是非常合适和具有象征意义的。俄罗斯北极舰队正是在这里，在北德维纳河岸边成立的。早在 17 世纪，这里已经建造了第一批大型造船厂。阿尔汉格尔斯克还是俄罗斯人民伟大的儿子、学者和启蒙家罗蒙诺索夫的故乡，他预言了北方对俄罗斯和整个人类文明的巨大意义。研究地球北方地区传奇式的考察从这里开始，其中包括1878年俄罗斯－瑞典的极地联合考察。“北方海航道”的航行从这里开始，“北方海航道”建设成为北极地区第一个国际合作项目。

未来北极地区的发展与阿尔汉格尔斯克密切相关，首先是其水路交通干线，其中具有特殊地位的当然是“北方海航道”，我们要将这一航道建设成为最重要的，具有全球意义和全球规模的贸易航线之一。我想强调的是，“北方海航道”是未来的国际运输动脉，该航线不仅在服务价格上，而且在安全和货运质量上均能够与传统贸易航线相竞争。这条航线是连接欧洲和亚太地区大市场最短的航线，比传统南方航线几乎减少1/3，是一个节约运输费用非常不错的机会。因此选择“北方海航道”运输的国家和私人公司无疑都将获得丰厚的经济回报。

总之，我认为正是这一交通干线（建立新的海上和空中走廊）能成为连接北极国家的一个突破性项目。我们不仅该做出现实贡献，而且要建立互动的协作机制。

回到我们的议题。我要提醒大家，今年“北方海航道”已经成功进行了多次大批量碳氢化合物原材料的试航，加快了船舶的周转和中转运输。预计2011年“北方海航道”的货运总量将达到70万吨，我敢肯定，这只是开始。为了开发和使用这条有潜力的航线，俄罗斯打算采取一系列措施。我们逐字分析了北方航线应该解决所有运输问题的法案。就在昨天的政府会议上，我们审阅了改善“北方海航道”航运问题的法律草案，我们期待在今年年底该法律将在俄罗斯联邦议会获得通过。

最重要的任务是建立“北方海航道”的现代化基础设施，这是一项综合性的交通项目，以保障俄罗斯联邦北方领土的开发和发展，解决重要的社会经济任务，创建新生产和工作岗位。具体是扩建现有的港口和建设新港口，例如尤戈尔斯基海峡的瓦兰杰伊港和亚马尔半岛的萨别塔港。我们还计划将对“北方海航道”沿岸港口及其河道、公路、铁路干线、通讯设施、北方机场和航空港进行现代化改造，恢复极地航空飞行。我们要扩大俄罗斯的破冰船舰队。今天我们已有10艘破冰船。2020年之前，我们将再建造3艘大功率核动力破冰船和6艘柴油电力混合型破冰船。最近几年我们已经拨款380亿卢布用于建造这些船只。

我们正继续研究发展北极地区通讯、导航和水文地理系统，首先是利用俄罗斯的全球定位系统（GLONASS）。我们的专家已经开始着手建立“北极”多目标卫星系统，它将收集北极地区自然环境状态信息。除此之外，“北极点”抗冰型平台天文站项目也准备开工。我们将特别关注交通运输安全的保障。

你们知道，今年5月在北极理事会部长级会议上，签署了历史上第一份具有法律约束力的文件《北极搜救协定》。为了执行该协定，我们准备在俄罗斯北极地区建立处理自然和技术紧急情况的预警、监控和后果消除系统。因此，2015年前我们将在北部地区建10个综合救援中心。

俄罗斯今后将积极参与建立和加强北极地区的国际法基础，包括现在正在筹划中的海洋石油泄漏及预防合作协议。这完全是国际协作的新领域，毫无疑问事关重大。

气候变化逐渐增加了通航的期限，更重要的是，技术的进步为人类打开了通往新的、尚未开垦的北极地区，显然，这将激发此地的经济活力。

今天我们已经与其中的一个“增长点”举行了电话会议。我指的是普利拉兹洛姆，这里已经建立起世界上最大的碳氢化合物开采平台之一。实际上，俄罗斯已经着手开发北极大陆架，拉开了北极开发的历史新篇章。巴伦支海的什托克曼凝析气田将投入生产，开发喀拉海和亚马尔半岛的资源工作已经启动。你们都知道俄罗斯石油公司与世界石油开采界的领军者之一的美国埃克森美孚公司签署了开发喀拉海油气的长期合作协议，他们为此在圣彼得堡建立了专业化中心，以保障和提供该大陆架方案的科技支持，包括生态研究问题。

我想强调的是，我们所有项目的实施，都将符合最严格的环保标准，以珍惜文明的态度对待自然，是所有发展计划的先决条件。我们将按照最严格的生态标准实施所有项目。只有在经济利益和保护自然任务之间建立起有保障的、合理的平衡条件下，北极经济活动的高速发展才会带来益处。这不是指10年、15年、20年，而是长久的未来。我提到的“普利拉兹洛姆”石油钻井平台至少将开采25年，我们将保障这些年的生态安全，而什托克曼至少开采50年。只有解决生态安全问题，我们才能保障这一平衡。俄罗斯参与建立北极理事会首个集体基金就是我们秉持这一态度和立场的证明。该基金支持北极实施环保举措，包括清理北极地区出现生态问题的区域。

从我们这方面看，我们已经按照承诺，开始对俄罗斯北极地区进行总清理工作，首先是清理法兰士约瑟夫地群岛上的石油产品废弃物。2015年前联邦预算将拨款23亿卢布用于这些清理工作。类似的工作还将在弗朗哥里岛，斯匹次卑尔根群岛的俄罗斯村落进行。除此之外，我们还将对7个面积巨大的北极地区的生态状况进行综合评估。这些举措的实施，不仅将改善北极的生态环境，而且还能研究修复受污染地区的独特技术。

我想再重复一遍，生态环境状况应该成为北极地区人类活动考量的关键因素，我们必须应对北极所有严酷条件下的生态变化。相对我们地球来说，北极拥有非常脆弱的生态系统。我们很容易会对它抱有轻视、冷淡的态度，其后果极其严重。

我们的任务是，调动所有资源仔细研究北极今天的现状，研究能减少对该地区已经造成损失和预防新风险的有效方法。“北极—对话之地”国际论坛（我很希望）可以成为一个平台，在这里你不仅可以讨论我说过的所有这些问题，而且可以寻求它们的解决方案，所以我建议下届论坛的议题是自然保护问题。

最后，祝大家工作顺利、成功。感谢你们的关注，非常感谢。

普京的闭幕词：

亲爱的朋友们、同事们！

我想再次感谢我们的嘉宾，感谢他们明确了本国在北极地区发展中的立场，这里代表的不仅是他们国家的立场，也表达了他们自己对北极地区重要性的看法，北极的前景，全世界在这一地区合作的前景等。我想告诉你们，我很高兴的是，这样一个平台是由俄罗斯地理学会创立的。我们毫无疑问将会继续支持与北极研究相关所有领域的工作，包括开发和勘探。

我已经说过，气候在变迁，出现了开发的机会，这是好事，但也引发了某些担忧。显而易见，当人类积极开展经济活动时，后果常常令人沮丧。如果我们能齐心协力、及时谨慎地遵守国际规定和听取专家意见以及争取有所取舍的解决办法，我深信，我们可以在北极地区把工作安排好，使其有益于北极地区的所有人民。我们将在为子孙后代保护该地区的原始生态环境的情况下行事。我想指出的是，我们的星球是一个活的有机体，它的一切总在发生变化。

最后，我再一次向从事北极问题研究的专家们重申并保证，我们将在地理学会平台上为你们的工作提供帮助和创造条件，当然我们也要考虑自己的实际工作情况。谢谢大家！

（钱宗旗译，杨伟民校）

附件八

《普京在第三届“北极—对话之地”国际论坛上的讲话》

尊敬的女士们、先生们！亲爱的朋友们，下午好！

我真诚地欢迎各位代表和贵宾参加第三届“北极—对话之地”国际论坛。我要特别感谢首次参会的芬兰共和国总统绍利·尼尼斯托，当然要感谢我们的传统嘉宾冰岛总统格里姆松先生。

此刻，我们相聚在萨列哈尔德，这是一个具有象征意义的地方，是世界上唯一一座坐落在北极圈纬线上的城市。我刚才与同事们谈起这座城市的始建时间。俄罗斯哥萨克人于 1595 年创建了这座城市（当时称奥波多尔斯科，后来改为萨列哈尔德），它在开发俄罗斯北极地区、乌拉尔北部地区和西西伯利亚过程中，发挥了极其重要和关键的作用。应该看到，近年来，特别是在最近 10 年内，这座城市不仅仅是得到了迅速的发展，而且是彻底改变了面貌，成为一座焕然一新的城市。如果您 10 年前曾来过这里，那么今天您看到的完全是另一番景色，完全是两个截然不同的地方。如今，这座城市在当代俄罗斯生活中发挥着重要意义。萨列哈尔德是亚马尔－涅涅茨自治区的行政中心，是我国重要的经济中心之一。这里正在实施一系列与北极地区开发，及其自然财富相关的大型工业和基础设施项目。

上届论坛上我们曾提及，北极，实际上正在掀开工业突破、经济和基础设施急速发展的历史新篇章。俄罗斯北极地区正加紧勘探天然气、石油、矿物资源新产地；建设大型交通、能源设施；复兴“北方海航道”。北极严寒条件下的工作环境极端复杂，需要巨额资金投入和高科技的支撑。对我们而言，保护环境，维持经济活动和人类生存之间的平衡显然是北极发展的基本原则。尤其重要的是北极脆弱的生态系统和敏感的气候特征在很大程度上决定了整个地球的生态健康。

今天的北极或许比以往任何时候都需要特别的关注和呵护。俄罗斯近1/3的领土位于北极地区，我们有责任保护北极的生态稳定。许多与会者都知道，我们通过了“北极地区环境保护战略行动纲要”，并在此基础上，制定了《俄罗斯北极地区社会经济发展国家纲要》。我们的北极国家政策规定和制定了自然资源合理利用的特殊制度。冰区条件下，只有那些拥有最先进技术，财力充足的大公司才有权利开发北极油气资源。当然，我们将继续进行大规模的北极“大扫除”项目，法兰士约瑟夫地群岛的亚历山大岛清理工作已经完成，2013年，格雷厄姆贝尔岛的清理工作已经开始，然后依次是：霍夫曼、海耶斯、鲁道夫和胡克岛。

尊敬的同事们、女士们、先生们，我提请各位注意，2011年至2013年间，联邦预算共划拨14.2亿卢布用于北极的清理工作。我们是第一个开始这项工作的国家。这项工作只是刚刚启动。我要补充的是，俄罗斯高纬度地区也制定了自己的清理规划，例如，在亚马尔地方政府的倡议下，我们对白岛进行整治，将500多公顷的土地回归大自然。我们所有的北方地区都将参与其中。

我想指出，我们打算进一步扩大北极地区的特别自然保护区。今天，北极的自然保护区约占俄罗斯北极地区总面积的6%，面积将近32.2万平方千米，我们计划成倍扩大保护区。我们还要保护生活在北极的野生动物，特别是对各种鲸鱼、海豚和珍稀类禽类动物的保护。我们对北极的象征—北极熊的研究做了大量的工作，我们准备积极参与建立统一的北极熊监控网，北极理事会目前已在研究这一项目。与此同时，生活在拉普捷夫海域和大西洋北部海域的海象也应引起我们的关注，它们的种群数量在下降。我们打算制订专门计划研究这些物种，避免这些物种数量的下降趋势。

当然，有效解决北极的生态问题直接取决于北极国家和整个国际社会的一致行动。俄罗斯作为北极大国，已做好准备在北极理事会、世界自然基金会和联合国环境计划署框架内进行紧密的合作，首先是研究现代技术和建立统一的生态标准。2008年，北极五国发表了《伊卢利萨特》宣言，它奠定了负责管理北方海域的国际法基础。

今天我要再次强调俄罗斯始终坚持的原则，那就是俄罗斯将竭尽全力，使北极成为各国建立伙伴关系，开展合作与对话，进行广泛交流的地区。我要再次感谢所有与会者就我们共同的地区—北极的问题进行建设性的讨论。谢谢你们的关注。

普京的闭幕词：

尊敬的女士们、先生们：

请允许我再次感谢我的各位同事和冰岛总统、芬兰总统，我们的加拿大同事。他们百忙中抽时间来到我们这里，来到俄罗斯的北极地区。

北纬66°是我国的北极地区。我已经说到，俄罗斯1/3领土位于北极地区。对俄罗斯而言，北极理事会框架内的工作，北极问题研究，开发“北方海航道”等在北极的所有工作，不仅仅只是具有国民经济意义，而且具有广泛的人文意义。这里是指，在我们国家的这一地区，居住着大量的北方原住民和北方少数民族。

我说过，这里汇聚了巨大的经济、政治和人文利益，因此团结一致、共同努力有效开展在这一地区的工作对我们而言至关重要。人人都在说气候变化。现在变化的原因已经不那么重要，重要的是会发生什么。已经清楚的是，北极海域的通航日期目前已经延长至100天，甚至150天。经济活动的新地区相继出现。

从保护生态平衡角度看，北极是一个非常脆弱的地区，需要悉心呵护，因此这里的经济活动必须非常谨慎。关于这些情况，我们已经多次提及，我的同事们刚才都在说，北极是一个脆弱的地区，必须保护这里的生态平衡，因此在这儿从事经济活动必须慎之又慎。对我们而言，专家的意见非常重要，包括我们的北极邻居、北极理事会成员国，甚至有兴趣在这里刻苦经营的北极域外国家的意见。

我们已经谈过有关动物世界的保护，经济活动和维护北方少数民族合法权益等问题。如果我对发生在我国“普利拉兹洛姆”海上钻井平台上的事件保持沉默的话，也许就要犯错误了。我是指“国际绿色和平”组织代表企图夺取平台的实情。大家都在谈这件事，大众传媒也在宣传。如果这个组织的代表能够坐在这个大厅就好了，他们可以对我们讨论的问题表达自己的观点，提出抗议，或者要求，表述自己的关切，没有人会把他们轰走。我们正是要以这样的方式讨论所有的问题。

我不知道具体发生了什么，显然他们不是海盗，但是他们试图侵占平台，而我们的执法机关和边防人员不知道那些打着“国际绿色和平”组织的旗号试图强占平台的人是谁，尤其是这一行为发生在肯尼亚流血事件的背景下，任何事情都有可能发生，关键在于，我们不知道行动者是谁。这些人显然违反了国际法准则，使平台濒临危险。

人类从远古时期起就利用大自然来确保自己的生计，而且随着时间的推移，利用得也越来越多。他们起初只是采摘蘑菇、浆果和猎兽，而后是涉足矿物资源、金属材料、碳氢化合物。能否阻止？当然不能，不可能停下来。难道这是问题？问题在于如何谨慎地解决，将其对环境的破坏降至最低，或者做到对环境零伤害。我们能做到吗？总体上说，也许现在很困难，但是必须要为此而努力争取。我认为，我们可以实现这一目标。当今，世界各地，无论是陆地，还是大陆架都在生产碳氢化合物。

我们清楚，利用水压原理开采页岩气，也知道在靠近开采地附近的城市和乡村，居民家中水龙头流出的往往不是水，而是暗黑色积液等实情。生态环境令人堪忧。人们在开采石油天然气时，出现同样的问题。如果在大陆架或者陆地进行作业，都存在 2 个主要危险因素，一是运输，遗憾的是在全球运输中经常会发生运输事故；二是在石油开采地也会发生意外事故。我不想在这儿多说，今天出席会议的专业人士都了解这些悲剧，我只想提几个例子：1988 年，美国某公司在北方海域的平台曾发生可怕悲剧。由于操作人员的失误导致平台起火，死 160 多人。最近发生的另一起生态灾难是，墨西哥湾天然气爆炸事件，导致大量石油外泄，生态环境遭到巨大破坏。类似大祸降临时，那里的海底工程还在进行中，此刻什么都可能发生：操作员可能出错，技术故障可能出现，人的生命和健康随之受到威胁。因此，我想再次强调，我们坚持与我们所有伙伴，所有环保组织以文明的方式一起工作。我们有决心不仅要坚持倾听，而且要相互倾听，采取一切必要措施保护生态环境。

我想说一下有关大陆架的作业问题。在大陆架作业的不是只有俄罗斯公司，我们的业务遍布许多地区，远东、里海，现在北极也已开始，但是没有一个公司发生过一起严重事件，希望今后任何时候都不会发生，因为我们采用了最先进的工艺技术。

关于在俄罗斯地理学会倡议框架内继续工作的问题。我想再次感谢所有在场的各位。我向你们保证，我们会以认真仔细的态度处理所有事关生态和自然保护的问题。非常感谢各位对我们呼吁的回应，特别是在俄罗斯地理学会框架内讨论北极问题。我在闭幕词开始时已经说过，北极非常脆弱，需要专业人士和社会各方的悉心呵护。我完全同意来自冰岛同仁的意见，我们期待所有北极国家元首率先融入我们的工作，非常希望元首们对我们讨论的有关问题表示越来越多的关注。非常感谢各位，希望下次我们共同讨论比今天更为现实的问题。谢谢。

（杨伟民译，钱宗旗校）

附件九

俄罗斯联邦委员会（上院）南北极专家委员会成员名单

（2012 年度和 2015 年度）[①]

1. 施特罗夫·维亚切斯拉夫·阿纳托利耶维奇，国防和安全联邦委员会委员，南北极委员会主席

2. 阿基莫夫·亚历山大·康斯坦丁诺维奇，联邦制度、地区政策、地区自治和北方事务委员会副主席，南北极委员会副主席

3. 奇林加罗夫·阿尔图尔·尼古拉耶维奇，俄罗斯总统南北极国际合作特别代表，跨地区社会组织“极地人协会”主席，南北极委员会副主席

4. 马季索夫·格耶纳季·格里高里耶维奇，南北极委员会副主席、俄罗斯科学院摩尔曼斯克生物研究所所长（2012）

5. 涅洛夫·尤里·瓦西里耶维奇，南北极委员会副主席、联邦委员会联邦建设、地区政策、地方自治和北方事务委员会委员（2012）

6. 伊万诺夫·乔治·维克托罗维奇，俄罗斯武装力量总参谋部军事科学院上校、南北极专家委员会执行秘书（2012）

7. 阿列克谢耶夫·谢尔盖·彼得罗维奇，俄罗斯国防部国家航海和水文研究所所长（2012）

8. 阿列克谢耶夫·格纳季·费多罗夫，“萨哈共和国（雅库特）

① 作者注：俄罗斯联邦委员会（上院）南北极委员会每年组织针对《北极政策》的综合考察团，考察任务的执行情况，为批准相关法律文件获取第一手资料。它与俄联邦政府负责北极事务协调工作的北极发展问题国家委员会形成双驾马车，承担起俄罗斯发展北极地区的立法和执法职责。

发展公司”总经理

9. 安采夫·乔治·弗拉基米罗维奇，“Агат”海洋信息系统股份有限公司董事长

10. 别德里茨基·亚历山大·伊万诺维奇，俄联邦总统顾问（2012）

11. 波戈亚夫连斯基·瓦西里·伊戈列维奇，俄罗斯科学院石油天然气问题研究所副所长

12. 瓦西里耶夫·安东·弗谢沃洛多维奇，俄联邦外交部特命全权大使（2012）

13. 韦谢洛夫·伊戈尔·阿纳托利耶维奇，俄罗斯民防、紧急情况和消除自然灾害后果部国际行动司副司长（2012）

14. 维克托罗夫·亚历山大·巴甫洛维奇，俄联邦地区发展部副部长（2012）

15. 维诺格拉多夫·阿纳多利·尼古拉耶维奇，俄罗斯科学院科拉研究中心科研秘书（2012）

16. 福尔金·尼古拉·阿列克谢耶夫，莫斯科经济、政策和法律研究所学术带头人，国家劳动和社会政策专家协会主席

17. 维列戈然宁·亚历山大·尼古拉耶维奇，俄联邦外交部莫斯科国际关系学院国际法教研室主任

18. 格拉博柴维奇·瓦西里·鲍里索维奇，“АЛРОСА”（媒体）股份公司副总裁

19. 戈鲁济诺夫·弗拉季米尔·米哈伊洛维奇，联邦水文气象和环境监察署国家海洋地理研究所副所长

20. 达拉基杨·阿拉马伊斯·加卡诺维奇，联邦委员会预算和财政市场委员会成员

21. 多布雷宁·康斯坦丁·艾多阿尔多维奇，联邦委员会宪法、法律、社会发展问题委员会委员（2012）

22. 多尔金·弗拉基米尔·伊万诺维奇，联邦委员会经济政策委员会成员

23. 济拉诺夫·维亚切斯拉夫·康斯坦丁诺维奇，北冰洋捕鱼协会

企业协调委员会主席（2012）

24. 叶尔马科夫·亚历山大·米哈伊洛维奇，联邦委员会联邦制度、地区政策、地方自治和北方事务委员会成员

25. 朱可夫·米哈伊尔·安德烈耶维奇，非商业自治组织“北方、北极和北方少数民族生活问题科学协调中心”学术委员会秘书

26. 扎岳契克·安德烈·弗拉基米罗维奇，“СЕВМОРГЕО”股份公司第一副总经理

27. 祖卡·伊戈尔·米哈伊洛维奇，“奥姆斯科石油化学项目”股份公司执行股东

28. 伊万诺夫·阿列克赛·格纳季耶维奇，施特罗夫联邦委员会执行秘书

29. 伊万诺夫·格奥尔基·维克多若夫，俄联邦武装力量总参谋部军事科学院海军舰队建设和运用教研室教授

30. 伊夫琴科·鲍里斯·巴甫洛维奇，俄罗斯国立水文气象大学创新技术分析和运用学院院长（2012 年曾担任马卡罗夫将军国家海洋科学院保障国家海底大陆架矿产开采安全研究中心主任）

31. 伊戈纳季耶夫·亚历山大·亚历山德罗维奇，“北极新闻”杂志总编

32. 卡明斯基·瓦列里·德米特里耶维奇，全俄世界大洋地质和矿产资源研究所所长（2012 年曾担任联邦国立海洋研究所所长）

33. 卡尔林·列夫·尼科拉耶维奇，俄罗斯国立水文气象大学校长（2012）

34. 卡塔南多夫·谢尔盖·列昂尼多维奇，联邦委员会联邦建设、地区政策、地方自治和北方事务委员会第一副主席（2012）

35. 克里沙斯·安德烈·亚历山德罗维奇，联邦委员会宪法和国家建设委员会主席

36. 科留耶夫·维塔里·弗拉基米罗维奇，俄联邦交通部海运、河运国家政策司执行司长

37. 科里亚奇卡·列夫·米哈伊洛维奇，“Курс”中央科学研究所所长（2012）

38. 克洛德兹尼科夫·伊戈尔·伊诺肯特耶维奇，萨哈共和国（雅库特）科学院院长

39. 科诺诺娃·柳德米拉·帕夫洛芙娜，联邦委员会社会政策委员会成员

40. 孔多罗维奇·阿列克谢·埃米里耶维奇，俄罗斯科学院西伯利亚分院石油天然气地质和地球物理研究所学术带头人（2012 年为该研究所所长）

41. 科列潘诺夫·叶甫根尼·里沃维奇，PTИ 系统公司副总经理（2012）

42. 科特里亚科夫·弗拉基米尔·米哈伊洛维奇，俄罗斯科学院地理研究所学术带头人（2012 年为该所所长）

43. 科申·伊戈尔·维克托罗维奇，联邦委员会委员（2012）

44. 科留科夫·瓦列里·阿纳托利耶维奇，俄罗斯科学院西伯利亚分院经济和工业生产研究所副所长（2012）

45. 库德里娅绍娃·叶莲娜·弗拉基米罗夫娜，罗蒙洛索夫北方（北极）联邦大学校长

46. 库里洛夫·奥列格·格纳季耶维奇，诺里尔斯克市市长

47. 列别捷夫·尼科莱·尤里耶维奇，“Группа Транзас”公司总经理（2012）

48. 列德科夫·格里高利·彼特罗维奇，国家杜马民族事务委员会委员

49. 罗布科夫斯基·列奥波里德·伊萨耶维奇，俄罗斯科学院希尔绍夫海洋研究所副所长

50. 卢金·瓦列里·弗拉基米罗维奇，联邦水文气象和环境监控署下属南北极科学研究所副所长（2012）

51. 马祖尔·伊万·伊万诺维奇，“石油天然气建设”有限公司董事长（2012）

52. 马杰耶夫·维亚切斯拉夫·米哈伊洛维奇，国家极地科学院自然资源合理利用系主任（2012）

53. 马尔特先科·瓦列里·阿列克谢耶夫，联邦水文气象和环境监

控署关于世界大洋、南北极考察活动保障研究的司长顾问（2012 年为该司司长）

54. 马特维耶夫·亚历山大·萨夫罗诺维奇，俄联邦总统直属的俄罗斯国民经济和国家事务学院俄罗斯北方社会发展中心主任（2012 年曾担任联邦委员会联邦制度、地区政策、地方自治和北方事务委员会第一副主席）

55. 马季绍夫·格纳季·格利高里耶维奇，俄罗斯科学院南方科学中心主任

56. 梅利尼科夫·阿尔乔姆·尤里耶维奇，“ФЕРТОИНГ”责任有限公司经理

57. 敏金·阿列克赛·阿纳托利耶维奇，非商业组织“极地基金”执行经理

58. 米哈伊里琴科·弗拉基米尔·弗拉基米罗维奇，“北方海航道”利用协调非商业化伙伴关系副总裁

59. 米哈伊洛夫娜·叶甫根尼娅·伊萨芙娜，阿莫索夫东北联邦大学校长

60. 米霍夫·尤里·尼科莱耶维奇，联邦国立水文地理公司第一副总经理（2012）

61. 莫尔古诺夫·鲍里斯·阿列克谢耶维奇，俄联邦经济发展部部长助理（2012）

62. 奥列尔斯基·维克托尔·亚历山德罗维奇，俄联邦交通部副部长（2012）

63. 莫洛佐夫·伊戈尔·尼古拉耶维奇，联邦委员会国际事务委员会成员

64. 涅奥洛夫·尤里·瓦西里耶维奇，联邦委员会经济政策委员会主席

65. 奥特克·安娜·伊万诺芙娜，联邦委员会社会政策委员会成员

66. 帕夫连科·维克多·尼古拉耶维奇，联邦委员会联邦制度、地区政策、地方自治和北方事务委员会成员

67. 帕夫连科·弗拉基米尔·伊里奇，俄罗斯科学院乌拉尔分院阿

尔汉格尔斯克科学中心主席团主席

68. 帕帕卢察·伊戈尔·斯坦尼斯拉沃维奇，俄联邦安全局边防署海岸警卫司分析协调局局长（2012）

69. 别列西普金·弗谢沃洛德·伊里奇，红色劳动勋章公司总经理（2012）

70. 别特连科·伊戈尔·雅科夫列维奇，俄联邦武装力量总参谋部军事科学院海军舰队建设和运用教研室教授

71. 皮夫宁科·瓦莲金娜·尼古拉耶芙娜，国家杜马北方和远东地区政策和问题委员会第一副主席

72. 皮利亚索夫·亚历山大·尼古拉耶维奇，俄联邦经济发展部、俄罗斯科学院生产力研究委员会北方和北极经济中心主任

73. 波诺马列夫·米哈伊尔·尼古拉耶维奇，联邦委员会经济政策委员会副主席

74. 波波夫·瓦列里·列奥尼多维奇，俄联邦总统驻西伯利亚联邦区全权代表助理

75. 波波夫·维亚切斯拉夫·阿列克谢耶维奇，摩尔曼斯克州杜马副主席（2012）

76. 普多夫金·叶甫根尼·康斯坦金诺维奇，“Ростех”高技术工业产品研究、生产和出口协作国家公司经理委员会主席顾问（2012年曾担任俄联邦总统驻联邦委员会全权代表柯切科夫的助理）

77. 普里姆·德米特里·尤里耶维奇，“Совфракт”公司总经理

78. 拉兹别金·维克多·尼古拉耶维奇，俄联邦经济发展部和俄罗斯科学院直属的生产力研究委员会第一副主席

79. 罗金·安德烈·叶甫根尼耶维奇，俄罗斯科学院远东分院副院长

80. 卢多梅特金·阿纳托利·帕夫洛维奇，海军库兹涅佐夫将军海洋军事科学院军事科研中心首席研究员（2012）

81. 罗什克夫·弗拉基米尔·德米特里耶维奇，莫斯科市居民劳动和就业局副局长

82. 卢克沙·维亚切斯拉夫·弗拉基米罗维奇，联邦国家大企业

“核动力舰队”公司总经理

83. 卢素·伊戈尔·米哈伊洛维奇，“ЛЕНМОРНИИПРОЕКТ”公司总经理（2012）

84. 索科洛夫·弗拉基米尔·特罗菲莫维奇，联邦水文气象和环境监控署南北极研究所极地考察队队长（2012）

85. 斯利别恩楚克·米哈伊尔·维克托罗维奇，国家杜马自然资源、自然资源利用和环境委员会副主席

86. 斯皮林·帕维尔·帕夫洛维奇，“鄂本斯克石油化学项目”公司总经理

87. 斯皮里多诺夫·亚历山大·弗拉基米罗维奇，国有企业海洋综合体和系统公司总经理（2012）

88. 斯乔夫·尤里·费多罗夫，国家海洋学研究所所长

89. 塔拉索夫·奥列格·弗拉基米罗维奇，“雅库特能源”公司总经理

90. 托尔洛波夫·弗拉基米尔·亚历山德罗维奇，联邦委员会国际事务委员会委员（2012）

91. 特罗宾·谢尔盖·利沃维奇，“特种重型交通”监督委员会主席

92. 图罗霍诺夫·阿尔诺里的·吉里洛维奇，联邦委员会国际事务委员会成员

93. 久利帕诺夫·瓦季姆·阿利别尔托维奇，联邦委员会议活动规则和组织委员会主席

94. 费季索夫·格列布·戈恩纳季耶维奇，俄联邦经济发展部、俄罗斯科学院生产力研究委员会主席（2012）

95. 弗罗洛夫·伊万·叶甫根尼耶维奇，联邦水文气象和环境监测署南北极科学研究所所长

96. 哈留契·谢尔盖·尼科莱耶维奇，亚马尔－涅涅茨自治区立法委员会主席

97. 霍久恩·奥列格·尼科莱耶维奇，联邦安全局工业企业保障局副局长（2012）

98. 胡季娅科娃・柳德米拉・谢蔑诺夫娜，俄罗斯科学院世界经济和国际关系研究所全球经济问题和对外经济政策研究室主任（2012）

99. 切尔内申科・伊戈尔・康斯坦丁诺维奇，联邦委员会联邦制度、地区政策、地方自治和北方事务委员会成员

100. 舍特托福・亚历山大・维克托罗维奇，俄联邦国防部航海和大洋地理局局长（2012）

101. 施利克夫・阿纳托利亚・伊万诺维奇，联邦委员会宪法和国家建设委员会成员

102. 施特罗夫・维亚切斯拉夫・阿纳托利耶维奇，俄罗斯联邦委员会副主席（2012）

103. 施别科托尔・伊戈尔・列昂尼多维奇，俄联邦社会基础设施、地方自治和公共住房发展委员会主席，俄罗斯极地和北极城市联盟主席

104. 尤尔玛诺娃・斯维特拉娜・瓦西里耶夫娜，俄联邦自然资源与生态部保护环境和生态安全领域国家政策制定协调司司长（2012）

俄罗斯北极事务大事记

1525 年，沙皇伊凡三世的公使德米特里·格拉西莫夫编制了第一个“北方海航道”方案和首张北冰洋沿岸海图，认为从德维纳河口出发，沿右岸航行能抵达中国。

1550 年起，在摩尔曼斯克的科拉河附近建造科拉木结构的边防堡垒。

1583 年至 1584 年，根据沙皇伊万四世的命令，在白海沿岸北德维纳河三角洲上建设作为国家军事堡垒的阿尔汉格尔斯克市（木结构）(1613 年前称新霍尔莫戈雷)。

1648 年，俄国航海家、哥萨克人谢敏·杰日尼奥夫（1605－1673）发现了分割亚洲和美洲的海峡，他比维图斯·白令（1728 年）到达白令海峡的时间早了整整 80 年。

1725 年至 1743 年，根据彼得一世手谕组织的“北方探险远征”(两次）远征队完成了从伯朝拉海到白令海峡之间北冰洋及其沿岸的海图绘制，共绘制和出版了 64 张海图。

1763 年，米哈伊尔·罗蒙诺索夫在其发表的《北方海航行简要说明和西伯利亚海到印度洋通道可能性的叙述》一书中推测在斯匹茨卑尔根群岛（斯瓦尔巴德群岛）东部有岛屿存在。

1764 年至 1766 年，俄国海军上校帕维尔·奇恰戈夫领导的探险队根据罗蒙诺索夫提议的方案，乘坐帆船试图寻找“北冰洋通向勘察加的海上通道”的尝试以惨败告终。

1768 年至 1769 年，俄国领航员、旅行家费·洛兹梅斯洛夫领导的考察队首次考察了新地岛。

1803 年，俄国海军上将、航海探险家伊凡·克鲁森斯滕在亚历山大一世的直接支持下，进行了俄国历史上首次环球航行。

1865 年，俄国海军军官史林格男爵在其北冰洋游记报告中曾预言在新地岛和斯匹茨卑尔根群岛（斯瓦尔巴德群岛）之间存在未发现的土地。

1873 年 8 月 30 日，奥地利极地探险队发现了北冰洋中的陆地法兰士约瑟夫地群岛，证实了罗蒙诺索夫的推测和史林格的预言。

1878 年至 1879 年，瑞典的极地探险家诺登舍尔德（1831 – 1901）乘坐“维加号”蒸汽机帆船，用了两个航季，中途在楚科奇海过冬，首次成功地完成了穿越“北方海航道”的航行，成为北冰洋东北航道的开拓者。

1882 年，第一个“国际极地年”举行，有 12 个国家参加。首届“国际极地年”是极地考察从探险时代步入科学考察时代的标志，也是极地国际合作的开始。

1886 年，俄国科学家开始在新西伯利亚群岛上进行科学考察。

1897 年，俄国海军上将、海洋学家、极地探险家斯捷潘·马卡洛夫（1849 – 1904）在给俄国海军部提交的报告中指出，北极商业航行可以借助破冰船实现。

1898 年 10 月 17 日，俄国在英国建造了世界上第一艘大功率破冰船“叶尔马克”号。

1912 年，分别由弗拉基米尔·卢沙诺夫、格奥尔吉·谢多夫和格奥尔基·布鲁西洛夫率领的俄国极地考察队先后两次试图穿越“北方海航道”，结果两次尝试均以失败告终。

1913 年至 1915 年，俄国海军军官，水文学家鲍里斯·维利基茨基领导的俄国水文地理考察队乘坐两艘破冰船“泰梅尔”号和“瓦伊卡奇”号完成了从东到西穿越“北方海航道”的航行，整个航程由两个航季完成，中途在泰梅尔半岛的切柳斯金角过冬。这次对北冰洋的水文地理考察被认为是俄罗斯对北极地区进行系统研究的开始。

1916 年 9 月 20 日，俄国政府向盟国和友好国家政府发布照会，通报了新发现的尼古拉二世群岛（北地群岛），小泰梅尔岛，斯塔拉卡多姆斯基岛，若霍夫岛划归俄国，并声明与新西伯利亚群岛一起的根里耶特岛、扎涅特岛、别涅特岛、格拉里特岛和乌耶季涅尼耶岛，弗拉格利岛和其他位于亚洲海岸的岛屿是俄国不可分割的一部分。当时，俄国政府没有将新地岛、瓦伊卡奇和其他位于临近俄国欧洲沿岸的岛屿作为必须的领土列入召回通知中，理由是这些岛屿归属帝国领土是几百年来公认的。照会所附的北极地图标记了上面提到的所有领域和海域。

1918 年 7 月 2 日，苏联人民委员会（苏联中央政府）通过决议拨款 100 万卢布用于北冰洋的考察研究工作。

1920 年 2 月 9 日，英国、美国、丹麦、挪威、瑞典、法国、意大利、荷兰及日本等 18 个国家在巴黎签订《斯匹次卑尔根条约》（也称《斯瓦尔巴德条约》）。1925 年，中国、苏联、德国、芬兰、西班牙等 33 个国家也参加了该条约，成为《斯瓦尔巴德条约》协约国。

1920 年 3 月 4 日，苏联最高国家经济委员会决定组建北极科学渔猎考察队，成立了负责对北冰洋及其周围陆地进行调查的北方研究所（俄罗斯南北极研究所的前身）。

1926 年 4 月 15 日，苏联中央执行委员会主席团通过《关于苏联北冰洋的土地和岛屿领土公告》，确定苏联在北冰洋的领土、土地和岛屿，以及毗邻上述领土、土地和岛屿的内水、领海、专属经济区和大陆架。

1932 年，苏联科学家奥拓・施密特领导的考察队乘坐“亚历山大・西比利亚科夫号”破冰船仅用了一个航季完成了沿“北方海航道”从阿尔汉格尔斯克到白令海峡的航行。

1932 年 12 月 17 日，苏联“北方海航道”管理总局成立，隶属于苏联人民委员会（苏联中央政府），负责航道管理事宜。1953 年“北方海航道”管理总局更名为“北方海航道”行政管理局，隶属于苏联商业航运部。1992 年，俄罗斯对北冰洋航运的组织系统进行了大规模的改革，取消了苏联时期成立的商业航运部，其职能由俄罗斯联邦交通部的商业海运司替代，“北方海航道”管理局的职能改由商业航运司所辖的“海洋河流运输处”负责承担。2013 年 3 月 15 日，俄罗斯政府发布建立国家机构“北方海航道管理局”的政府令，重新设立“北方海航道管理局”。

1932 年，由尼古拉·祖博夫领导的苏联考察队乘坐“克尼波维奇”号探险船首次绕过法兰士约瑟夫地群岛北部地区。

1932 年至 1933 年，第二个“国际极地年”。

1937 年 5 月 21 日，苏联在北极建立起第一个“北极 -1”号浮动科学考察站，科考站工作 9 个月，直至 1938 年 2 月 19 日。

1956 年至 1960 年间，苏联进行了历史上首次北极地区海洋洋流测绘。

1957 年苏联公布了猎熊禁令。1973 年北极圈内的国家：美国、加拿大、挪威、丹麦和前苏联，进一步签定了呵护北极熊的国际公约。

1957 年至 1958 年，国际地球物理年，北极大规模科学考察启动。

1959 年 12 月 7 日，世界上第一艘核动力破冰船“列宁”号首航。“列宁”号核动力破冰船始建于 1956 年 8 月 25 日，1957 年下水。“列宁”号服役 30 年，共为 3741 艘船舶破冰引航。1989 年，“列宁”号正式退役，停泊在摩尔曼斯克港。

1972 年 12 月，“禁止倾倒废物和其他物质以防止海洋污染”公约在伦敦签署，这是全球第一个有关这一问题的公约。

1975 年，“北极”号核动力破冰船投入使用。1977 年，“北极”号首次抵达北极点。1979 年起，“北极”号为“诺里尔斯克镍业集团”的摩尔曼斯克—杜金卡航线全年通航运输服务。

1978 年 12 月 28 日，“西伯利亚”号核动力破冰船投入使用。

1980 年，苏联国防部航海与海洋地理总局出版了重要的著作《海洋地图册·北冰洋》。

1982 年 12 月 10 日，《联合国海洋法公约》在牙买加的蒙特哥湾召开的第三次联合国海洋法会议最后会议上通过。1994 年 11 月 16 日，《联合国海洋法公约》正式生效。1997 年 2 月 26 日，俄罗斯批准《联合国海洋法公约》。

1984 年 2 月，苏联部长会议颁布第 4604 号法令，宣布苏联在太平洋、日本海、鄂霍次克海及白令海实施直线基线。

1985 年 1 月，苏联第 4450 号法令宣布，在北冰洋、波罗的海以及黑海实施直线基线。在北极海域划基线时，苏联在新地岛、北地群岛以及新西伯利亚群岛的外缘选择了基点，划定基线后，“北方海航道”的部分海域变成内水。

1985 年 12 月 21 日，“俄罗斯”号核动力破冰船投入使用。

1987 年，戈尔巴乔夫提出“摩尔曼斯克倡议”，呼吁建立北极“和平区”，与北极圈国家拟定了一份名为“北极环境保护战略”却没有约束力的多方协议，1996 年，该协议被纳入北极理事会。

1989 年 6 月 30 日，苏联“泰梅尔”号核动力破冰船投入使用。

1990 年 6 月 1 日，苏联部长会议第 565 号决议制定《“北方海航道”航行规则》，同年 9 月 14 日，苏联海运部批准《“北方海航道”航行规则》，并于 1991 年对外公布。

1990 年 6 月 15 日，苏联与美国签署的《苏联与美国的海洋边界协议》生效，划分了两国在白令海和楚科奇海海域的领海、专属经济区和大陆架的海洋边界。该协议尚未得到俄罗斯议会的批准。

1990 年 7 月 25 日，苏联“瓦伊加奇”号核动力破冰船投入使用。

1991 年 7 月，苏联浮动科学考察站“北极 - 31”被迫关闭，直至 2003 年再度恢复。

1992 年，俄罗斯总统叶利钦发布“关于俄罗斯联邦近海放射性废料处置情况和问题白皮书”。

1992 年 10 月 28 日，俄罗斯的“亚马尔”号核动力破冰船投入使用。

1997 年 1 月 17 日，俄罗斯联邦总统令批准《“世界大洋”构想》联邦专项纲要。

1998 年，俄罗斯颁布《俄罗斯联邦内水、领海及毗连区法》和《俄罗斯联邦专属经济区法》。

2001 年 7 月 27 日，俄罗斯联邦总统令批准《2020 年俄罗斯联邦海洋学说》。

2001 年 12 月 21 日，俄罗斯向联合国界限委员会提交划界案。此次划界案包括了鄂霍次克海、白令海、巴伦支海以及北冰洋的大片区域，面积为158万平方千米。

2003年4月26日，俄罗斯“北极-32”浮动科学考察站上升起了俄罗斯国旗，标志着俄罗斯自1991年以来中断了12年的北极科学考察活动正式恢复。

2004年4月28日，俄罗斯联邦国家委员会主席团举办的“俄罗斯北方领土国家政策的主要方向”第36次会议上提出了《关于俄联邦北方地区国家政策原则》报告。普京在会议上表示，要制定北方地区的国家政策，北方领土对国家具有特殊的地缘政治、经济和国防意义。他表示，该地区不仅资源丰富，有重要的生产基地，而且拥有潜力无限的北极海上交通走廊。

2007年，俄罗斯恢复北冰洋上空战略导弹轰炸机的空中巡航，并加强战略导弹核潜艇在北极冰层下的巡航。

2007年至2008年，第三个“国际极地年”。

2007年3月27日，俄罗斯“胜利50周年”号核动力破冰船投入使用。

2007年6月20日，俄罗斯联邦政府公布《俄罗斯联邦北极地区稳定发展构想》。

2008年5月27-29日，环北冰洋外长会议在丹麦格陵兰岛的伊卢利萨特举行，会议通过《伊卢利萨特宣言》。

2008年7月17日，俄总理普京签发政府令，批准了《2030年俄罗斯联邦铁路运输发展战略》。该战略将分2008-2015年、2016-2030年两大阶段实施。

2008年8月27日，根据2008年3月20日发布的《关于成立国家核能公司“俄罗斯原子能集团公司”》总统令，“俄罗斯核动力舰队”公司成为“俄罗斯原子能集团公司”旗下企业，开始接管核动力破冰船。

2008年9月18日，俄罗斯总统普京签署总统令，批准《俄罗斯联邦北极地区国家政策基本原则》，2009年3月30日对外公布。

2008年11月20日，欧盟委员会颁布《欧盟与北极地区》政策文件，阐述了欧盟北极战略的主要内容。

2008 年 11 月 22 日，俄罗斯总统普京签署总统令，批准了《2030 年俄罗斯联邦交通运输发展战略》。

2009 年 5 月 13 日，俄罗斯新版《国家安全战略》公布。

2009 年 6 月 15 日，俄罗斯政府发布《“俄罗斯北极”国家公园》821 号令。

2009 年 10 月 21 日，俄罗斯联邦总统令，宣布成立罗蒙诺索夫北方（北极）联邦大学。

2009 年 11 月 13 日，俄罗斯政府正式批准《2030 年俄联邦能源战略》。

2010 年 4 月 14 - 16 日，第 5 届北极地区土著（原住民）领导人峰会在莫斯科举行。

2010 年 4 月 29 日，俄罗斯总理普京视察亚历山大岛（法兰士约瑟夫地岛）。

2010 年夏季，俄罗斯组织的“大陆架—2010”大规模考察工作在“费奥多罗夫院士”号科考船上展开，以确定和论证俄罗斯联邦在北冰洋大陆架的外部边界，补充水文数据，提供给联合国大陆架界限委员会。

2010 年 8 月 23 日，普京访问了萨莫伊洛夫岛上的试验室（位于勒拿河三角洲）。

2010 年 9 月 15 日，俄罗斯与挪威签署了《关于巴伦支海和北冰洋的海域划界和合作协议》，结束了两国自 1970 年以来长达 40 年涉及 175000 平方千米争端海域的边界谈判和划界进程，重启了冻结 30 年的涉及争议海域的北极大陆架油气田的开发。2011 年 2 月 8 日和 3 月 25 日，挪威和俄罗斯两国议会分别批准条约。

2010 年 9 月 22 - 23 日，第一届“北极—对话之地”国际论坛在莫斯科举行。

2010 年 12 月 8 日，俄罗斯联邦政府令批准《2030 年俄罗斯联邦海洋活动发展战略》。

2011 年 5 月 12 日，北极理事会外长会议在丹麦格陵兰岛首府努克举行，会议签署了北极理事会成立 15 年以来的首个正式协议《北极搜救协定》，就各成员国承担的北极地区搜救区域和责任进行了规划。这是一个历史性的突破，它是北极理事会第一个具有法律约束力的协议。

2011 年 8 月 8 – 11 日，首届“北极理事会成员国高层代表”国际会议在俄罗斯“亚马尔”核动力破冰船上举行，会议主题是“北极面临巨大变化”。

2011 年 9 月 21 – 24 日，第二届“北极—对话之地”国际论坛在俄罗斯北极地区阿尔汉格尔斯克市举行。

2011 年 11 月，俄罗斯与全球环境基金会（GEF）共同制定了《保护俄罗斯北极环境战略行动纲要》，在减缓气候变化、生物多样性、国际水域等方面推动 6 个项目的具体环保行动。

2012 年 3 月 5 日，俄罗斯科学家们制定的新的北极领土清理草案递交俄联邦自然资源部。7 月 30 日，首批清理工作者赴弗朗茨·约瑟夫群岛，普京为其送行。

2012 年 4 月 17 日，第二届“北极理事会成员国高层代表”国际会议在俄罗斯摩尔曼斯克和法兰士·约瑟夫地群岛最北端的“纳古尔斯克”边防站举行，会议主题是“北极安全和合作新疆域”。

2012 年 4 月，俄罗斯石油公司与埃克森美孚开始启动北冰洋喀拉海海域 3 个地块的合作项目。

2012 年 5 月 5 日，挪威国家石油公司和俄罗斯石油公司在莫斯科签署一项战略合作协议，宣布成立合资企业，共同对位于俄罗斯巴伦支海和鄂霍次克海大陆架地区 4 个区块进行油气勘探与开发。普京出席签字仪式。

2012 年 5 月 12 日，俄罗斯成立远东发展部，伊沙耶夫·维克多·伊万诺维奇任部长兼远东联邦区总统代表。

2012 年 7 月 20 日，俄北极地区亚马尔 – 涅涅茨自治区开始建造新海港萨别塔，这是“亚马尔液化气”大项目交通基础设施关键组成部分之一。

2012 年 7 月 28 日，俄罗斯总统普京批准《俄罗斯联邦“北方海航道”水域商业航运法律修正案》。

2012 年 7 月 22 日至 8 月 3 日，中国“雪龙”号极地科考船穿越北极东北航道，到达北冰洋大西洋扇区，完成了中国船舶对北极东北航道的首次穿越。

2012 年 8 月，俄罗斯天然气工业股份公司、法国道达尔公司和挪威国家石油公司的联合项目“什托克曼”凝析气田因投资战略等问题被搁置。

2012 年 8 月 25 日，俄罗斯太平洋舰队发布公告，该舰队图 - 142M3 反潜巡逻机日前完成北极海域侦察巡逻任务。这次任务是为了落实俄罗斯政府的北极开发政策，为俄罗斯在该地区恢复、改造并修建海港基础设施创造条件。

2012 年 10 月 1 日“北极 - 40”浮动科考站替换“北极 - 39 号”浮动科考站正式开始工作。该浮动科考站位于北纬 85°东经 143°处。

2012 年 10 月 22 日，英国石油公司（BP）宣布，与俄罗斯石油公司达成协议。俄罗斯石油公司以现金加股权的方式，购入 BP 所持有的秋明 BP（TNK-BP）50% 股权。同一天，俄罗斯石油公司以 280 亿美元现金收购俄罗斯 AAR 财团持有的秋明 BP 其余 50% 股权，成为 TNK-BP 公司唯一股东。

2012 年 11 月 7 日，俄罗斯天然气工业股份公司全资子公司俄气市场和贸易公司租赁希腊 DYNAGAS 公司运营的液化天然气货轮“鄂毕”号，装运 135000 立方米液体天然气从挪威哈默菲斯特的斯诺赫维特气田出发，在俄罗斯核动力破冰船“瓦伊加奇”号和“胜利 50 周年”号的引领下，从喀拉海峡到杰日涅夫角共航行了 9 昼日（11 月 9 - 18 日），随后，该气轮独立航行，并于同年 12 月 5 日抵达目的地日本北九州户畑（Тобата）。这是北极航道首次运输液化天然气。

2012 年 12 月 5 日，第二届“北极—今天与未来”国际论坛在圣彼得堡举行。会议组织者是俄罗斯“极地人协会。”

2013 年 1 月 10 日，“维图斯 · 白令”号大型补给破冰船命名仪式在圣彼得堡举行，普京出席并发表讲话。“维图斯 · 白令”号是俄罗斯和芬兰联合研制的系列破冰船之一，其 90% 的船体建造工作由俄企业承担。“维图斯 · 白令”号破冰船长 100 米、宽 21.7 米，能冲破厚度为 1.5 米的冰层，并保持 3 节航速，将用于开发俄远东等海域的油气资源。

2013 年 1 月 10 日，955 型“北风之神”级战略导弹核潜艇首舰“尤里·多尔戈鲁基”号入编俄罗斯海军的仪式在阿尔汉格尔斯克州北德文斯克的“北德文斯克造船厂”举行。这个型号的潜水艇将成为 21 世纪俄罗斯战略核力量的海上主力。根据规划，2020 年前俄罗斯将建造 8 艘“北风之神”级潜艇，其中 3 艘 955 型，5 艘为 955A 型。

2013 年 1 月 21 日，北极理事会常设秘书处在挪威特罗姆瑟成立。

2013 年 1 月 23 日，俄罗斯地区发展部公布《俄罗斯联邦北极地区》联邦法草案。

2013 年 1 月 28 日，《俄罗斯联邦“北方海航道”水域商业航运法律修正案》正式生效。该修正案对 1999 年《俄罗斯联邦商船航运法典》、1998 年《俄罗斯联邦内海、领海和毗连区法》和 1995 年《俄罗斯联邦自然垄断法》做了增补或修订。

2013 年 1 月 29 日，摩尔曼斯克州通过“生态宣言”，以响应普京总统宣布的保护环境倡议。

2013 年 2 月 8 日，俄罗斯联邦总统令批准《俄罗斯联邦北极地区发展和国家安全保障战略》，2 月 20 日对外公布。

2013 年 3 月 15 日，俄罗斯联邦政府颁布政令，重新设立国家机构“北方海航道管理局”。

2013 年 3 月 22 日，习近平和普京在莫斯科签署《中华人民共和国和俄罗斯联邦关于合作共赢、深化全面战略协作伙伴关系的联合声明》。

2013 年 3 月 28－29 日，在亚马尔－涅涅茨自治区首府萨列哈尔德举行第 7 届俄罗斯联邦北方、西伯利亚和远东土著少数民族代表大会。

2013 年 4 月 9－11 日，第三届“北极理事会成员国高层代表”国际会议在亚马尔－涅涅茨自治区首府萨列哈尔德举行，主题是“保护北极基因生态安全—解决途径”。

2013 年 4 月 12 日，俄罗斯新的《“北方海航道”水域航运规则》正式生效。同日，公布了《“北方海航道”水域航行规则》和《“北方海航道破”冰船领航收费规定》。

2013 年 5 月 15 日，两年一度的北极理事会外长会议在瑞典基律纳市举行。会议签署了第二份具有法律约束力的《北极海洋油污预防与反应合作协定》，8 国部长还签署了《基律纳宣言》。中国、印度、意大利、日本、韩国和新加坡 6 个国家成为北极理事会正式观察员。

2013 年 6 月 21 日，在圣彼得堡国际论坛期间。俄罗斯石油公司与埃克森美孚、埃尼集团、挪威石油公司等国际石油大公司签署加强北极油气资源开发合作的协议。

2013 年 7 月 10 日，《俄罗斯联邦北极地区社会经济发展纲要》列入俄罗斯国家纲要名录。

2013 年 7 月 23 日，俄罗斯滨海边疆区海参崴举行了涅维尔斯基元帅国家海洋大学“赫留斯金教授”号北极考察欢送仪式。本次远东漂流大学的航行线路是：海参崴—佩韦克—新西伯利亚群岛—彼得罗巴甫洛夫斯克—堪察加—海参崴，航行时间共 2 个月。

2013 年 8 月 15 日至 9 月 10 日，中国中远集团下属中远航运股份有限公司“永盛”号成功首航北极东北航道，这是中国商船首次成功穿越北极东北航道到达欧洲。此次航行比传统的经马六甲海峡、苏伊士运河的航线缩短航程 2800 海里，时间减少 9 天。

2013 年 9 月 5 - 6 日，在圣彼得堡 G20 峰会期间，中国石油天然气集团公司与俄罗斯诺瓦泰克公司签署了液化天然气股权合作协议。中方将持有俄“亚马尔液化天然气项目”20% 的股权，诺瓦泰克公司持股 60%，法国道达尔公司持股 20%。2013 年 9 月，诺瓦泰克和中石油签署了转让“亚马尔液化天然气”项目 20% 股权的协议。2013 年 10 月 22 日，中俄总理第 18 次定期会晤期间，在国务院总理李克强和俄罗斯总理梅德韦杰夫的共同见证下，中石油董事长周吉平与俄罗斯诺瓦泰克公司总裁米赫尔松签署了亚马尔公司 LNG 购销框架协议。此次 LNG 购销框架协议明确购销量不低于每年 300 万吨，合同期为 15 年，且这一期限经过协商还可以延长。

2013 年 9 月 18 日。绿色和平组织成员搭载“极地曙光”号破冰船试图在伯朝拉海登上俄罗斯天然气工业股份公司下属石油大陆架公司的“普利拉兹洛姆”钻井平台，抗议在北极开采石油。第二天，俄罗斯边防人员登上“极地曙光”号，逮捕了30人，并对他们提起海盗行为指控，后指控被改为“流氓行为”。12月22日，29人获得圣彼得堡法庭的裁准交保，但未获交保的一名澳洲籍成员则被延押至明年2月24日。此外，俄方并没有同意联合国法庭的要求，未准许30人中任何人离开俄境。

2013年9月24－25日。第三届“北极—对话之地”在亚马尔－涅涅茨首府萨列哈尔德举行，普京出席会议并发表讲话。

2013年10月12日，“北极圈论坛”在冰岛首都雷克雅未克宣告成立。该论坛对所有国家开放，旨在推动各北极利益行为体的多边对话与协调。

2013年10月，俄罗斯以北方舰队旗舰“彼得大帝”号核动力导弹巡洋舰为核心的舰艇编队完成了北冰洋巡航任务。

2013年11月，丹麦和格陵兰向联合国大陆架界限委员会提交扩大200海里经济区边界的申请。

2013年12月1日，俄罗斯《液化气出口自由化法》生效，“俄罗斯石油”和“亚马尔液化气”两家公司获得液化气出口权。

2013年12月5－6日，第三届“北极—今天与未来”国际论坛在圣彼得堡举行。

2013年12月6日，加拿大政府向联合国大陆架界限委员会提交确定其北冰洋沿岸大陆架外部界限的初步情况报告，其中包括北极点。

2013年年底，俄罗斯完成对位于“北方海航道”中段新西伯利亚群岛上的“捷姆普”军用机场的恢复和扩建工作。

2014年1月14日，俄罗斯开始对白岛、新地岛，以及法兰士约瑟夫地群岛中3个岛屿上的污染物进行清理。

2014年3月4日，俄罗斯公布“北方海航道”破冰航行收费价格标准。

2014年3月14日，俄罗斯完成在新西伯利亚群岛进行的有近4000人参加的军事演习，目的是训练军队在严酷条件下，在北极的军事行动，但也不排除搜救任务。350人组成的小组在40分钟内占领“捷姆普”机场。这是20年来俄罗斯在北极进行的最大规模的军事演习。

2014 年 4 月 18 日，全球首座大陆架抗冰冻级钻井平台“普里拉兹洛姆”正式投产并经北冰洋开始向欧洲供油。

2014 年 4 月 21 日，俄罗斯联邦政府发布《俄罗斯联邦北极地区社会经济发展国家纲要》。

2014 年 5 月 2 日，俄罗斯颁布《俄罗斯联邦北极地区陆地领土》总统令。

2014 年 6 月 24 日，俄罗斯通过新版《2030 年交通战略》。

2014 年 6 月 28 日，俄罗斯总统普京签署《东西伯利亚、亚马尔、涅涅茨自治区、日本海等地油气资源开采税优惠政策》法令。

2014 年 7 月 11 日，韩国大宇造船接受“亚马尔液化气”项目 9 艘冰级 LNG 船建造合同，每艘造价约为 3.2 亿美元。

2014 年 8 月 5—7 日，第四届“北极理事会成员国高层代表”国际会议在俄罗斯涅涅茨自治区首府纳里扬马尔举行，主题是“北极稳定发展和安全保障现状”。

2014 年 8 月—2015 年 1 月，俄罗斯科考船对北极海域进行的为期 5 个月的考察，其中考察了在北冰洋中新发现的岛屿“丫丫”岛。2013 年 9 月俄罗斯飞行员在从季克西飞往新西伯利亚群岛军事基地途中发现了“丫丫”岛。“丫丫”岛冬季消失，夏季出现，面积约 500 平方米，高度不足 1 米。

2014 年 9 月 2—3 日，北极经济理事会（AEC）正式成立，首次会议在加拿大努纳武特地区伊魁特举行。同年 3 月举行的北极理事会北极高官会议上决定成立北极经济理事会，以促进北极地区的可持续发展。

2014 年 9 月 8 日，俄罗斯总统普京颁布命令取消俄联邦地区部，其职能划归俄联邦经济发展部、财政部、建设和住房公用事业部。

2014 年 9 月 23 日，“弗拉基米尔元帅号”科考船发现新地岛克里沃申湾实际上是海峡，由此确定新海角克鲁格斯维托克角（环球角）

2014 年 9 月 27 日，俄罗斯石油公司与美国埃克森美孚公司在喀拉海大陆架发现“胜利”大型油气田。

2014 年 11 月 21 日，在海事安全委员会第 94 届会议上，国际海事组织（IMO）通过了具有强制性的《极地水域操作船舶国际规则》。2017 年 1 月 1 日生效。

2014 年 12 月 1 日，俄罗斯北极地区新的军事机构“北方舰队 - 联合战略司令部”开始运作。新军事机构由北方舰队和陆军北极旅、空军和防空部队的一些下属部队和额外的管理部门等组成。

2014 年 12 月 10 - 11 日，第四届“北极—今天与未来”国际论坛在圣彼得堡举行。

2014 年 12 月 15 日，丹麦和格陵兰向联合国委员会提交申请扩大外大陆架边界的申请。丹麦及格陵兰岛曾对位于北冰洋内的门捷列夫海岭、楚科奇海岭、罗蒙诺索夫海岭以及位于它们中间的楚科奇海盆中的约 900 平方千米的海岭向联合国提交了扩大大陆架边界的申请。

2015 年 2 月 2 日，“亚马尔液化气”项目中的萨别塔机场建成启用。

2015 年 2 月 13 日，普京嘉奖了参与喀拉海大陆架海域“大学 1 号”井钻探工作的外国公司老总（友谊勋章）和钻探工人（钻探大师），感谢他们对发现“胜利”大型油气田所做的贡献。俄罗斯石油公司得到嘉奖。

2015 年 3 月 23 日，俄罗斯联邦政府成立“北极发展问题国家委员会”，副总理德米特里·罗戈津担任委员会主席一职。该委员会是俄罗斯管理北极事务的政府协调机构，负责协调联邦中央与地方执行权力机关，其他国家机关与地方自治机关、组织在完成涉及北极地区国家安全、社会经济、交通、生态、国际合作等领域的协同合作关系。

2015 年 4 月 6 日，“俄气石油”公司与越南国家石油公司在两国总理的见证下签署了在伯朝拉海域共同勘探油气的合作协议。

2015 年 4 月 8 日，俄罗斯空降部队与集体安全条约组织成员国集体快速反应部队首次成功登陆北冰洋 89 纬度的浮冰上，并建造冰营地。

2015 年 5 月 8 日，中华人民共和国与俄罗斯联邦在莫斯科发表《中华人民共和国与俄罗斯联邦关于丝绸之路经济带建设和欧亚经济联盟建设对接合作的联合声明》。

2015 年 5 月 12 日，梅德韦杰夫总理签署命令，从预算中划拨 2.05 亿卢布用于保障“北极点”浮动站的工作。

2015 年 6 月 4 日，俄罗斯诺瓦泰克公司与荷兰壳牌公司签署每年购买 90 万吨亚马尔液化气合同，合同期限 20 年。

2015 年 6 月 8 日，俄罗斯总理梅德韦杰夫签署“北方海航道综合发展规划”。

2015 年 6 月 16 日，由俄罗斯石油公司北极科学项目中心组织“2015 冬季—喀拉”科考活动在南北极研究所的支持下顺利完成，这是最近 20 年来规模最大，人数最多的一次北极科考活动。科考路线从巴伦支海到东西伯利亚海。

2015 年 6 月 22 日，俄联邦政府批准 2016－2031 年《世界大洋》联邦总纲要。

2015 年 7 月 13 日，普京签署《符拉迪沃斯托克自由港联邦法》。

2015 年 7 月 8 日至 8 月，中国中远集团下属中远航运股份有限公司的“永盛”号再次成功穿越北极，并将航次任务升级为往返双向通航。

2015 年 7 月 28 日，俄罗斯出台新版《俄联邦海洋学说》。

2015 年 8 月 4 日，俄罗斯向联合国大陆架界限委员会递交扩大北极外大陆架边界的申请修正案。

2015 年 8 月 15—17 日，第五届“北极理事会成员国高层代表”国际会议在阿尔汉格尔斯克举办。本届会议的主题是“保障北极地区安全和稳定发展，保护生态和原住民传统生活方式。”

2015 年 10 月 13 日，俄罗斯北方舰队水文地理局负责人表示，在北极地区发现 9 个新岛屿，因此俄领土扩大 10 平方千米，面积相当于 5 个摩纳哥。考察期间同时还发现了 5 个大海湾、7 个角和 4 个小海湾。

2015 年 10 月 15 日，俄罗斯接替芬兰出任巴伦支欧洲北极理事会主席，任期 2 年）。

2015 年 10 月 22 日，俄罗斯国防部长绍伊古表示，俄罗斯已经完成在新西伯利亚群岛一处军事基地的建设工作。

2015 年 10 月 28 日，俄罗斯联邦委员会（上院）通过成立“南北极委员会”的决议。

2015 年 12 月 7 日，第五届“北极—今天与未来”国际论坛在圣彼得堡举行。

2015 年 12 月 17 日，在中国国务院总理李克强和俄罗斯联邦政府总理梅德韦杰夫的共同见证下，丝路基金与俄罗斯诺瓦泰克公司在北京签署了关于“亚马尔液化气”一体化项目的股权转让及贷款相关协议。根据协议，丝路基金将从诺瓦泰克公司购买“亚马尔液化气”项目 9.9% 股权。双方还签署了贷款协议，由丝路基金提供为期 15 年、总额约 7.3 亿欧元的贷款。

2015 年 12 月 31 日，俄罗斯总统普京批准新版《2020 年俄罗斯国家安全战略》，取代 2009 年版本。

2016 年 1 月 18 日，“亚马尔项目”首艘冰级液化天然气（LNG）运输船，也是全球首艘 ARC7 冰级 LNG 运输船，在韩国巨济岛玉浦船厂正式下水。亚马尔项目首艘冰级 LNG 运输船，由韩国大宇造船海洋株式会社承建。该船总长 299 米，宽 50 米，可一次性运输 17 万立方米液化天然气。该船安装了可 360 度旋转的推进器，能在 2 米冰厚的海况下保持 5 节航速。

2016 年 2 月 3 日，中国石油集团海洋工程有限公司承建的俄罗斯“亚马尔液化气”项目中中方承接的模块建造工作完成并交付业主，这是“亚马尔液化气”项目在全球 20 多个工程承包中首个完成的工程。

2016 年 2 月 9 日，俄罗斯向联合国提交重新审议扩大北冰洋外大陆架边界的申请。俄罗斯自然资源和生态部部长谢尔盖·冬斯基向参加第 40 次联合国大陆架界限委员会会议的成员们演示了俄罗斯的申请报告。

2016 年 2 月 11 日，中国国产第一台“极光”号极地钻机在亚马尔油田安装完成。

2016 年 3 月 4 日，首家国际航班抵达萨别塔机场，这架航班的航线是北京—萨别塔—莫斯科。

2016 年 4 月 21 日，俄罗斯政府委托经济发展部制定《俄联邦北极地区优先项目执行清单》。5月19日，经济发展部公布清单名录。

2016年5月26日，普京通过视频发布命令从新建的“北极之门”码头起运首艘装载来自“新港油田”的“新港”品牌石油的油轮。“北极之门”码头位于鄂毕湾石头角村，将全年服务于“新港油田”石油的外运任务。该码头属于淡水区域，冬季积冰2米厚，全年航运的技术要求高。

2016年6月16日，俄罗斯建造的22220型（LK60）“北极”号核动力破冰船在圣彼得堡波罗的海造船厂下水。它是世界上最大、也是最强的核动力破冰船，由俄罗斯联合造船公司建造。这艘核动力破冰船长173.3米，宽34米，排水量33540吨，载重量可达10万吨，配备两个专门设计的RITM－200核反应堆，能破近3米厚的冰层，服役期为40年，船员75人，造价约为369亿卢布（1美元约合66卢布），计划于2018年投入使用。2012年8月23日，波罗的海造船厂与俄罗斯国家核工业集团公司的“俄罗斯核动力破冰舰队”签署了建造3艘22220型（LK60）破冰船合同的。另外2艘船分别为“西伯利亚”号和“乌拉尔”号。

2016年7月13日，《俄罗斯联邦北极地区发展联邦法》草案开始进入批准程序，该草案文本是由俄罗斯经济发展部提交的。

2016年8月29日至9月2日，第六届“北极理事会成员国高层代表”国际会议在俄罗斯核动力破冰船“胜利50周年”号上举行。本届会议的主题是“沿‘北方海航道’走向北极战略稳定和平等伙伴关系”。

2016年9月21日，俄罗斯总统普京在出席俄罗斯陆地最北端的东梅索亚赫油田正式投产仪式。该油田位于亚马尔－涅涅茨自治区的格达半岛梅索亚赫河流域。截至2016年底，开发东梅索亚哈油田的总投资额达13.2亿美元。根据规划，2040年投资金额将达到39.7亿美元。

2016年11月22日，俄罗斯生态和自然资源部部长谢尔盖·东斯基在《莫斯科北极日》期间举行的新闻发布会上表示，赞同关闭位于克拉斯诺亚尔斯克州泰梅尔地区的“诺里尔斯克镍业”公司的镍厂（1942年建立，2016年8月已经完全停工）。关闭该厂将减少30%有害物质排入空气中。

2016 年 12 月 5 - 7 日，第六届“北极—今天与未来”国际论坛在圣彼得堡举行。

2017 年 1 月 1 日，《极地水域船舶航行安全规则》（简称《极地航行规则》）正式生效。《极地航行规则》是 2014 年 5 月 26 日由国际海事组织制定通过的，为极地航行具有全球约束力的目标迈出了关键性的一步。

2017 年 3 月 28 日，以法国已故道达尔公司前总裁克里斯托弗·德·马哲睿名字命名的世界首艘 ARC7 冰级液化气（LNG）运输船驶入俄罗斯北极高纬度地区萨别塔新港。2014 年 10 月 21 日，他在莫斯科的一次飞机事故中丧生。

2017 年 3 月 29 - 30 日，第四届“北极—对话之地”国际论坛在阿尔汉格尔斯克市举行。

2017 年 6 月 3 日，首艘 ARC7 冰级液化气（LNG）运输船的正式命名仪式在圣彼得堡举行。这艘 ARC7 冰级液化气（LNG）运输船能在冰厚达 2.1 米冰区航行，船首和船尾均覆盖了 70 毫米厚的钢板，可承受零下 52 摄氏度温度。这艘船长 299 米，宽 50 米，能够运输 172600 立方米液化气（LNG），服务于“亚马尔液化气”项目。它将全年航行在“北方海航道”上，从萨别塔港将“亚马尔液化气”项目气源地南塔姆贝凝析气田液化气厂生产的液化气运往亚洲和欧洲市场。

2017 年 8 月 29 - 30 日，第七届“北极理事会成员国高层代表”国际会议在俄罗斯亚马尔 - 涅涅茨自治区的萨别塔村举行。

2017 年 9 月 22 日，俄罗斯第二艘 22220 型（LK60）“西伯利亚”号核动力破冰船船体下水仪式在圣彼得堡波罗的海造船厂举行，将于 2019 年投入使用，服务于“北方海航道”。

2017 年 12 月 8 日，俄罗斯“亚马尔液化气”项目正式投产。

参考文献

（一）俄文书籍

1. М. Николаев. Арктика：боль и надежда России. М. Изд. Арина，1994г.

2. М. Николаев. Арктика. XXI век. М. Изд. Арина，1999г.

3. Ю. Евдокимов，Ю. Бацких，А. Истомин. Северный морской путь：проблемы，возможности，перспективы возрождения. Экономическия наука современной России，2000г. №2 p101 – 111

4. А. Дрегало，Ю. Лукин，В. Ульяновский. Северная провинция：трансформация социальных институтов，монография. Архангельск：Поморский университет，2008г.

5. А. Дрегало，В. Ульяновский，В. Брызгалов，В. Крикуненко，Т. Шехина. под ред. академика РАСН，проф. А. Дрегало，академика РАСН，проф. В. Ульяновского. Социальный потенциал региона как фактор развития северных территорий：монография. Архангельск：Поморский университет，2008г.

6. Ю. Лукин. Новая Архангельская летопись. Архангельск：РАСН АО，2008г.

7. Рос. академия социальных наук，Архангельское отделение，Высшая школа делового администрирования ПГУ М. В. Ломоносова；отв. ред. Лукин Ю. Ф. – Архангельск. Менеджмент & конфликт：сборник статей. Высшая школа делового администрирования，2008г.

8. Ю. Лукин. Арктика сегодня для России и всего мира. Архангельск, 2008г.

9. А. Гуушер. Арктика: зона стратегических интересов России. 2009г.

10. Демонстрационный проект. Экологический соменеджмент ресурсодобывающих компаний, органов власти и коренных малочисленных народов севера. 2009г.

11. А. Орешенков. Арктический квадрат возможностей. Россия в глобальной политике, 2010г.

12. В. Конышев, А. Сергунин. Арктика на перекрестье геополитических интересов. Мировая экономика и международные отношения, 2010г.

13. Т. Дмитрий, Б. Павел. Арктика: Взгляд из Москвы. Москва, московский центр Карнеги, 2010г.

14. А. Федоров, С. Ковалев. Что искал третий рейх в советской Арктике. Санкт-Петербург, Изд. Вектор, 2011г.

15. В. Конышев, А. Сергунин. Арктика в международной политике. Москва, 2011г.

16. Г. Дёгтева. Проблемы здравоохранения и социального развития Арктической зоны России. Москва-Санкт-Петербург, 2011г.

17. Арктическая зона Российской Федерации Северо-восточный вектор развития. Сборник конференции. Санкт-Петербург, 2012г.

18. М. Николаев. Мои соотечественники. Якутск Бичик, 2012г.

19. Актуальные проблемы мировой политики в 21 веке. сборник статей под ред. В. Ягьи, Т. Немчиновой. СПб. СПбГУ, 2013г.

20. Итоги МПГ 2007/08 и перспективы российских полярных исследований. Москва, Паусен, 2013г.

21. А. Инджиев. Битва за Арктику-будет ли север русский, 2010г.

22. Атлас гидрометеорологических и результаты экспедиционных исследований ООО《Арктический научно-проектный центр шельфовых разработок》в 2012 – 2014 гг. Москва, ЗАО《Издательство Нефтяное хозяйство》, 2015г.

23. Российский совет по международным делам《Арктический регион：проблемы международного сотрудничества》，хрестоматия в 3 томах. Москва，2013г.

（二）中文书籍

1. B. B. 马夫罗金：《俄罗斯统一国家的形成》，余大均译，商务印书馆，1991 年版。

2. 孙成本、刘祖熙、李建主编：《俄国通史简编》三卷本，人民出版社，1986 年版。

3、潘德礼主编：《俄罗斯》，社会科学文献出版社，2005 年版。

4. 乔治·亚历山大·伦森编：《俄国向东方的扩张》，商务印书社，1978 年版。

5. 北京大学历史系编写组：《沙皇俄国侵略扩张史》上下，人民出版社，1979 年版。

6. 尼·尼·巴朗斯基：《苏联经济地理》，何宁译，财政经济出版社，1957 年版。

7. 日兹宁著，王海云 石泽译审：《俄罗斯能源外交》，人民出版社，2006 年版。

8. 杨剑等著：《北极治理新纶》，时事出版社，2015 年版。

9. 郭培清等著：《北极航道的国际问题研究》，海洋出版社，2009 年版。

10. 陆俊元著：《北极地缘政治与中国应对》，时事出版社，2010 年版。

11. 杨剑主编：《亚洲国家与北极未来》，时事出版社，2015 年版。

12. 刘慧荣主编：《北极地区发展报告》，社会科学文献出版社，2015 年版。

13. 陆俊元、张侠著：《中国北极权益与政策研究》，时事出版社，2016 年版。

（三）俄罗斯有关北极的政策文件、领导人讲话、学术刊物和网站文章等

1. Энергетическая стратегия России на период до 2030 года. http：//www. minprom

2. Основы государственной политики Российской Федерации в Арктике на период до 2020 года и дальнейшую перспективу. http：//www. scrf. gov. ru/documents/98. html

3. Стратегия развития Арктической зоны Российской Федерации и обеспечения национальной безопасности на период до 2020 года http：//www. government. ru/docs/22846/

4. Государственная программа Российской Федерации " Социально-экономическое развитие Арктической зоны Российской Федерации на период до 2020 года"

5. Указ Президента РФ от 02. 05. 2014 N 296 " О сухопутных территориях Арктической зоны Российской Федерации " http：//www. consultant. ru/document/cons_doc_LAW_162553/

6. О внесении изменений в отдельные законодательные акты Российской Федерации в части государственного регулирования торгового мореплавания в акватории Северного морского пути http：//text. document. kremlin. ru/SESSION/PILOT/main. htm

7. О перечне приоритетных проектов, реализуемых на территории Арктической зоны Россиийской Федерации. https：//arctic. gov. ru/FilePreview/9053275b - 7821 - e611 - 80cc-e672fe4e8e4e? nodeId = 4370391e -

8. Выступление Путина на первом международном арктическом форуме 《Арктика-территория диалога》 http：//www. rgo. ru/2010/09/vystuplenie-v-v-putina-na-mezhdunarodnom-arkticheskom-forume

9. Выступление Путина на втором международном арктическом форуме 《Арктика-территория диалога》 http：//archive. premier. gov. ru/visits/ru/16523/events/16536/

10. Выступление Путина на пленарном заседании III Международного арктического форума《Арктика-территория диалога》http://www. kremlin. ru/transcripts/19281

11. Выступление Владимира Путина на пленарном заседании IV Международного арктического форума《Арктика-территория диалога》http: //www. kremlin. ru/events/president/news/54149

12. Экономическое и социальное развитие Арктической зоны Российской Федерации на 2011 –2020 годы. http: //www. minregion. ru

13. Государственная поддержка добычи нефти и газа в России: какой ценой? http: //www. iisd. org/gsi/sites/default/files/ffs_awc_russia_ru. pdf

14. НЕФТЬ, ГАЗ: ЭКОНОМИКА И ПОЛИТИКАhttp: //www. russ-ian-scientist. org/files/archive/Econom/2007_Basin_1. pdf

15. И. Ягупов. В Мурманске решали вопросы, значимые для всей страны. http: //yagupov. info/?

16. А. Чилингаров. Арктика-горячая точка XXI века. http: //kp. ru/daily/23892/66464

17. П. Боярский, Ю. Великанов, А. Павлов Арктику пора спасать. Нефть России. 1999. №3.

18. О состоянии окружающей среды Ханты-Мансийского автономного округа. Югры в 2003 году Информ. бюл. Ханты-Мансийск, 2004 http: //archive. kremlin. ru/text/docs/2009/05/216229. shtml

19. Н. Зайцев. Власти РФ профинансируют экспедицию по исследованию шельфа Арктики. http: //eco. rian. ru/business/20100409/220184715. html

20. С. Шойгу Россия возобновляет исследования в Арктике и Антарктиде. http: //www. gazeta. ru/news/lenta/2010/09/20/n_1549611. shtml

21. К. Мельников Перед " Роснефтью" забрезжил Новый Свет-Стратегическим партнером компании станет ExxonMobil. http: //grani. ru/Politics/Russia/m. 191068. html

22. “Роснефть´и BP договорились о сотрудничестве на шельфе в РФ”. http: //top. rbc. ru/economics/15/01/2011/527697. shtml

23. В. Андрианов Арктика не опоздать бы! . Стратегия Росии. 2012, 1.

24. Д. Данилов. Северный морской путь и Арктика: война за деньги уже началась. http: //rusk. ru/st. php? idar = 114689

25. Транспортная политика. http: //www. transportrussia. ru/transportnaya-politika/dorogi-budut. html

26. А. Макарова. Контейнеровоз《Мончегорск》завершил исторический рейс по маршруту Мурманск-Дудинка-Пусан-Шанхай. http: //www. mbnews. ru/content/view/28110/100/

27. С. Лавров пригласил членов Арктического совета на ‘Ямал. ИТАР-ТАСС, 17. 05. 2011. http: //www. rosatom. ru/wps/wcm/connect/rosatom/rosatomsite/journalist/atomicsphere/5fc9408046e29addbae5fa66e555bee1

28. Председатель Правительства Российской Федерации В. В. Путин принял участие во втором Международном арктическом форуме《Арктика-территория диалога》. http: //premier. gov. ru/visits/ru/16523/events/16536/

29. В российской армии появятся арктические бригады к 2015 году. http: //www. argumenti. ru/army/online/2012/02/159118

30. Выступление Президента Российской Федерации В. Путина на заседаниях Президиума Государственного совета Российской Федерации. http: //www. arctictoday. ru/council/702. html.

31. И. Антонов. Россия-Китай высокий уровень понимпния и взаимодоверия. Международная жизнь, 2010, 11.

32. Путин пригласил Швецию к сотрудничеству в освоении Северного морского пути. http: //vz. ru/new/2011/4/27/487144/print. html

33. Яковлев А. Н. Северный морской путь России//Морской сборник. 1995, № 10.

34. Государственная научно-техническая программа “Комплексные исследования океанов и морей Арктики и Антарктики” //Отчет о результатах работ за 1991 – 1995 гг. Том 5. – М. : Министерство науки РФ,

1996.

35. Чилингаров А. Н. , Кокорев Е. М. Размышления о Российском Севере. М: Янус – К, 1997.

36. Об итогах социально-экономического развития Российской Федерации в 2016 году Минеистрство экономического развития РФ, Москва, Февраль, 2017 г. http: //economy. gov. ru/wps/wcm/connect/9056bb04 – 390c – 47f9 – b47f – 8e3b061bc7b8/monitor1 – 3. pdf? MOD = AJPERES

37. Федеральный закон О развитии Арктической зоны Российской Федерации http: //regulation. gov. ru/projects#npa = 50614

（四）中文论文

38. 匡增军：“2010 年俄挪北极海洋划界条约评析”，《东北亚论坛》，2011 年第 5 期。

39. 钱宗旗：“俄罗斯北极开发国家政策剖析”，《世界经济与政治论坛》，2011 年第 5 期。

40. 钱宗旗：“俄罗斯北极治理政治经济诉求”，《东北亚学刊》，2014 年第 3 期。

（五）俄罗斯 8 个北极地区地方政府网站

https: //www. gov-murman. ru/

https: //dvinaland. ru/

http: //adm-nao. ru//

http: //gov. rkomi. ru/

http: //xn—80aealotwbjpid2k. xn—80aze9d. xn—p1ai/

http: //www. krskstate. ru/, https: //www. sakha. gov. ru/

http: //xn—80atapud1a. xn—p1ai/

后 记

本书即将付梓之时，俄罗斯北极开发和北冰洋商业航道建设史上迎来了两个重要事件。2017年9月22日，在圣彼得堡波罗的海造船厂举行了俄罗斯第二艘22220型（LK60）“西伯利亚”号核动力破冰船船体下水仪式。“西伯利亚”号将于2019年投入使用，与2016年6月16日下水的第一艘同一型号的“北极”号核动力破冰船一起服务于“北方海航道”和“亚马尔液化气”项目。另一重要事件是，2017年12月8日，“亚马尔液化气”项目正式投产。俄罗斯北极地区的油气资源和全年通航的“北方海航道”不仅关乎俄罗斯北极战略的成败，而且对整个世界，尤其是对亚洲新兴经济体国家意义重大。这表明俄罗斯北极战略正在有序推进。其结果将明显提高俄罗斯联邦北极地区的综合竞争优势，提升俄罗斯在包括北极开发在内的国际事务中的地位。

轻按鼠标，给这本书稿点上最后一个句号时，不由得思绪万千，感慨万分。

我自小有幸接触俄语，立马喜欢上了这门有一个颤舌音的语言，由此开始了与俄罗斯结缘的悠长岁月。20世纪70年代中，我在上海杨浦区的一所小学的三年级念书时，被选进了教俄语的试点班。在那个玩具稀少的年代，练习卷曲舌头发音成为一件非常好玩的事情。学着学着，我发现自己喜欢上了俄语，还当上了俄语课代表。中学毕业时，我高考的第一志愿选择了当时国内俄语教育最好、师资力量最强的大学——位于遥远的东北城市哈尔滨的黑龙江大学俄语系。在4年大学期间，我接受了系统的俄语语言学，俄罗斯历史、地理、文学等教育。

其中，俄罗斯文学是本人最热爱的科目。普希金、托尔斯泰、屠格涅夫、果戈里等俄罗斯文豪的作品不仅陪伴我度过了在北方7年的求学和教学经历，而且使我对这个国家充满了好感和憧憬。可惜的是，由于中国和苏联关系尚未完全解冻，我在东北求学和教学期间不曾见过来自这一国度的“老毛子”，更谈不上有机会去俄语区继续深造。20世纪80年代末，就在中苏关系缓慢恢复和缓和之际，我考回了南方，在苏州大学攻读硕士学位，选择的是俄罗斯语言文学专业。因为苏州大学当时还不能颁发硕士学位，我拿到的是和苏州大学联合办学的上海外国语大学俄语专业的硕士学位。毕业后，我进入上海国际问题研究院工作至今。

20世纪90年代初，随着中苏关系（后来是中俄关系）正常化，两国经贸交流以边境合作为先导，开始如火如荼地开展起来。我也终于有机会实现自己的夙愿，踏进了俄罗斯的国土。从1993年至1995年，在上海国际问题研究院领导的支持下，我被借调到一家国有进出口公司担任总经理翻译，参与了该公司下属十来个从事中俄边贸的部门与俄罗斯客户的商务交涉。这两年里，我从俄罗斯太平洋沿岸的南萨哈林斯克市到顿河之畔的罗斯托夫，西伯利亚大铁路沿线几乎每个城市都留下了我的足迹。我任职的这家公司只是总部设在哈尔滨的一家中等规模的国家进出口贸易公司，但它在俄罗斯的客户却涵盖了遍布俄罗斯东部、南部、西部的几乎所有城市。由此可见，20世纪90年代初、中期的中俄边贸规模之大、关系之火爆。

在俄罗斯的这些日子里，正值经济转型的艰难时刻。“休克”疗法导致俄罗斯国民经济受到结构性破坏，国有大型工业综合体顷刻解体，失业增加，物价上涨，卢布急速贬值，商店货架空空如也，销售合同无法执行。我参与处理的业务中，有两类纠纷最为突出：一类是因为卢布急剧贬值，俄方无法执行原本以卢布定价的合同。双方围绕要不要履行合同发生争端，最终只能寻找当地行政当局解决。另一类是中方供货者提供的劣质商品问题。这类问题令人痛心不已，由此造成的恶劣影响至今没有完全消除。尽管这些时不时发生的商务纠纷让我心烦，但在俄罗斯的这些日子里我不仅对她广袤的国土、旖旎的风光和丰富的自然资源留下深刻印象，更对俄罗斯民众的吃苦耐劳、坚忍不拔、诚实坦率和自尊自信感佩不已。我接触过俄罗斯很多基层行政部门的女性一把手，她们作风干练、泼辣，行事果断、坚决。她们法制观念强，在涉外商务纠纷中坚持原则，讲究公正，好几次当着外国人的面，严厉斥责毁约的俄方人员……。这么多年过去了，每当我回忆起这段经历，脑海中总是浮现出这些俄罗斯基层女干部的身影。

我在上海国际问题研究院一直从事俄罗斯问题的研究，涉猎的领域有俄罗斯的大国外交、俄罗斯与中亚国家关系，俄罗斯的远东开发等。近 8 年来，我埋首俄罗斯北极战略的研究，在这个崭新而神秘的领域摸索前进。与中俄边贸的时代相比，如今两国都发生了深刻的变化。中俄已建立起全面战略协作伙伴关系，两国携手开发远东和北极更让双边经贸交流迈入了新的历史阶段。

我深深体会到，中俄关系目前处于历史最好时期。双方在涉及对方核心利益问题上相互坚定支持，积极开展两国发展战略对接和“一带一路”建设同欧亚经济联盟对接。北极合作是双边关系中新的“亮点”，也是最有潜力的“增长点”。然而，北极开发又是一个需要“慢工出细活”的事业，任何急于求成、急功近利式的工作作风和行事方式都会造成不可弥补的人为灾难。北极的严酷条件要求两国的合作应建立在高新科技、高质量的现代化管理和监控基础之上，实现两国在北极地区的互利共赢和可持续合作。鉴于上述考虑，我尝试着将自己这些年来的研究心得进行一番梳理，汇集成这本拙著以飨读者。

我的这项研究得到国家海洋局极地考察办公室政策研究课题的资助。还得到中国海洋发展研究会“中国北极发展与安全战略问题研究”课题和国家海洋局国际合作司（港澳台办公室）和中国极地研究中心联合项目的资助。

本人在写作过程中，得到了上海国际问题研究院杨剑副院长的大力支持和帮助，他不仅为本书作序，而且贡献了自己的学术观点和见解，提高了本书的学术水平。上海国际问题研究院资深研究员吴寄南仔细浏览了书稿，提出很多具体的修改意见。对两位的无私帮助表示衷心的感谢。我还要感谢上海国际问题研究院极地问题研究团队张耀、张沛、程保志、赵隆等对本人研究工作的长期支持和帮助。

我还要感谢国家海洋局对本人研究中俄北极合作问题提供的课题经费支持。感谢海洋局极地考察办公室徐世杰先生长期以来对本人研究工作的支持和帮助，特别是他提供的第四届“北极理事会成员国高层代表”国际会议的所有俄文资料，为本书有关北极开发的信息和数据的更新做了重要的贡献。

我还要感谢中国极地研究中心杨惠根主任、张侠研究员8年来对本人研究工作的支持和帮助，感谢他们的团队成员邓贝西先生为本书提供的参加俄罗斯北极国际学术会议的俄文资料，屠景芳女士等中国极地研究中心其他成员的帮助和支持。感谢武汉大学中国南极测绘研究中心刘海燕博士为本书绘制了北极航道和北极地区2张示意图的中文版。感谢上海社会科学院杨伟民老师对附件中俄译中文件的校对工作。

我还要特别感谢时事出版社苏绣芳副社长的鼓励和建议，以及责任编辑杨玉秀的精心编辑和校勘工作，直至付梓。

钱宗旗

2017年10月20日于上海

图书在版编目（CIP）数据

俄罗斯北极战略与“冰上丝绸之路”/钱宗旗著. —北京：时事出版社，2018. 3（2022. 4重印）

ISBN 978-7-5195-0169-3

Ⅰ. ①俄…　Ⅱ. ①钱…　Ⅲ. ①北极—海洋战略—研究—俄罗斯②中俄关系—国际合作—研究　Ⅳ. ①E815②D822. 351. 2

中国版本图书馆 CIP 数据核字（2017）第 287992 号

出 版 发 行：时事出版社
地　　　址：北京市海淀区彰化路 138 号西荣阁 B 座 G2 层
邮　　　编：100097
发 行 热 线：（010）88869831　88869832
传　　　真：（010）88869875
电 子 邮 箱：shishichubanshe@ sina. com
网　　　址：www. shishishe. com
印　　　刷：北京建宏印刷有限公司

开本：787 × 1092　1/16　印张：20　字数：288 千字
2018 年 3 月第 1 版　2022 年 4 月第 2 次印刷
定价：105. 00 元